NCS 기반
체계적인 핵심 내용 정리
출제 예상문제 수록

3D 필기
프린터운용기능사

단원 분류 및 구성

FDM 방식 기반
3D프린터 운용
이론 정리

대표적 슬라이싱
프로그램 기반
용어 정리

수험자가 알아야 할
핵심 내용 수록

(주) 디엠비 지음

도서출판 건기원

PREFACE

　3D 프린팅은 전자, 의료, 기계, 항공 우주, 패션 등 산업 전반에서 활용이 가능하여 제조산업 분야에서 큰 파급효과를 일으킨 기술입니다. 최근에 3D 프린터에 대한 특허 기간이 만료되어 3D 프린터 시장의 활성화와 함께 오픈소스를 통한 대중화가 진행되고 있습니다. 이에 따라 국내외 3D 프린팅 산업은 성장할 것이며, 여러 산업 분야에서 지속적으로 사용될 것이므로 3D 프린팅 운용에 관한 지식과 기술을 갖춘 전문인력에 대한 수요는 꾸준히 증가할 전망입니다.

　본 교재는 국가기술자격 검정 출제기준에 따른 3D프린터운용기능사를 대비한 수험서로서 국가직무능력표준(NCS)을 기반으로 스캐닝, 3D 모델링 소프트웨어를 활용한 제품 디자인 및 모델링, 3D 프린터 SW/HW 설정으로 대표적인 슬라이싱 소프트웨어 활용방법, 제품 출력 및 제품 회수 등 3D 프린터의 핵심 내용을 중심으로 체계적인 단원 분류를 하였으며, 각 Part마다 출제 예상문제와 자세한 해설을 수록하였습니다. 또한 부록으로 2018년 첫 실시한 제1회 기출문제를 수록하여 문제 경향을 파악할 수 있도록 하였습니다.

이 책의 특징
- 체계적인 단원 분류 및 Part별 출제 예상문제와 명쾌한 해설
- 대표적인 슬라이싱 프로그램을 기반으로 용어 정리
- FDM 방식을 기반으로 한 3D 프린터 운용 이론을 정리
- 수험자가 반드시 알아야 할 핵심 내용을 체계적으로 정리 수록

　앞으로 미흡한 부분은 지속적으로 수정·보완할 것을 약속드리며, 이 책을 집필하는 데 3D 프린터 전문 제조기반 기술을 가지고 있는 ㈜디엠비에서 다년간 현장의 실무경험과 장점을 반영하기 위해 최선을 다하였으며, 출판되기까지 도움을 주신 도서출판 건기원 관계자분들의 노고에 감사드립니다.

　본 교재가 3D프린터운용기능사 시험을 준비하시는 분들에게 도움이 되기를 희망합니다.

저자 ㈜디엠비

출제기준(필기)

직무분야	전기·전자	중직무분야	전자	자격종목	3D 프린터 운용기능사	적용기간	2018.07.01.~ 2020.12.31.
직무내용: 3D 프린터 기반으로 아이디어를 실현하기 위하여 시장조사, 제품스캐닝, 디자인 및 엔지니어링 모델링, 출력용 데이터 확정, 3D 프린터 SW 설정, 3D 프린터 HW 설정, 제품출력, 후가공, 장비 관리 및 작업자 안전사항 등의 직무 수행								
필기검정방법	객관식	문제수	60	시험시간	60분

필기과목명	주요항목	세부항목	세세항목
• 3D 스캐너 • 3D 모델링 • 3D 프린터 설정 • 3D 프린터 출력 및 후가공 • 3D 프린터 교정 및 유지 보수	1. 제품 스캐닝	1. 출력방식의 이해	1. 3D 프린팅의 개념과 방식 2. 3D 프린팅 적용 분야
		2. 스캐너 결정	1. 3D 스캐닝의 개념과 종류 2. 적용 가능 스캐닝 방식 선택
		3. 대상물 스캔	1. 3D 스캐닝의 개념과 종류 2. 적용 가능 스캐닝 방식 선택
		4. 스캔 데이터 보정	1. 스캔 데이터 생성 2. 스캔 데이터 보정
	2. 넙스(Nurbs) 모델링	1. 3D 형상 모델링	1. 3D CAD 프로그램 활용 2. 작업지시서 작성
		2. 3D 형상 데이터 편집	1. 생성 객체의 편집 변형 2. 통합 객체 생성
		3. 출력용 데이터 수정	1. 편집된 객체의 수정 2. 출력용 데이터 저장
	3. 엔지니어링 모델링	1. 도면의 이해	1. 도면해독
		2. 2D 스케치	1. 소프트웨어 기능 파악 2. 스케치요소 구속 조건 3. 도면 작성
		3. 3D 엔지니어링 객체 형성	1. 형상 입체화 2. 파트 부품명과 속성부여
		4. 객체 조립	1. 파트 배치 2. 파트 조립
		5. 출력용 설계 수정	1. 파트 수정 2. 파트 분할
	4. 3D 프린터 SW 설정	1. 출력보조물 설정	1. 출력보조물의 필요성 판별 2. 출력보조물 선정 3. 슬라이서 프로그램 운용

	2. 슬라이싱	1. 제품의 형상 분석 2. 최적의 적층 값 설정 3. 슬라이싱
	3. G코드 생성	1. 슬라이싱 상태 파악 2. 슬라이서 프로그램 운용 3. G코드 생성
5. 3D 프린터 HW 설정	1. 소재 준비	1. 3D 프린터 사용 소재 2. 3D 프린터 소재 장착 3. 소재 정상 출력 확인
	2. 데이터 준비	1. 데이터 업로드 방법 2. G코드 파일 업로드 3. 업로드 확인
	3. 장비출력 설정	1. 프린터별 출력 방법 확인 2. 3D 프린터의 출력을 위한 사전 준비 3. 출력 조건 최종 확인
6. 출력용 데이터 확정	1. 문제점 파악	1. 오류 검출 프로그램 선정 2. 문제점 리스트 작성
	2. 데이터 수정	1. 자동 수정 기능 2. 수동 수정 기능
	3. 수정데이터 재생성	1. 3차원 객체 수정 2. 출력용 파일 저장 3. 오류수정
7. 제품출력	1. 출력과정 확인	1. 3D 프린터 바닥 고정 2. 출력보조물 판독 3. G코드 판독
	2. 출력 오류 대처	1. 3D 프린터 오류수정 2. G코드 수정
	3. 출력물 회수	1. 출력별 제품 회수 2. 출력별 제품 회수 절차 수립
	4. 장비 교정	1. 장비 교정 2. 장비 개선
8. 3D 프린터 안전관리	1. 안전수칙 확인	1. 작업 안전수칙 준수 2. 안전보호구 취급 3. 응급처치 수행 4. 장비의 위해 요소 5. 소재의 위해 요소
	2. 예방점검 실시	1. 작업환경 관리 2. 관련설비 점검

CONTENTS

Part 1　제품 스캐닝

Chapter 01　출력 방식의 이해 ……………… 10
1. 3D 프린팅의 개념과 방식 …………… 10
2. 3D 프린팅 적용 분야 ………………… 15

Chapter 02　스캐너 결정 ……………………… 19
1. 3D 스캐닝의 개념과 종류 …………… 19
2. 적용 가능 스캐닝 방식 선택 ………… 24

Chapter 03　대상물 스캔 ……………………… 26
1. 3D 스캐닝의 개념과 종류 …………… 26
2. 적용 가능 스캐닝 방식 선택 ………… 28

Chapter 04　스캔 데이터 보정 ………………… 31
1. 스캔 데이터 생성 …………………… 31
2. 스캔 데이터 보정 …………………… 33

✦ Part 1. 출제 예상문제 ……………………… 35

Part 2　넙스(Nurbs) 모델링

Chapter 01　3D 형상 모델링 …………………… 42
1. 3D CAD 프로그램 활용 ……………… 42
2. 작업지시서 작성 ……………………… 49

Chapter 02　3D 형상 데이터 편집 …………… 50
1. 생성 객체의 편집 변형 ……………… 50
2. 통합 객체 생성 ……………………… 53

Chapter 03　출력용 데이터 수정 ……………… 55
1. 편집된 객체의 수정 ………………… 55
2. 출력용 데이터 저장 ………………… 56

✦ Part 2. 출제 예상문제 ……………………… 59

Part 3　엔지니어링 모델링

Chapter 01　도면의 이해 ……………………… 66
1. 도면해독 ……………………………… 66

Chapter 02　2D 스케치 ………………………… 85
1. 소프트웨어 기능 파악 ……………… 85
2. 스케치요소 구속 조건 ……………… 86
3. 도면 작성 …………………………… 87

Chapter 03　3D 엔지니어링 객체 형성 … 100
1. 형상 입체화 ………………………… 100
2. 파트 부품명과 속성부여 …………… 110

Chapter 04　객체 조립 ……………………… 112
1. 파트 배치 …………………………… 112
2. 파트 조립 …………………………… 114

Chapter 05　출력용 설계 수정 ……………… 118
1. 파트 수정 …………………………… 118
2. 파트 분할 …………………………… 121

✦ Part 3. 출제 예상문제 ……………………… 123

Part 4 3D 프린터 SW 설정

Chapter 01 출력보조물 설정 132
1. 출력보조물의 필요성 판별 132
2. 출력보조물 선정 134
3. 슬라이서 프로그램 운용 136

Chapter 02 슬라이싱 138
1. 제품의 형상 분석 138
2. 최적의 적층 값 설정 141
3. 슬라이싱 144

Chapter 03 G코드 생성 160
1. 슬라이싱 상태 파악 160
2. 슬라이서 프로그램 운용 162
3. G코드 생성 163

✦ Part 4. 출제 예상문제 169

Part 5 3D 프린터 HW 설정

Chapter 01 소재 준비 176
1. 3D 프린터 사용 소재 176
2. 3D 프린터 소재 장착 184
3. 소재 정상 출력 확인 185

Chapter 02 데이터 준비 190
1. 데이터 업로드 방법 190
2. G코드 파일 업로드 191
3. 업로드 확인 192

Chapter 03 장비출력 설정 193
1. 프린터별 출력 방법 확인 193
2. 3D 프린터의 출력을 위한 사전 준비 201
3 출력 조건 최종 확인 204

✦ Part 5. 출제 예상문제 206

Part 6 출력용 데이터 확정

Chapter 01 문제점 파악 214
1. 오류 검출 프로그램 선정 214
2. 문제점 리스트 작성 218

Chapter 02 데이터 수정 221
1. 자동 수정 기능 221
2. 수동 수정 기능 223

Chapter 03 수정데이터 재생성 238
1. 3차원 객체 수정 238
2. 출력용 파일 저장 238
3. 오류수정 242

✦ Part 6. 출제 예상문제 243

Part 7 제품출력

Chapter 01 출력과정 확인 248
1. 3D 프린터 바닥 고정 248
2. 출력보조물 판독 248
3. G코드 판독 251

CONTENTS

Chapter 02 출력 오류 대처 256
1. 3D 프린터 오류수정 256
2. G코드 수정 268

Chapter 03 출력물 회수 270
1. 출력별 제품 회수 270
2. 출력별 제품 회수 절차 수립 272

Chapter 04 장비 교정 284
1. 장비 교정 284
2. 장비 개선 286

❖ Part 7. 출제 예상문제 289

Part 8 3D 프린터 안전관리

Chapter 01 안전수칙 확인 296
1. 작업 안전수칙 준수 296
2. 안전보호구 취급 297
3. 응급처치 수행 299
4. 장비의 위해 요소 301
5. 소재의 위해 요소 303

Chapter 02 예방점검 실시 306
1. 작업환경 관리 306
2. 관련설비 점검 310

❖ Part 8. 출제 예상문제 311

부록 기출문제
2018년 1회 3D프린터운용기능사 315
참고문헌 332

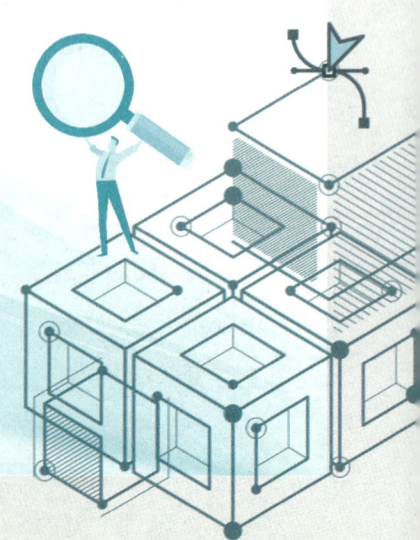

PART 1

제품 스캐닝

01 출력 방식의 이해

02 스캐너 결정

03 대상물 스캔

04 스캔 데이터 보정

Part 1 제품 스캐닝

Chapter 01 출력 방식의 이해

1 3D 프린팅의 개념과 방식

1. 3D 프린팅 정의

3D 프린팅이란 3D 모델링 데이터를 이용하여 물체의 소재를 적층하여 제조하는 프로세스로 정의한다.

3D 프린팅은 액체, 고체, 분말 등의 소재를 3D 프린터를 활용해 분사, 적층하여 3차원 형태의 입체물을 제작하는 것으로, 물체의 3차원 디지털 도면을 통해 가상의 물체로 설계한 후, 소재를 매우 얇은 단면으로 한 층씩 설계 형상을 따라 쌓아서 물체를 만들어내는 기술이다.

2. 3D 프린팅의 개념 및 특징

① 컴퓨터로 제어되기 때문에 만들 수 있는 형태가 다양하다.
② 재료를 연속적으로 한 층씩 쌓으면서 3차원 물체를 만들어내는 제조 기술이다.
③ 기존 잉크젯 프린터에서 쓰이는 것과 유사한 적층 방식으로 입체물을 제작하는 방식도 있다.
④ 모델링 프로그램을 통해 자유롭게 수정이 가능하다.
⑤ 필요한 만큼의 재료만 사용하기 때문에 기존의 절삭 방식에 비해 재료의 낭비가 적다.
⑥ 시제품 생산 등에 활용하여 제품의 생산 기간과 단가를 낮출 수 있다.

3. 대표적인 3D 프린팅 방식

(1) FDM(Fused Deposition Modelling) 방식

FDM 방식은 필라멘트 형태의 열가소성 플라스틱 원료를 히팅 노즐에서 녹인 후, 유압기로 밀어내며 밑에서부터 층을 쌓아 올리면서 출력물을 만들어내는 방식이다.

① FDM 방식의 장점
  ㉠ 다른 방식에 비해 장치의 구조와 프로그램이 간단해 장비 가격과 유지보수 비용이 낮다.
  ㉡ 다양한 소재의 적용이 가능하다.

② FDM 방식의 단점
  ㉠ 필라멘트를 녹여 밀어내기 위해 노즐의 온도를 높이는 과정이 필요하다.
  ㉡ 출력물의 표면이 거칠고 제작 속도가 느리다.
  ㉢ 제품 출력 시 지지대가 필요하고, 지지대를 제거하는 후가공이 필수적이다.

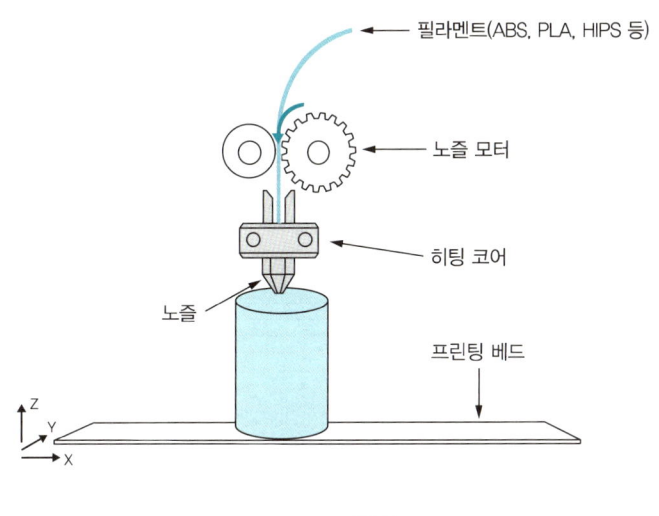

❋ FDM 방식

③ 렙랩(RepRap) 프로젝트

렙랩 프로젝트는 오픈소스를 지향하는 프로젝트 단체이다. 주로 FDM 방식을 사용하는데 렙랩에서는 FFF(Fused Filament Fabrication)라 부른다. 렙랩에서는 3D 프린터 제작에 필요한 도면이나 소프트웨어 정보들이 모두 오픈소스로 공개되어 있다.

(2) SLA(Stereo Lithography Apparatus) 방식

SLA 방식은 광경화성 액체 수지가 담긴 수조에 레이저를 투사하여 레이저가 닿는 부분을 경화시켜 모델을 출력하는 방식이다.

① 광경화성 수지(Photo-Polymer)

광경화성 수지란 액체 상태이던 재료가 빛과 반응하여 고체 상태의 플라스틱이 되는 특성을 가진 소재이다.

㉠ 제작 속도도 빠르고 표면 조도가 우수하다.
㉡ 유리의 전이 온도가 커서 고온에 대해 상대적으로 PLA보다 적합하다.
㉢ 플라스틱용 도료나 아크릴계 도료로 도장이 가능하다.
㉣ 시간이 지남에 따라 마모가 되어 내구성이 좋지 않다.

② SLA 방식의 장점

㉠ 출력물의 정밀도가 높고 제작 속도가 빠르다
㉡ 표면 조도가 우수하여 복잡하거나 섬세한 물건을 만드는 데 적합하다.

③ SLA 방식의 단점

㉠ 액체 상태의 광경화성 수지를 사용하기 때문에 출력 후 세척과정이 필요하다.
㉡ 장비, 재료와 유지보수 비용이 비싸다.
㉢ 원료와 색상이 제한적이며 내구성과 내열성이 약하다.

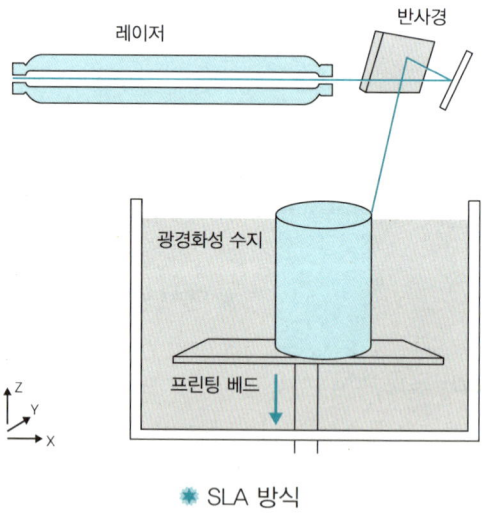

❋ SLA 방식

(3) DLP(Digital Light Processing) 방식

SLA 방식과 비슷한 방식이지만 광경화성 수지를 경화시키는 광원으로 레이저 대신에 빔 프로젝터를 이용하여 빛을 주사하는 차이점이 있다. 그에 따라 시간이 단축되는 장점이 있지만, SLA 방식보다 품질이 저하된다.

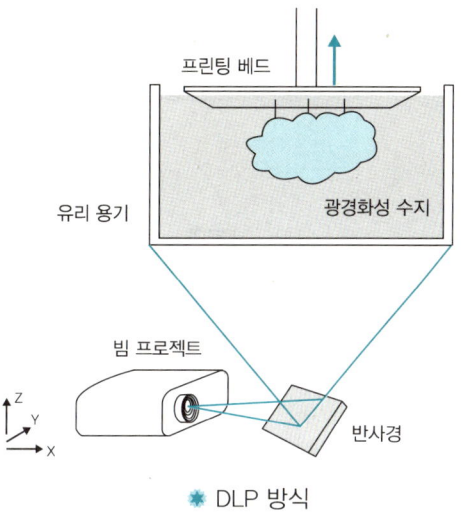

❋ DLP 방식

(4) SLS(Selective Laser Sintering) 방식

SLS 방식은 소결 방식으로 대량의 작은 입자 형태의 분말을 프린팅 베드에 얇게 분말층을 만들고 높은 열의 레이저로 녹여 적층하는 방식이다.

① 소결(Sintering)

소결(Sintering)이란 압축된 금속 분말에 적절한 열에너지를 가해 입자들의 표면을 녹이고, 녹은 표면을 가진 금속 입자들을 서로 접합시켜 금속 구조물의 강도와 경도를 높이는 공정을 말한다.

② 분말 융접 3D 프린팅 공정

분말 융접 3차원 프린팅에서는 금속뿐 아니라 다른 종류의 분말들도 이용한다. 하지만 기본적으로는 일반적인 소결 공정과 마찬가지로 분말 재료에 압력을 가해서 밀도를 높인 후 여기에 적절한 에너지를 가해서 분말의 표면을 녹여 결합시키는 공정을 이용한다.

③ SLS 방식의 장점

　㉠ 출력물의 내구성이 견고하고 조형 속도가 빠르다.
　㉡ 출력물이 분말 속에 있기 때문에 지지대가 필요 없다.
　㉢ 사용가능한 소재가 다양하다. (플라스틱, 금속, 유리, 모래, 나일론 등)

④ SLS 방식의 단점

　㉠ 출력이 끝난 후 분말을 털어내는 후처리 과정이 번거롭다.
　㉡ 장비와 재료의 가격이 고가이다.

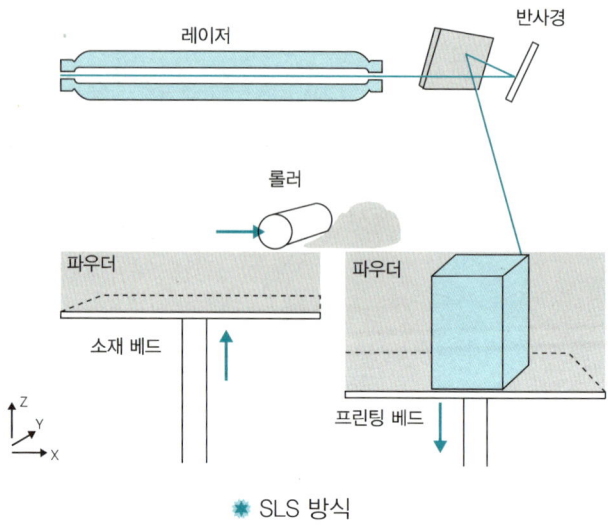

❋ SLS 방식

(5) MJM(Multi Jetting Modeling) 방식

MJM 방식은 프린터 헤드에서 재료를 분사함과 동시에 자외선(UV)으로 경화하여 조형하는 방식이다.

① MJM 방식의 장점
  ㉠ 정밀도가 높고 뛰어난 곡선 처리와 우수한 표면 조도를 보인다.
  ㉡ 색상 및 특성이 다른 재료를 분사, 적층할 수 있다

② MJM 방식의 단점
  ㉠ 출력물의 강도가 약하고, 수명이 짧다.
  ㉡ 일정 온도 이상(약 60℃)에서 변형이 일어날 수 있다.

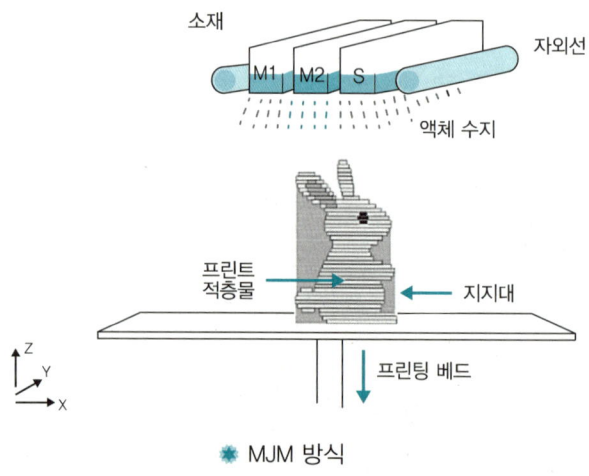

❋ MJM 방식

2 3D 프린팅 적용 분야

1. 3D 프린팅 기술의 응용

3D 프린팅 기술은 간단한 생활용품부터 항공우주 영역에 이르기까지 활용 분야는 무궁무진하다고 볼 수 있다.

(1) 마이크로/나노 스케일 제조 기술

① 3D 프린팅을 이용한 나노/마이크로 제작 기술의 발달로 기능성 부품이나 제품이 점차 소형화, 집적화되어 활용 범위가 바이오산업에서 항공우주산업까지 다양하게 확대되고 있다.

② 마이크로 스케일의 구조물을 제작하기 위해서 레이저 가공 등의 방법을 사용하면 많은 시간과 비용이 필요했지만 3D 프린팅 기술을 이용하면 기존의 방식보다 빠른 시간에 경제적으로 구조물을 제작할 수 있다.

③ 마이크로/나노 스케일의 구조물을 제작하는 3D 프린팅 방식은 광조형 방식이 대표적이다.

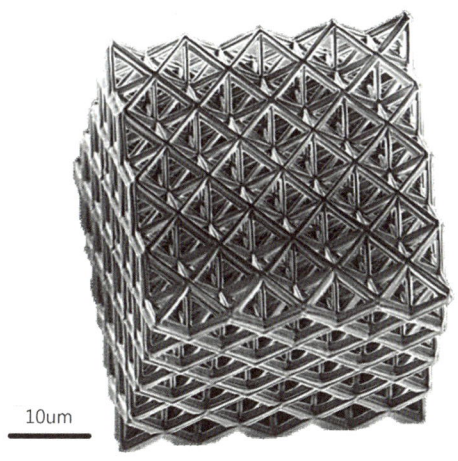

✹ 마이크로/나노 스케일 제조 기술

(2) DMD 기반 마이크로 광조형과 응공학적 응용

마이크로 광조형 기술은 하나의 층을 경화시키는 방법에 따라 주사 방식과 전사 방식으로 구분할 수 있다.

① 주사 방식(Scanning method)

경화된 한 층을 만들기 위해 하나의 점에 집속된 광의 점을 물체의 외곽 모양에 따라 컨투어(Contour)를 주사한 후 내부를 격자 방식으로 채워서 경화시키는 방식이다.
  ㉠ 주사 방식의 장점: 광이 한 점에 집중되기 때문에 매우 높은 에너지를 일순간에 가할 수 있다는 점으로 주로 출력이 낮은 레이저를 광원으로 이용하는 경우에 사용된다.
  ㉡ 주사 방식의 단점: 스팟의 크기가 작을수록 전체 형상을 다 채워 경화시키는 데 많은 시간이 소요된다.

② 전사 방식(Projection method)

일정한 크기의 면적을 한 번에 경화시키는 방법으로 경화되는 영역과 경화되지 않는 영역은 동적으로 생성되는 마스크에 의해서 선택된다.
  ㉠ 전사 방식의 장점: 상대적으로 낮은 에너지를 넓은 면적에 노출시키므로 경화시키는 소요 시간이 적다.
  ㉡ 전사 방식의 단점: 마스크의 생성을 위하여 LCD(Liquid Crystal Display)가 사용되며 이 LCD 속에 광원으로 상용되는 UV 광선에 의해 열화가 되는 물질이 들어 있어서 오랫동안 안정적으로 활용하기는 어렵다.

(3) 센서 기술 응용

① 바이오 기술 중 중요한 영역으로 랩온어칩(Lab-on-a-chip)이 있다. 랩온어칩은 생물학, 화학 실험실의 구성 요소를 미세화하여 하나의 칩 형태로 구현한 것이다.
② 로봇 기술의 발달로 여러 분야에 걸쳐 로봇 기술들이 적용되고 있으며, 로봇 기술들이 인간과 같은 방식으로 작동하기 위해서는 온도, 시각, 후각 등의 외부 자극을 수용할 수 있는 장치들이 요구되고 있다.

(4) 전자부품 응용

① 신속하고 저렴하게 3D 프린터 전기 회로에 대한 제조 방법이 개발되었으며, 딱딱하거나 유연한 재료에 임의의 모양의 도체를 인쇄하는 기술이다.
② 저비용으로도 기본 전자의 원리를 학습할 수 있으며 회로 인쇄 기술을 이용하여 계산기, 온도 제어기, 배터리 충전기 등의 전자 장치들을 3D 프린터로 제작할 수 있다.
③ 신제품이 빠르게 개발, 출시되는 자동차, 전자제품 시장에서는 3D 프린팅 기술이 많

이 사용되고 있으며, 적은 비용으로 시제품 제작이 가능해져 수요나 요구사항에 신속히 대응하면서 제품 생산이 가능하다.

④ 3D-MIDs 기술을 적용하면 기판과 기계 및 전기 부품을 통합시킬 수 있으므로 기존 부품 생산 공정은 사출성형 후 기판 조립 및 배선을 연결함으로써 시간, 비용, 인력이 많이 요구되었던 단점을 보완할 수 있다.

> **3D-MIDs(3D Molded Interconnecct Devices)**
> 3D 프린팅 기술의 다양한 방식 중에서 대부분은 단일 재료를 적층하여 형상을 조형하는 방식이나 3D-MIDs 기술은 사출성형으로 제작한 플라스틱 표면에 전도성 회로 패턴을 포함시킬 수 있는 기술이다.

✱ 3D 프린터로 만든 전기 자동차

(5) 의료분야 응용

① 의료기기 부품 제작에서부터 피부, 장기 등을 재생하는 바이오 프린팅 분야까지 다양하게 응용된다.
② MRI, CT 등의 입출력 도구를 통해 촬영된 영상을 3D 프린팅이 가능한 설계 도면으로 전환하고 생산할 수 있게 되면서 수술 효율성과 효과성이 대폭 증가했다.
③ 개인 맞춤과 다품종 소량생산이 가능하고 개인 맞춤 제작으로 치료 효과 및 효율을 높일 수 있다.
④ 신체적 조건에 최적화된 맞춤형 제품을 구입할 수 있어 치료에 있어 간단한 해법을 제시함은 물론 신체 내부의 장기도 3D 프린팅으로 구현이 가능하다.
⑤ 이식용 디바이스나 보조기부터 인공관절 및 장기, 수술용 도구까지 의료 산업 전반에 걸쳐 활용되고 있다.

 Part 1 제품 스캐닝

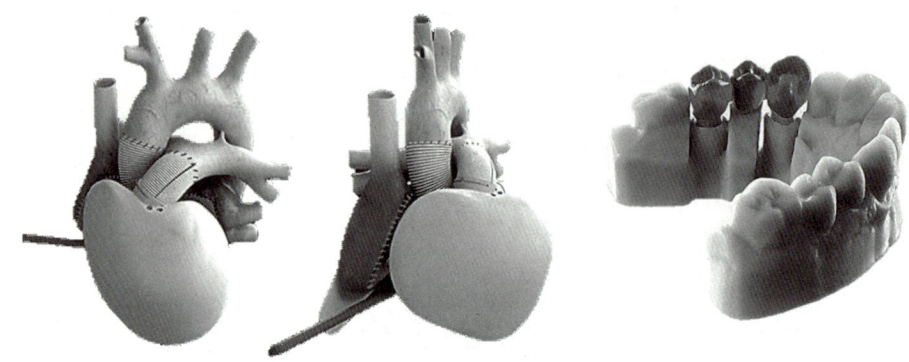

✽ 3D 프린팅 의료분야 활용 예시

스캐너 결정

1. 3D 스캐닝의 개념과 종류

스캐닝의 의미는 측정 대상으로부터 특정 정보(모양, 문자, 위치 크기 등)를 얻어내는 것이다. 측정 대상으로부터 3차원 좌표(X, Y, Z)값을 읽어내는 과정을 3D 스캐닝이라 한다.

1. 3D 스캐닝의 개념

3D 스캐닝의 과정은 3차원 좌표를 측정하기 위해서 피측정물에 대한 측정 준비부터 최종 3차원 데이터의 생성까지를 포함한다. 생성된 데이터는 후처리 과정을 통해 3D 모델로 생성이 가능하며 3차원 프린팅 혹은 머시닝으로 가공이 가능하다.

(1) 스캐닝 단계

3차원 스캐닝의 방식은 측정 대상물에 대한 표면 처리 등의 준비, 스캐닝 가능 여부에 대한 대체 스캐너 선정 등의 작업을 수행하는 준비 단계, 3차원 좌표를 다양한 측정 방식으로 추출하여 점군(Point cloud)을 생성하는 단계, 최종적으로 3차원 모델로 재구성하는 단계까지 포함한다.

✽ 3차원 스캐닝의 과정

 Part 1 제품 스캐닝

2. 3D 스캐닝의 구분

3D 스캐닝은 직접 접촉을 통해 좌표를 획득하는 방법과 비접촉으로 획득하는 방법으로 크게 구분된다.

(1) 접촉식 3D 스캐닝

접촉식의 대표적인 방법은 CMM(Coordinate Measuring Machine)이다. 터치 프로브(touch probe)가 직접 측정 대상물과의 접촉을 통해서 좌표를 읽어내는 방식이다.

① 접촉식 3D 스캐닝의 장점
  ㉠ 측정점의 정밀도와 정확도가 매우 우수하다.
  ㉡ 측정 대상물이 투명하거나 거울과 같이 전반사 혹은 표면 재질로 인해서 난반사가 일어나는 단단한 피측정물에 대해서 측정이 가능하다.

② 접촉식 3D 스캐닝의 단점
  ㉠ 물체에 직접 닿기 때문에 변형이나 손상을 줄 수 있다.
  ㉡ 측정 대상물의 외관이 복잡하거나, 접촉 시 측정물이 쉽게 변형될 경우에는 사용이 불가능하다.

✳ 접촉식 3D 스캐닝

(2) 비접촉식 3D 스캐닝의 종류 및 특징

① TOF(Time-Of-Flight) 방식 레이저 3D 스캐너
  ㉠ 레이저의 펄스가 레이저 헤드를 출발해서 대상물을 맞히고 반사하여 돌아오는 시간을 측정해서 최종적으로 거리를 계산한다.
  ㉡ 레이저의 펄스를 카운트할 수 있는 고주파 타이머(High-frequency timer)가 사용이 되며, 주로 피코초(Pico second, 10~12 second)의 타이머가 많이 사용된다.
  ㉢ 위상 간섭(Phase inteference)을 통해서도 시간을 측정할 수 있으며, 펄스 레이저 대신 연속 레이저(Continuous laser)를 사용한다.
  ㉣ 먼 거리의 대형 구조물을 측정하는 데 용이하지만 측정 정밀도가 비교적 낮아 작은 형상이면서 정밀한 측정이 필요한 경우에는 적합하지 않다.

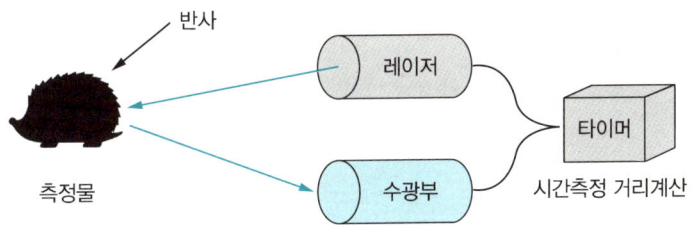

❋ TOF 방식 3차원 레이저 스캐너

② 광 삼각법 3D 레이저 스캐너
  ㉠ 3D 스캐너에서 발생한 라인 형태의 레이저를 측정 대상물에 주사하여 반사된 광이 수광부(CCD(Charage-Coupled Device) 혹은 CMOS(Complementary Metal-Oxide Semiconductor))의 특정 셀(Cell)에서 측정이 된다.
  ㉡ 레이저 발진부와 수광부 사이의 거리는 정해져 있으며, 레이저의 발진 각도도 정해져 있다.
  ㉢ 라인 타입의 레이저이기 때문에 한 번에 측정할 수 있는 점의 개수가 TOF보다는 많으나, 전 면적을 스캔하기 위해서는 턴테이블(turntable)과 같이 피측정물을 올려놓고 회전을 시키면서 전면을 측정한다.
  ㉣ 수광부의 측정 셀의 위치를 통해서 측정 대상물로부터 반사되어 오는 레이저의 각도 또한 알 수 있다. 이를 통해서 레이저 발진부, 수광부, 측정 대상물로 이루어진 삼각형에서 1변과 2개의 각으로부터 나머지 변의 길이를 구할 수 있다.

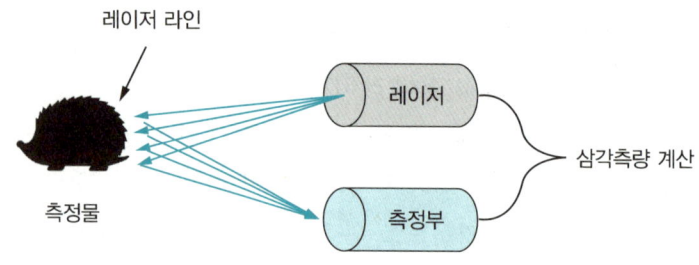

※ 삼각 측량 기반 3차원 레이저 스캐너

③ 패턴 이미지 기반 삼각 측량 3차원 스캐너
  ㉠ 이미지를 생성할 수 있는 장치(레이저 인터페로미터 혹은 프로젝터)와 같은 장치가 이미 알고 있는 패턴의 광을 측정 대상물에 조사하고, 대상물에 변형이 된 패턴을 카메라에서 측정을 하고 모서리 부분들에 대한 삼각 측량법으로 3차원 좌표를 계산한다.
  ㉡ 광 패턴(Structured light)을 바꾸면서 초점 심도를 조절할 수 있다.
  ㉢ 한꺼번에 넓은 영역을 빠르게 측정할 수 있다.

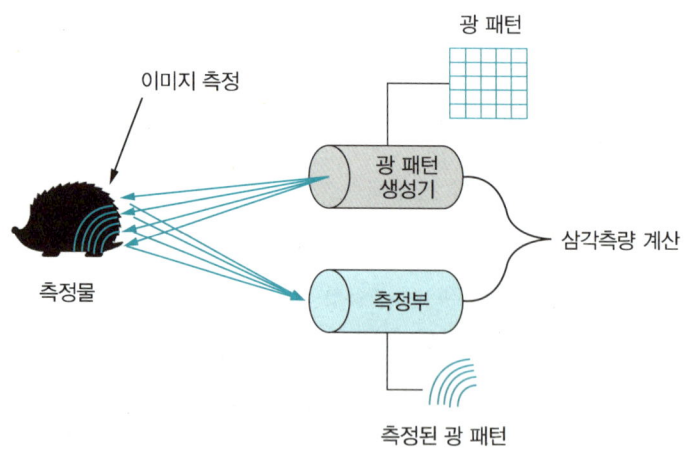

※ 광 패턴 기반 3차원 레이저 스캐너

④ 핸드헬드(Hand held) 스캐너
  ㉠ 핸드헬드 스캐너는 광 삼각법을 이용한다.
  ㉡ 점 또는 선 타입의 레이저를 피사체에 투사하는 레이저 발송자와 반사된 빛을 수신 장치(CCD)와 함께 내부 좌표계를 기준 좌표계와 연결하기 위한 시스템으로 구성되어 있다.

⑤ 변조광(Structured light) 방식의 3D 스캐너
물체 표면에 지속적으로 주파수가 다른 빛을 쏘고 수광부에서 이 빛을 받을 때 주파수의 차이를 검출하여 거리 값을 구해내는 방식이다.

⑥ 백색광(White light) 방식의 3D 스캐너
백색광 방식의 3D 스캐너는 특정 패턴을 물체에 투영하고 그 패턴의 변형 형태를 파악해 3D 정보를 얻어낸다.

3. 삼각 측량법의 원리

① 광 패턴 방식 및 라인 레이저 방식에서 측정 대상물의 좌표를 구하는 방식이다.
② 대상물에 레이저 빔의 한 점이 형성될 때 레이저 헤드, 측정부, 그리고 대상물 사이에 삼각형이 형성되고 사인 법칙을 적용해서 거리를 구한다.
③ 측정 대상물에 형성된 면 형태 혹은 라인 형태의 수많은 레이저 점들에 대해서 개별적으로 삼각형을 형성하고 이에 대한 좌표를 구한다.

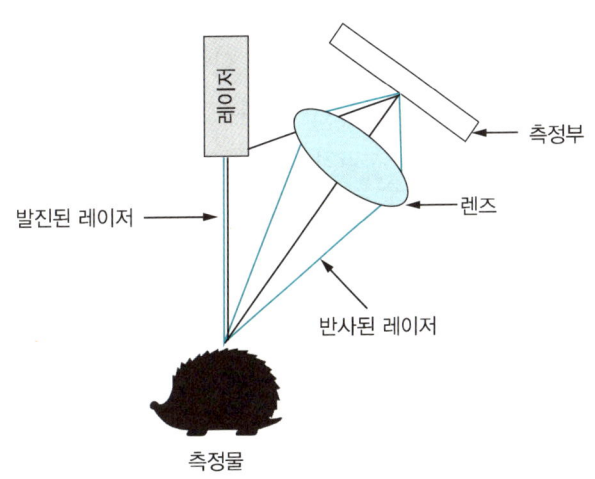

✽ 레이저 삼각 측량법

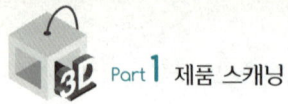
Part 1 제품 스캐닝

2 적용 가능 스캐닝 방식 선택

1. 3D 스캐닝의 방식

3D 스캐닝은 고정식 3D 스캐너와 이동식 3D 스캐너로 나눌 수 있다.

(1) 고정식 3D 스캐너

고정식 스캐너는 스캔을 하는 도중에 스캐너 혹은 피측정물을 이동할 수 없는 방식의 스캐너를 말하며, 저가형와 고가형으로 나눌 수 있다.

① 저가형 고정식 3D 스캐너의 특징
  ㉠ 레이저 두 개를 동시에 사용하여 정밀하고 빠르게 측정하고 턴테이블이 돌아가며 360° 모든 각도에서 측정이 가능하다.
  ㉡ 저가이면서 이송이 편리하지만 측정 도중에는 움직일 수 없다.
  ㉢ 레이저가 여러 방향으로 난반사가 일어날 경우 측정이 잘 되지 않는다.
  ㉣ 난반사가 일어날 경우 측정물에 특수 코팅을 수행하여 레이저 빔이 측정물 표면에 잘 맺히도록 하는 전 처리가 필요하다.

❋ 저가형 고정식 3D 스캐너

② 고가형 고정식 3D 스캐너의 특징
  ㉠ 고가형 스캐너는 3D 프린팅이 활성화되지 않은 1990년대 중후반부터 역설계(Reverse engineering) 분야에서 많은 연구가 진행되었다.
  ㉡ 역설계는 기존 설계도에서 제품을 가공하는 것과 반대되는 개념으로, 제작된 형상에서 3차원 데이터를 획득하고 3D 모델을 생성하는 기술이다.
  ㉢ 대표적인 방식은 저가형의 레이저 삼각 측량법을 이용하는 방식과 동일하며, 측정 범위가 수 미터에 이르는 것도 있

❋ 고가형 고정식 3D 스캐너

고 측정 정밀도도 수 마이크론으로 매우 뛰어나다.
- ㉣ 고정식 고가형 3D 스캐너의 스캔 헤드의 경우 회전이 가능한 장비도 있으며, 정합 및 병합을 위해 고정구(Fixture) 혹은 측정물에 마커(Marker)를 부착하기도 한다.
- ㉤ 병진 및 회전 이송 축의 개수에 따라서 측정하는 방식이 매우 다양하다.
- ㉥ 회전 테이블이 없거나 헤드가 회전하지 않을 경우 대개 하나의 면에 대해서 측정 영역을 설정하여 측정을 수행하고, 대상물을 다른 위치로 배치하여 반복 측정을 해서 모든 면이 측정되게끔 한다.
- ㉦ 정밀도를 높이기 위해 정반(Base), 고정밀 이송 장치 등을 구비하고 있다.

(2) 이동식 3D 스캐너

이동식 스캐너는 휴대용과 구분하여, 측정 도중 움직이면서 측정할 수 있는 스캐너로 규정한다.

① 이동식 3D 스캐너의 특징
- ㉠ 스캐너의 광이 못 미치거나 스캐너를 설치하기 힘든 경우에 매우 유용하다.
- ㉡ 측정 대상물이 클 경우 혹은 특정 부위만 측정을 해야 할 경우에 스캐너를 이동하면서 측정 데이터를 획득할 수 있으나, 이동식이기 때문에 통상적으로 정밀도는 고정식에 미치지 못한다.
- ㉢ 고가형 이동식 스캐너는 고정밀 라인 레이저 및 고속 측정기로 되어 있거나, 광 패턴을 이용해서 고속 촬영이 가능한 방식으로 되어 있다.
- ㉣ 저가형 이동식 스캐너는 보통 광 패턴을 이용한 방식을 많이 사용한다. 이는 카메라 기술의 발달로 인해서 간단한 프로젝터와 카메라 및 영상 처리 기술의 결합으로 구현이 가능하다.

✽ 이동식 3D 스캐너

Part 1 제품 스캐닝

Chapter 03 대상물 스캔

1. 3D 스캐닝의 개념과 종류

1. 대상물 스캐닝 개념

스캐닝을 준비하는 과정은 스캐닝의 방식, 측정 대상물의 크기 및 표면, 적용 분야(고정밀 산업용 혹은 일반용) 등에 따라서 조금씩 변동이 있을 수 있다. 기본적으로 측정 대상물에 대한 표면 처리 등의 준비 및 스캐닝 가능 여부에 대한 대체 스캐너 고려, 스캐닝 경로설정 등이 포함된다.

(1) 대상물 표면 상태

① 라인 레이저 방식에서는 레이저가 측정 대상물의 표면에 잘 주사가 되고 그 초점이 잘 맺혀야 하며, CCD 혹은 CMOS 방식의 카메라에서 측정 대상물의 표면에 맺힌 레이저 스팟(Spot)을 잘 읽을 수 있어야 한다.
② 대상물의 표면이 투명할 경우에는 레이저 빔이 투과를 해서 표면에 레이저 스팟이 생성이 되지 않기 때문에 표면 측정이 이루어지지 않는다.
③ 대상물이 거울과 같이 전반사가 일어날 경우에도 정확한 레이저 스팟의 측정이 이루어지기 힘들다.
④ 투명하거나 난반사·전반사가 일어날 경우에는 측정 방식을 바꾸거나 측정 대상물의 표면 처리를 통해서 원활한 측정이 이루어지도록 한다.
⑤ 표면 코팅
  ㉠ 코팅제로는 매우 미세한 백색 파우더가 포함된 액체 재료가 많으며, 주로 스프레이 방식으로 피측정물 표면에 도포할 수 있다.
  ㉡ 파우더의 입자가 클 경우 측정 오차가 생길 수 있으므로 측정 정밀도를 바탕으로

코팅제를 선별한다. (※ 고정밀 측정용 코팅제는 수 마이크론의 입자 사이즈를 가진다.)
ⓒ 균일한 코팅이 중요하며 측정되어야 할 모든 면에 코팅을 실시한다.

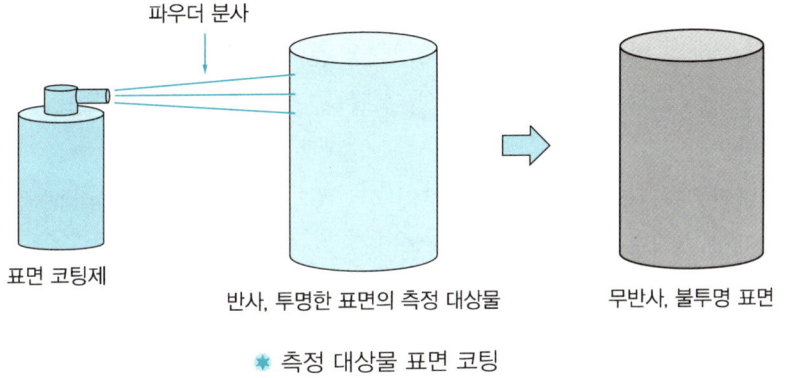

✱ 측정 대상물 표면 코팅

(2) 크기

① 피측정물이 측정 범위를 벗어날 경우에는, 측정 방식을 바꾸거나 혹은 여러 부분으로 측정해서 데이터의 정합 및 병합을 검토할 수 있다.
② 여러 번의 측정으로 데이터를 생성 시 원활한 정합 및 병합이 이루어질 수 있도록 어느 정도의 중첩된 표면이 측정되어야 하며, 표면이 복잡하고 중요할 경우에는 측정이 잘되는 위치에서 측정을 실시해야 한다.

(3) 적용 분야

적용 분야에 따라서 측정 데이터에 요구되는 정밀도가 다르다. 산업용의 경우에는 수 마이크론의 높은 정밀도를 가져야 하며, 일반용은 3차원 프린팅용으로 비교적 낮은 수준의 정밀도가 요구된다. 따라서 요구되는 정밀도, 즉 적용 분야에 따라서 스캐너를 선정해야 한다. 또한 산업용 정밀 측정의 경우에는 비록 피측정물이 반사가 되거나 투명하더라도 표면 코팅을 수행해서 가능한 모든 난반사를 미리 제거해준다. 하지만 일반 측정의 경우에는 특별한 코팅 과정이 필요하지 않을 수도 있다.

 Part 1 제품 스캐닝

2 적용 가능 스캐닝 방식 선택

1. 스캐닝 방식 및 스캐너 선택

최적의 스캐닝 방식은 측정 대상물 및 적용 분야에 따라서 달라진다.
① 측정 대상물의 표면 재질 및 특성, 복잡도, 크기에 따라서 접촉식, 비접촉식 방식을 선택한다.
② 정밀한 데이터가 필요 없는 경우와 산업용과 같이 매우 정밀한 데이터가 필요한 경우에 따라서 스캐닝 방식을 결정해야 한다.
③ 3D 프린터의 정밀도에 따라서 스캐닝 방식 및 스캐너를 선택한다.

(1) 측정 대상물에 따른 스캐너 방식 선택
① 접촉식 스캐너
  ㉠ 측정 대상물이 투명하거나 유리와 같은 소재일 경우
  ㉡ 대상물 표면에 코팅을 수행할 수 없을 경우

② 비접촉식 스캐너
  ㉠ 표면에서 난반사 혹은 전반사가 일어나지 않고 레이저 빔이 잘 맺히는 대상물의 경우
  ㉡ 측정 대상물이 쉽게 변형이 갈 경우

③ CT(Computed Tomography) 등 특수 스캐너
  측정 대상물의 내부 측정이 필요할 경우

④ TOF 방식 스캐너
  원거리의 대상을 측정할 경우

⑤ 이동식 스캐너
  측정 대상물이 크지만 일부를 스캔해야 하는 경우

 이동식 스캐너는 상대적으로 정밀도가 떨어지기 때문에 이를 확인하고 선택하도록 한다.

(2) 적용 분야에 따른 스캐너 선택

① 산업용

산업용으로 쓰이는 스캐너는 매우 고가이며 그 정밀도가 매우 우수하며 측정 범위도 비교적 크다. 이러한 스캐너는 머시닝을 통해서 얻어진 가공품의 검사 용도로도 많이 사용이 된다.

② 3D 프린팅

3D 프린팅에서 사용할 3D 데이터 생성용 스캐너는 그 정밀도가 그리 높을 필요가 없다. 이는 3차원 프린팅의 가공 정밀도가 스캐너의 정밀도보다 좋으면 되기 때문이다.

③ 프로토 타입

프로토 타입용으로 사용할 경우에는 저가형이 유리하며, 최종 제품 개발용으로 사용할 경우에는 고가형을 선택하도록 한다.

2. 스캐닝 설정

(1) 스캐너 보정(Calibration)

스캐닝을 시작하기 이전에 보정을 수행한다. 이는 주변 조도에 따른 카메라 보정, 이송 장치의 원점 설정 등을 포함한다.

 보통의 스캐너는 자동 보정 기능이 있다.

(2) 조도(Illumination)

측정 방식에 따라 주변 밝기, 즉 조도를 조절해야 한다. 레이저 방식의 경우 너무 밝은 빛이 있으면 표면에 투사된 레이저가 카메라에서 잘 측정이 되지 않는다. 광 패턴 방식일 경우도 마찬가지이며, 직사광을 피하도록 한다. 또한 너무 어두울 경우에는 카메라에 들어오는 빛의 양이 줄어들기 때문에 제대로 된 측정이 이루어지지 않을 수도 있다. 따라서 주변 밝기 조절로 스캐너에서 요구하는 조도를 맞추고, 카메라 설정을 통해서 노출 정도를 제어한다.

3) 측정 범위

측정 대상물이 클 경우에는 측정 영역을 미리 설정해 줄 필요가 있다. 즉, 측정 경로를 미리 설정해 줌으로써 측정 시간을 단축시킬 수 있다. 또한 측정 대상물에 큰 단차가 존재할 경우에는 카메라의 초점 심도 밖으로 측정 대상물이 위치할 수도 있기 때문에 측정 경로를 설정할 때는 측정 방향으로 시작과 끝점, 그리고 레이저 광의 진행 방향으로 초점 심도를 고려한다.

저가형의 경우에는 주로 턴테이블이 사용되기 때문에 자동으로 전면의 측정이 이루어진다. 즉, 턴테이블의 회전축 방향으로 여러 영역을 나누고 각 영역에서 360도 방향에서 측정을 수행하고, 최종적으로 정합 및 병합을 수행하게 된다.

측정 중 이동할 수 있는 스캐너의 경우 측정 영역이 필요 없으며, 원하는 영역을 이동 속도를 고려해서 측정할 수 있다.

(4) 스캐닝 간격 및 속도

① 스캐닝 간격
　㉠ 라인 레이저를 사용하는 스캐너의 경우 스캐닝 간격, 즉 연속된 2개의 레이저 빔 라인에 대한 간격을 설정할 수 있다.
　㉡ 스캐너가 직선으로 이송하는 경우에는 이송 방향으로 스캔 간격을 미리 설정할 수 있다.
　㉢ 간단한 형상을 가진 면을 스캔할 경우에는 많은 점들이 필요 없기 때문에 스캐닝 간격을 넓게 설정할 수 있다.
　㉣ 턴테이블을 이용하는 방식은 회전량을 조절함으로써 측정 간격을 조절할 수 있다.
　㉤ 복잡한 면일 경우에는 스캐닝 간격을 좁게 설정해서 가능한 한 많은 점 데이터를 확보해야 원래 형상을 제대로 복원할 수 있다.

② 스캐닝 속도
스캐닝 속도는 스캐닝 점의 개수를 줄임으로써 가능한데, 이는 스캐너에 따라서 옵션 사항이며, 측정 대상물의 외관의 복잡도에 따라서 속도를 상대적으로 설정할 수 있다.
　㉠ 라인 스캐너의 경우 정지 상태에서 측정이 진행이 되고, 다시 다음 위치로 이송을 하여 측정을 진행할 수도 있으며, 연속적으로 이송을 하면서 측정을 수행할 수도 있다.
　㉡ 레이저 및 카메라의 성능에 따라서 다를 수는 있으나, 일반적으로 연속적으로 측정을 하는 경우 측정 정밀도가 떨어진다.

Chapter 04 스캔 데이터 보정

1 스캔 데이터 생성

1. 정합(Registration)

스캔 데이터는 보통 여러 번의 측정에 따른 점군 데이터를 서로 합친 최종 데이터다. 개별 스캐닝 작업에서 얻어진 점 데이터들이 합쳐지는 과정을 정합이라고 한다. 정합은 측정 데이터 자체로 정합을 하는 경우와 정합용 마커 및 고정구 등을 사용하는 경우가 있다.

① 정합용 툴을 이용할 경우

정합용 마커는 최소 3개 이상의 볼이 서로 정합될 데이터에 모두 측정이 되게끔 간격을 조절하여 부착한다. 서로 합쳐야 할 점 데이터에서 동일한 정합용 볼들의 중심을 서로 매칭시킴으로써 측정 데이터들이 하나로 합쳐지게 된다.

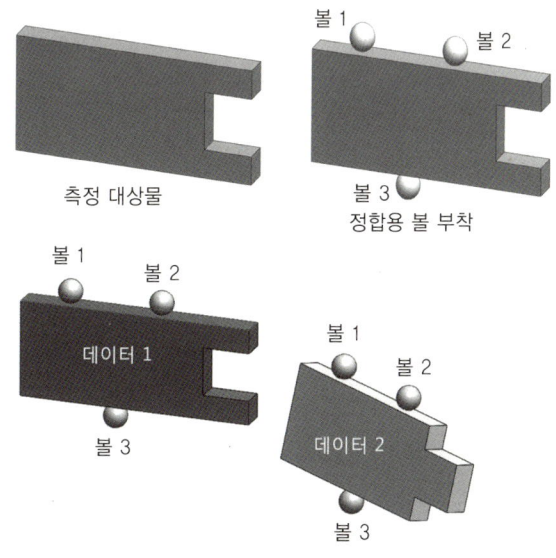

✱ 정합용 볼을 이용한 측정 및 데이터 준비와 정합 과정 1

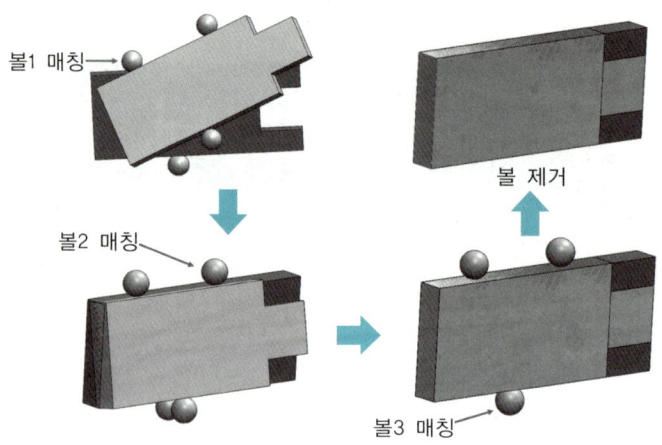

* 정합용 볼을 이용한 측정 및 데이터 준비와 정합 과정 2

② 점군 데이터를 이용하는 경우

    정합용 소프트웨어는 각각 측정된 점 데이터로부터 중첩되는 특징 형상들을 찾아내서 그 부분을 일치시킴으로써 정합을 하게 된다.

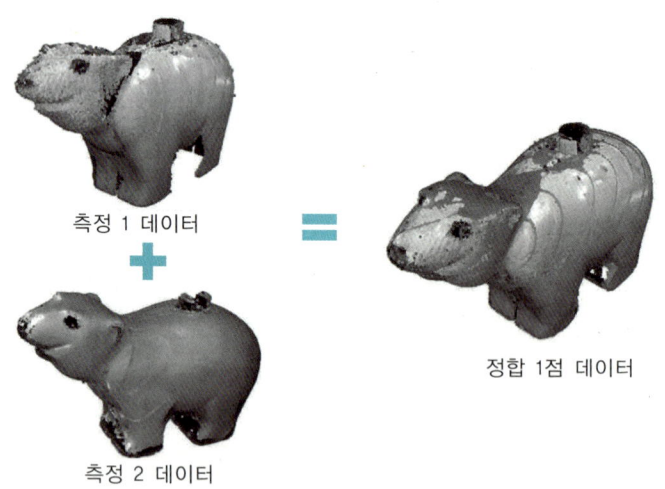

* 측정 데이터를 이용한 정합 과정

2. 병합(Merging)

병합은 정합을 통해서 중복되는 부분을 서로 합치는 과정이다. 정합은 전체 데이터를 회전 이송하면서 같은 좌표계로 통일하는 과정이며, 병합은 이러한 데이터를 하나의 파일로 통합하는 과정이다.

2 스캔 데이터 보정

1. 스캔 데이터 보정

스캔 데이터는 많은 노이즈를 포함하고 있어 측정, 정합 및 병합 후에 불필요한 데이터를 필터링해야 한다.

(1) 데이터 클리닝(Cleaning)

스캔 데이터는 측정 환경, 측정 대상물의 표면 상태 및 스캐닝 설정 등에 따라서 다양한 노이즈를 포함한다. 이러한 노이즈는 자동 필터링 기능을 사용하거나 수동으로 필요 없는 점들을 제거할 수 있다.

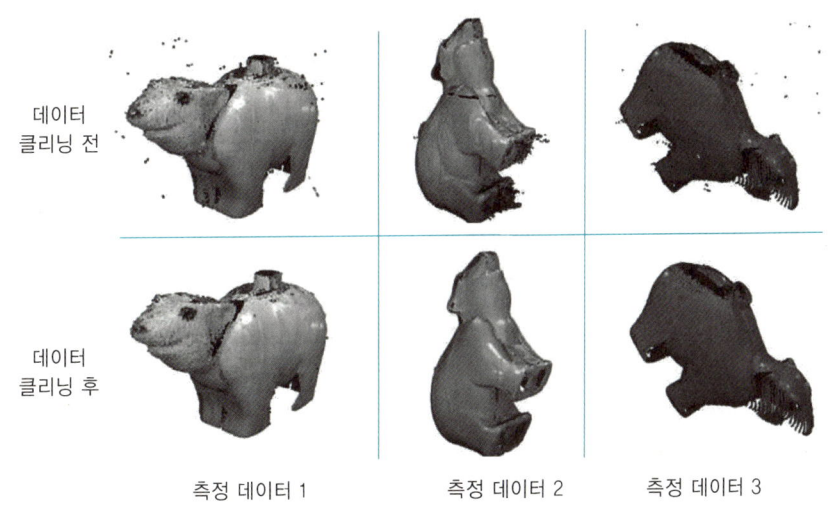

★ 데이터 클리닝 전후 비교 사진

(2) 스캔 데이터 보정

데이터 클리닝이 끝나고 정합 전후로 다양한 보정 과정을 거치게 된다. 중첩된 점의 개수를 줄여 데이터 처리를 쉽게 할 수 있는 필터링, 측정 오류로 주변 점들에 비해서 불규칙적으로 형성된 점들에 대한 스무딩(Smoothing) 등이 포함된다.

2. 스캔 데이터 페어링

(1) 형상 수정

① 스캔 데이터는 페어링(Fairing)을 통해 불필요한 점을 제거하고 다양한 오류를 바로 잡아 최종적으로 삼각형 메시(Trianglar mesh)를 형성하고 3차원 프린팅을 할 수 있다.
② 스캐너의 특성상 측정이 되지 않는 부분에 삼각형 메시 작업을 수행하게 되면, 그 자리에 움푹 패인 형상이 주로 생성이 된다. 이는 스캐닝 소프트웨어를 이용해서 수정할 수 있다.

(2) 삼각형 메시 생성

삼각형 메시를 생성할 때 몇 가지 법칙이 있다.
① 점과 점 사이의 법칙(Vertex-to-vertex rule)으로 삼각형들은 꼭짓점을 항상 공유해야 한다.
② 공간 상에서 삼각형이 서로 교차를 하고 있으면, 이 또한 법칙에 위배된다. 이러한 오류는 점과 점 사이를 연결하면서 쉽게 생길 수 있다.
③ 삼각형들끼리 서로 겹칠 수도 있으며, 삼각형이 없는 부분, 즉 구멍이 생길 수도 있다.

이 법칙을 벗어난 삼각형들을 페어링 과정을 통해서 바로잡을 수 있으며, 자동 및 수동으로 모두 제거할 수 있다.

이 밖에도 삼각형의 크기를 균일하게 하는 작업, 큰 삼각형에 노드를 추가해서 작은 삼각형으로 만드는 작업, 형상을 부드럽게 하는 작업, 삼각형의 면의 방향으로 바로잡는 작업 등이 페어링 작업에 포함된다. 대부분의 소프트웨어는 자동으로 이러한 작업들을 수행할 수 있으며, 수동으로 하나씩 수행해도 된다.

출제 예상문제

1. 3D 프린터의 개념 및 특징에 관한 내용으로 옳은 것은?
① 출력물을 만들 수 있는 형태가 제한적이다.
② 기존의 절삭 방식에 비해 재료의 낭비가 많다.
③ 재료를 한 층씩 설계 형상을 따라 쌓아서 물체를 만들어내는 기술이다.
④ 모델링 프로그램을 통해 수정이 불가능하다.

> **해설** 3D 프린터는 컴퓨터로 제어되어 만들 수 있는 형태가 자유롭고, 필요한 만큼의 재료만 사용하여 재료의 낭비가 적다. 또한 모델링 프로그램을 통해 자유롭게 수정이 가능하다.

2. PLA, ABS 등의 재료를 히팅 노즐에서 녹여 한 층씩 쌓아 올리면서 출력물을 만들어내는 방식은?
① SLA   ② FDM
③ SLS   ④ MJM

> **해설** FDM 방식은 필라멘트 형태의 열가소성 플라스틱 원료를 히팅 노즐에서 녹인 후, 유압기로 밀어내며 밑에서부터 층을 쌓아 올리면서 출력물을 만들어내는 방식이다.

3. 3D 프린팅 방식의 대한 설명으로 옳지 않은 것은?
① SLA 방식은 광경화성 액체 수지에 레이저를 이용하여 경화시켜 제품을 출력하는 방식이다.
② MJM 방식은 재료를 분사함과 동시에 자외선(UV)으로 경화시키는 방식이다.
③ SLS 방식은 광경화성 액체 수지를 경화시키는 레이저 대신에 프로젝터를 이용한다.
④ FDM 방식은 필라멘트 형태의 재료를 노즐을 통해 압출하여 제품을 출력하는 방식이다.

> **해설** SLS 방식은 파우더 형태의 재료 위에 레이저로 소결하여 한 층씩 모델이 조형되는 방식이다.

4. FDM 방식에 대한 설명으로 옳은 것은?
① 다양한 소재 적용이 가능하다.
② 제작 속도가 빠르고 모델 표면이 매끄럽다.
③ 다른 방식에 비해 장치의 구조와 프로그램이 복잡하다.
④ 제품 출력 시 지지대가 필요 없다.

> **해설** ① PLA, ABS, 나일론, PC, PVA 등 적용 가능한 소재가 다양하다.
> ② 제작 속도가 느리며, 출력물의 표면이 거칠다.
> ③ 장치의 구조와 프로그램이 간단하고, 장비 가격과 유지보수 비용이 낮다.
> ④ 제품 출력 시 지지대가 필요하고, 후가공이 필수적이다.

5. SLA 방식에 대한 설명으로 옳지 않은 것은?
① 출력 후 세척과정이 필요하다.
② 표면 조도가 우수하다.
③ 광경화성 액체 수지에 레이저를 투사하여 경화시키는 방식이다.
④ 복잡하거나 섬세한 물건을 만드는 데 부적합하다.

> **해설** SLA 방식은 표면 조도가 우수하여 복잡하거나 섬세한 물건을 만드는 데 적합하다.

Part 1 제품 스캐닝

6. SLS 방식에 대한 설명으로 옳지 않은 것은?
① SLS 방식은 레이저 소결 방식이다.
② 출력이 완료되면 분말을 털어내는 후처리 과정이 필요하다.
③ SLS 방식은 지지대가 필요 없다.
④ 사용 가능한 소재의 수가 제한적이다.

해설 SLS 방식은 플라스틱, 금속, 유리, 모래 등의 다양한 소재를 사용할 수 있다.

7. 다음 설명에 해당하는 3D 스캐너는?

> 광 삼각법을 이용하며 발광부에서 점 또는 선 타입의 레이저를 물체에 투사하고 수광부에서 반사된 빛을 받아 거리를 측정하는 방식

① 접촉식 3D 스캐너
② 변조광 방식의 3D 스캐너
③ 백색광 방식의 3D 스캐너
④ 핸드헬드 스캐너

해설 핸드헬드(Hand Held) 스캐너는 광 삼각법을 이용한다. 점 또는 선 타입의 레이저를 피사체에 투사하는 레이저 발송자와 반사된 빛을 수신장치(CCD)와 함께 내부 좌표계를 기준 좌표계와 연결하기 위한 시스템으로 구성되어 있다.

8. 3D 스캐닝에 대한 설명으로 옳지 않은 것은?
① 측정 대상으로부터 3차원 좌표값을 읽어내는 과정을 3D 스캐닝이라 한다.
② 생성된 데이터는 후처리 과정을 통해 3D 모델로 생성이 가능하다.
③ 스캐닝을 할 시 측정 대상물의 표면재질을 고려할 필요가 없다.
④ 3D 스캐닝은 준비단계, 점군(Point cloud) 생성 단계, 3D 모델구성 단계가 있다.

해설 측정 대상물의 표면이 전반사 혹은 난반사가 일어나는 재질일 경우 접촉식 스캐너를 사용하고, 접촉 시 측정물이 쉽게 변형되는 재질일 경우는 비접촉식 스캐너를 사용한다. 이처럼 측정물의 표면 재질을 고려하여 스캐너를 선택해야 한다.

9. 접촉식 3D 스캐너에 대한 설명으로 알맞은 것은?
① 측정 대상물 표면에 전반사 혹은 난반사가 일어나는 재질일 경우 사용이 불가능하다.
② 터치 프로브가 직접 측정 대상물과의 접촉을 통해서 좌표를 읽어낸다.
③ 측정점의 정밀도와 정확도가 좋지 않다.
④ 단단한 측정물에 대해서는 측정이 불가능하다.

해설 접촉식 3D 스캐너는 측정 대상물이 투명하거나 거울과 같이 전반사 혹은 난반사가 일어나는 단단한 재질에 대해서 측정이 가능하며, 측정점의 정밀도와 정확도가 매우 우수하다.

10. 이동식 3D 스캐너에 대한 설명으로 옳지 않은 것은?
① 이동식 스캐너는 스캐너 광이 못미치거나 스캐너를 설치하기 힘든 경우에 유용하다.
② 고가형 이동식 스캐너는 고속 촬영이 가능하다.
③ 저가형 이동식 스캐너는 보통 광 패턴을 이용한 방식을 사용한다.
④ 고정식 스캐너보다 정밀도가 높다.

해설 정밀도는 고정식 스캐너에 비해 낮다.

36

11. 스캐닝 준비과정이 아닌 것은?
① 측정물에 대한 표면 처리
② 대체 스캐너 선정
③ 스캐닝 경로설정
④ 스캔 데이터 정합

해설 개별 스캐닝 작업에서 얻어진 점 데이터들이 합쳐지는 과정을 정합이라고 하며, 스캐닝 준비과정에는 포함되지 않는다.

12. 스캐닝 대상물 표면 상태에 대한 설명으로 옳지 않은 것은?
① 레이저가 측정 대상물의 표면에 잘 주사가 되고 그 초점이 잘 맺혀야 한다.
② 대상물이 거울과 같이 전반사가 일어날 경우 정확한 측정이 안 된다.
③ 전반사, 난반사가 일어날 경우 측정 방식을 바꾸거나 표면 처리 작업을 통해 원활한 측정이 이루어지도록 한다.
④ 정확한 측정을 위해선 대상물의 표면이 투명해야 한다.

해설 대상물의 표면이 투명할 경우 표면에 레이저 스팟이 생성되지 않아 표면 측정이 이루어지지 않는다.

13. 표면 코팅에 대한 설명으로 잘못된 것은?
① 측정물 표면에 코팅제를 균일하게 도포한다.
② 측정하는 모든 면에 코팅한다.
③ 코팅제의 파우더 입자가 커도 측정에는 아무 문제가 없다.
④ 코팅제는 백색 파우더가 포함된 액체 재료가 많으며, 주로 스프레이 방식이다.

해설 파우더의 입자가 클 경우 측정 오차가 생길 수 있다.

14. 측정 대상물에 표면 코팅을 수행할 수 없고 투명하거나 유리와 같은 소재일 경우 선택해야 할 스캔 방식은?
① 접촉식 스캐너
② 비접촉식 스캐너
③ 이동식 스캐너
④ TOF 방식 스캐너

해설 접촉식 스캐너는 대상물이 투명하거나 거울과 같이 전반사 혹은 난반사가 일어나는 단단한 피측정물에 대해 측정이 가능하다.

15. 점 데이터들이 합쳐지는 과정을 뜻하는 것은?
① 데이터 정합
② 데이터 병합
③ 고정구 및 마커
④ 스캔 데이터 보정

해설 개별 스캐닝 작업에서 얻어진 점 데이터들이 합쳐지는 과정을 정합이라고 하며, 병합은 이러한 데이터를 하나의 파일로 통합하는 과정을 뜻한다.

16. 데이터 클리닝에 대한 설명으로 알맞은 것은?
① 중첩된 점의 개수를 줄이고 측정 오류로 불규칙적으로 형성된 점들에 대한 스무딩 등을 포함한 기능이다.
② 스캔 데이터에 포함된 노이즈를 제거하는 기능이다.
③ 자동 및 수동 필터링으로 노이즈를 제거할 수 있다.
④ 모델링 형상을 부드럽게 만드는 기능이다.

해설 스캔 데이터는 측정 환경, 측정 대상물의 표면 상태 및 스캐닝 설정 등에 따라서 다양한 노이즈를 포함할 수 있다. 이러한 노이즈를 제거하는 게 데이터 클리닝이다.

Part 1 제품 스캐닝

17. 스캔 데이터 페어링 과정이 아닌 것은?
① 스캔 데이터의 용량을 줄이는 과정이다.
② 불필요한 점을 제거하고 다양한 오류를 바로잡아 삼각형 메시를 형성한다.
③ 비정상적인 삼각형 메시를 패치와 같은 툴로 수정한다.
④ 메시 생성의 법칙을 벗어난 삼각형을 바로잡는다.

해설 스캔 데이터 페어링은 3D 프린팅을 할 수 있도록 불필요한 데이터 점과 오류를 바로잡고 삼각형 메시를 형성하는 과정이다.

18. 여러 부분을 나누어 스캔할 때 스캔 데이터를 정합하기 위해 사용되는 도구는?
① 정합용 마커
② 정합용 스캐너
③ 정합용 광원
④ 정합용 레이저

해설 개별 스캐닝 작업에서 얻어진 점 데이터들을 합치기 위해 정합용 마커 및 고정구 등을 사용한다.

19. 3D 프린터의 개념 및 특징에 관한 내용으로 옳지 않은 것은?
① 컴퓨터로 제어되기 때문에 만들 수 있는 형태가 다양하다.
② 제작 속도가 매우 빠르며, 절삭 가공하므로 표면이 매끄럽다.
③ 재료를 연속적으로 한층, 한층 쌓으면서 3차원 물체를 만들어내는 제조 기술이다.
④ 기존 잉크젯 프린터에서 쓰이는 것과 유사한 적층 방식으로 입체물을 제작하는 방식도 있다.

해설 3D 프린터는 3D 모델링 데이터를 이용하여 물체의 소재를 적층하는 방식으로 절삭 가공하지 않는다.

20. 다음 설명에 해당하는 3D 스캐너 타입은?

> 물체 표면에 지속적으로 주파수가 다른 빛을 쏘고 수신광부에서 이 빛을 받을 때 주파수의 차이를 검출해 거리 값을 구해내는 방식

① 핸드헬드 스캐너
② 변조광 방식의 3D 스캐너
③ 백색광 방식의 3D 스캐너
④ 광 삼각법 3D 레이저 스캐너

해설 광 삼각법 3D 레이저 스캐너는 발광부에서 점 또는 선 타입의 레이저를 물체에 투사하고 수광부에서 반사된 빛을 입력받아 거리를 측정하는 방식이다.

21. 측정 대상물에 대한 표면 처리 등의 준비, 스캐닝 가능 여부에 대한 대체 스캐너 선정 등의 작업을 수행하는 단계는?
① 역설계
② 스캐닝 보정
③ 스캐닝 준비
④ 스캔 데이터 정합

해설 스캐닝 단계는 측정 대상물에 대한 표면 처리 등의 준비, 스캐닝 가능 여부에 대한 대체 스캐너 선정 등의 작업을 수행하는 준비 단계, 3차원 좌표를 다양한 측정 방식으로 추출하여 점군(Point cloud)을 생성하는 단계, 최종적으로 3차원 모델로 재구성하는 단계까지 포함한다.

22. 분말을 용융하는 분말 융접(Powder Bed Fusion) 방식의 3D 프린터에서 고형화를 위해 주로 사용되는 것은?
① 레이저 ② 황산
③ 산소 ④ 글루

해설 분말 융접 기술인 SLS 방식은 레이저를 쏘여 분말을 융접해 가면서 제품을 제작하는 방식이다.

23. 광경화성 수지에 대한 내용으로 잘못된 것은?
① 제작 속도가 빠르다.
② 시간이 지나도 마모가 되지 않으며, 내구성이 좋다.
③ 표면 조도가 우수하다.
④ 플라스틱 및 아크릴 도료로 도장이 가능하다.

해설 광경화성 수지는 시간이 지남에 따라 마모가 되며, 내구성이 좋지 않다.

24. SLS 방식에 대한 설명으로 옳은 것은?
① 제품 출력 시 지지대가 필요하고, 출력 후 지지대를 제거하는 후가공이 필요하다.
② 다른 방식에 비해 장치의 구조가 단순하다.
③ SLS 방식의 소재는 작은 입자 형태의 분말이다.
④ 출력이 끝난 후 후처리 과정이 필요 없다.

해설 SLS 방식은 출력물이 분말 속에 있기 때문에 지지대가 필요 없으며, ②는 FDM 방식의 특징이다. SLS 방식은 출력이 끝나면 작은 입자 형태의 분말을 털어내는 후처리 과정이 필수적이다.

25. 3D 스캐닝의 정의에 대한 설명으로 옳은 것은?
① 출력하는 모델링에 오류가 있는지 확인하는 과정이다.
② 중량이나 무게중심을 해석한다.
③ 모델링 데이터를 이용하여 소재를 적층한다.
④ 측정 대상으로부터 정보(모양, 문자, 위치, 크기 등)를 얻어 낸다.

해설 3D 스캐닝은 측정 대상으로부터 특정 정보(모양, 문자, 위치 크기 등)를 얻어 내는 것이다. 측정 대상으로부터 3차원 좌표(X, Y, Z)값을 읽어 내는 과정을 3D 스캐닝이라 한다.

정답 1. ③ 2. ② 3. ③ 4. ① 5. ④ 6. ④ 7. ④ 8. ③ 9. ② 10. ④ 11. ④ 12. ④ 13. ④ 14. ① 15. ①
16. ④ 17. ① 18. ③ 19. ② 20. ④ 21. ③ 22. ① 23. ② 24. ③ 25. ④

넙스(Nurbs) 모델링

01 3D 형상 모델링

02 3D 형상 데이터 편집

03 출력용 데이터 수정

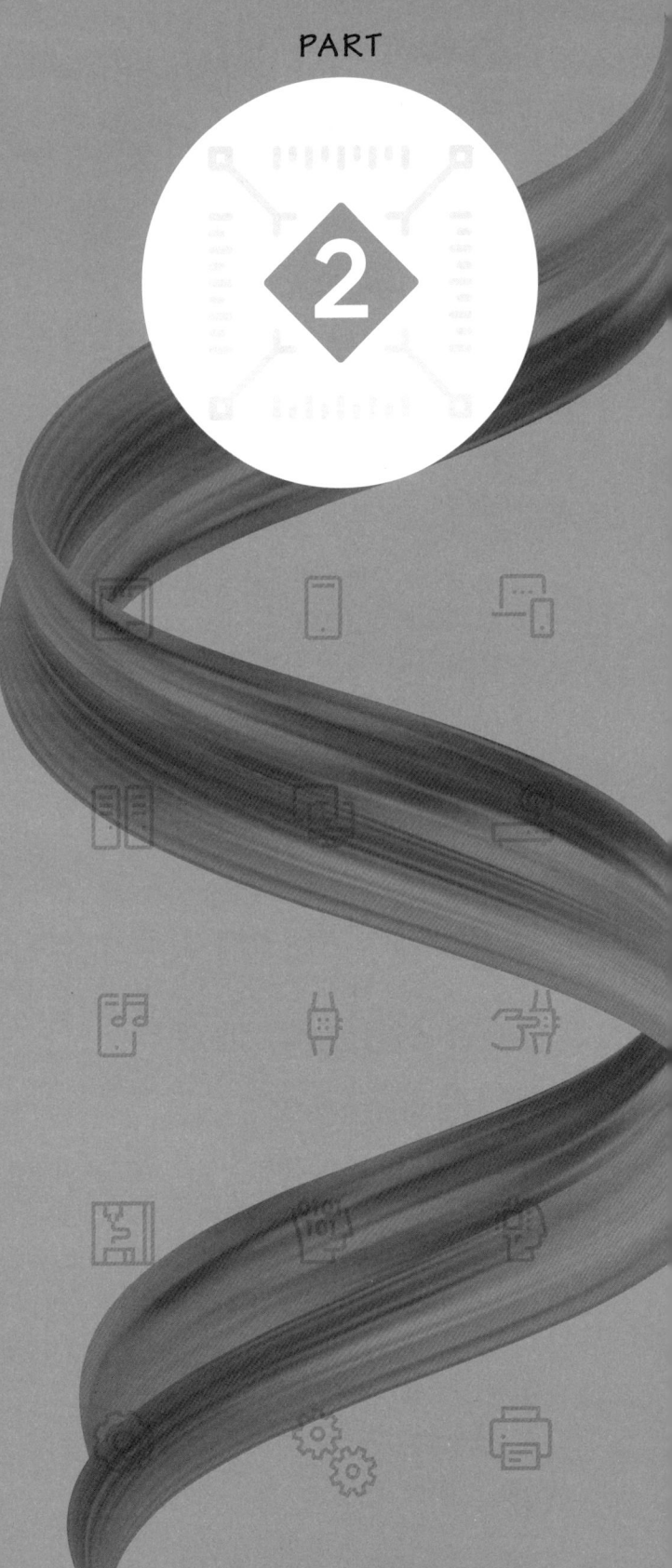

PART 2

3D PRINTER

Chapter 01 3D 형상 모델링

1 3D CAD 프로그램 활용

1. 3D CAD를 이용한 형상 모델링 방식

3D CAD를 이용한 형상 모델링(Geometry modeling)은 곡선이나 곡면 또는 다면체를 이용하여 물체의 형태를 만들어내는 방법이다.

형상 모델링은 폴리곤(Polygon) 방식과 NURBS(Non-Uniform Rabonal B-spline) 방식, 서브디비전(Sub-Division) 방식으로 나눌 수 있다.

(1) 폴리곤 방식

평면 다각형을 계속 붙여가며 물체의 형상을 만드는 방식으로 삼각형과 사각형을 사용한다. 경우에 따라서 오각형 이상의 다각형을 사용하기도 한다. 폴리곤 방식은 평면 다각형을 사용하기 때문에 날카로운 모서리나 꼭짓점을 가진 물체를 모델링하는 데 적합하며, 직관적으로 사용하기 쉬운 장점이 있다.

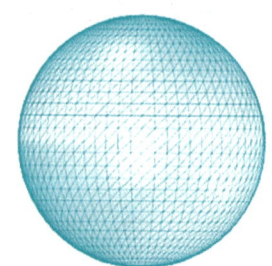

✱ 폴리곤 방식

(2) NURBS 방식

수학적으로 잘 정의된 3D 곡선을 이용하여 모델링하는 방식으로 연속된 몇 개의 제어점(Control point)과 각 제어점에 대한 가중치를 이용하여 3D 곡선을 정의한다. 여러 개의 3D 곡선을 이용하여 곡면을 생성하기 때문에 폴리곤 방식으로 표현하기 힘든 부드러운 곡면을 모델링할 수 있다.

✱ NURBS 방식

(3) 서브디비전 방식

폴리곤 방식과 NURBS 방식의 모델링을 혼합한 형태이다. 3D CAD 통합 소프트웨어에서 제공하는 서브디비전은 각기 다른 면 분할 방식을 사용하기 때문에 서로 호환되지 않는 단점이 있다.

2. 형상 모델링의 종류 및 특징

3차원 모델링별 특성 정리			
구분	폴리곤(Polygon)	넙스(Nurbs)	솔리드(Solid)
치수 정확도	낮음	보통	높음
표현 자유도	높음	보통	낮음
활용 분야별	게임, 영화	제품 모델링	설계

(1) NURBS(Non-Uniform Rational B-spline) 방식

2D 선, 원, 호, 커브에서 가장 복잡한 3D의 유기적 자유 형상 서피스 또는 솔리드에 이르기까지, 어떠한 형태도 정확하게 표현할 수 있는 수학적 표현 방법이다. 정확성과 유연성을 가진 NURBS 모델링은 일러스트레이션, 애니메이션, 제조업 등의 과정에서 사용할 수 있다.

❋ NURBS 모델링

① NURBS 모델링의 특징
  ㉠ 간단한 선분, 구, 원, 타원, 자동차나 사람의 몸과 같은 자유곡면의 기하체를 매우 정확하게 묘사할 수 있다.
  ㉡ 제어점이 많이 뭉쳐 있으면 꺾이게 되고, 제어점이 넓게 퍼져 있으면 부드러운 면이 생성된다.
  ㉢ 특정한 기하체를 묘사하기 위해 필요한 정보의 양이 적다.
  ㉣ 차수(Defree)로 곡률 단계를 정할 수 있다.
  ㉤ 컨트롤 포인트와 매듭, 계산 방식으로 형태를 변형시킬 수 있다.

(2) 폴리곤(Polygon) 방식

폴리곤 방식은 형태를 구성하는 점, 선, 면의 집합으로 메시(Mesh)를 제작하는 방식이다. 가장 전통적인 방식으로 게임 그래픽에 많이 사용된다. 폴리곤 방식의 최소 단위는 삼각형이지만 모델링을 할 때 작업자가 보기 편한 사각형을 기본 단위로 한다.

① 폴리곤(Polygon) 방식의 특징
　㉠ 점이라는 기본 단위를 바탕으로 점과 점이 연결된 선, 선과 선이 연결된 면으로 입체적인 형태를 표현하는 방식이다.
　㉡ 다각형 모양의 면이 모여 하나의 오브젝트를 이루는 방식으로, 면이나 점을 제어할 수 있어서 캐릭터 등을 만드는 데 사용된다.
　㉢ 쉽고 직관적이다.
　㉣ 면의 수를 조절할 수 있으므로 렌더링이 가장 빠르다.

✱ 폴리곤 모델링

(3) 솔리드(Solid) 방식

솔리드 모델이란 정점, 능선, 면 및 질량을 표현한 형상 모델로서 시뮬레이션, 전문설계, 동력학 등 연관된 설계, 자동차, 가전제품, 공업제품 개발설계에 사용되는 방식이다.

① 솔리드(Solid) 방식의 특징
　㉠ 수학적으로 정의된 관계 위치 정보를 표현하는 방식으로 닫힌 형상의 안쪽과 바깥쪽을 구별하는 입체 형상을 만드는 방식이다.
　㉡ 중량이나 무게중심 등의 물체의 다양한 성질을 표현하는 모든 요소를 갖추고 있어서, 중량이나 무게중심 등의 해석이 가능하다.

❋ 솔리드 모델링

(4) 와이어프레임(Wireframe) 방식

컴퓨터 그래픽에서 3차원 물체의 형상을 나타내기 위해 물체의 형상을 수많은 선의 모임으로 표시하여 입체감을 나타낸다. 2D 도면 출력을 위한 용도와 평면 가공에 적합한 모델링 방식이다.

① 와이어프레임(Wireframe) 방식의 특징
   ㉠ 직선, 점, 원, 호 등의 기본적인 요소로 3차원 형상을 표현하는 방식이다.
   ㉡ 2차원 도면이나 평면 가공에 많이 사용한다.
   ㉢ 소요 시간이 적게 들고 메모리 용량이 적어도 모델링이 가능하다.

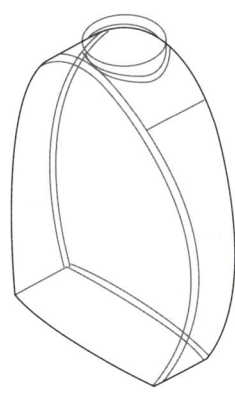

❋ 와이어프레임 모델링

3. 넙스(NURBS) 소프트웨어

(1) 소프트웨어 인터페이스

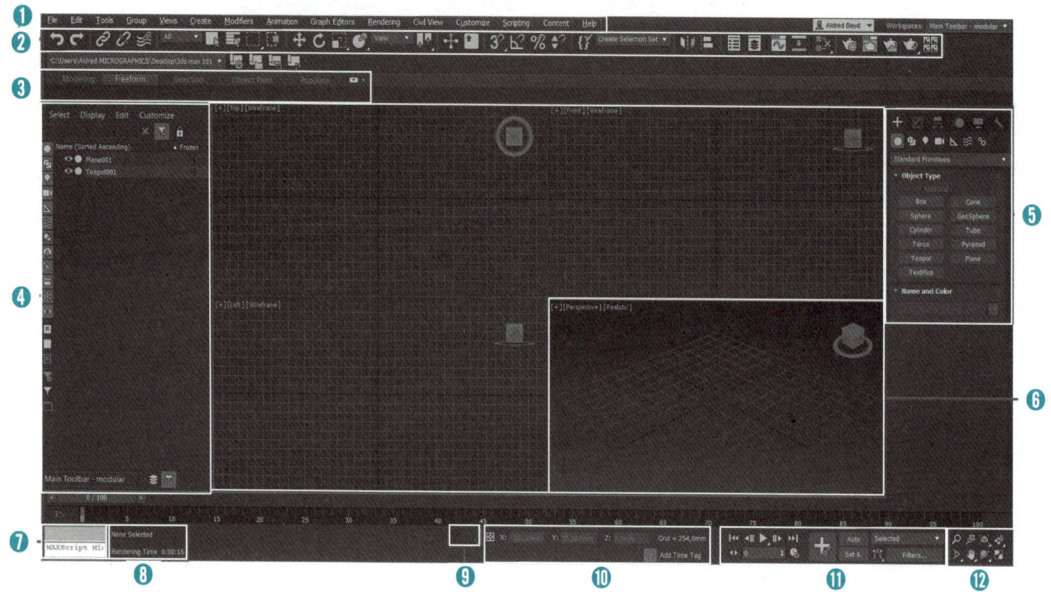

❋ 인터페이스

① **메뉴 모음**: 메뉴 모음은 주 창의 제목 표시줄 바로 아래에 있으며, 각 메뉴의 제목은 메뉴상에 있는 명령의 용도를 나타낸다.
② **주 도구 모음**: 가장 일반적인 작업에 대한 도구 및 대화상자에 신속하게 접근할 수 있다.
③ **리본**: 리본 인터페이스는 사용자화 가능성이 높은 양식, 상황에 따라 달라지는 도구 모음(모델링, 자유형, 선택, 오브젝트 페인트 및 채우기 탭 포함)을 사용한다.
④ **장면 탐색기**: 장면 탐색기에서는 오브젝트를 보고, 정렬하고, 필터링하고, 선택할 수 있는 모달리스 대화상자를 사용할 수 있으며, 오브젝트의 이름을 바꾸고, 삭제하고, 숨기고, 고정하고, 계층을 만들고 수정하며, 오브젝트 특성을 한꺼번에 편집하는 기능도 제공된다.
⑤ **명령 패널**: 모델링 기능 대부분에 액세스하고 일부 애니메이션 기능, 표시 선택 사항 및 기타 유틸리티를 액세스하는 6개의 사용자 인터페이스 패널로 이루어져 있다.
⑥ **뷰포트**: 여러 각도에서 장면을 표시하고 필드의 조명, 그림자, 필드 깊이 및 기타 효과를 미리 볼 수 있다.

⑦ 미니 리스너: 명령을 다시 실행하거나 스크립트를 만들고, 도구 모음에 추가하는 기능이다.
⑧ 상태 선 및 프롬프트 선: 장면 및 활성 명령에 대한 프롬프트 및 상태 정보가 표시된다.
⑨ 선택 격리 토글 및 선택 잠금 토글: 상태 표시줄의 선택 격리 토글은 격리를 설정 또는 해제로 토글한다.
⑩ 좌표 표시: 좌표 표시 영역에는 커서 위치나 변환 상태가 표시되며, 새 변환 값을 입력할 수 있다.
⑪ 애니메이션 및 시간 컨트롤: 애니메이션을 만들고 뷰포트 내에서 재생할 수 있다.
⑫ 뷰포트 탐색 컨트롤: 활성 뷰포트에서 장면을 탐색한다.

(2) 명령 패널

명령 패널은 6개의 사용자 인터페이스 패널로 구성되어 있으며, 대부분의 모델링 기능뿐만 아니라 일부 애니메이션 기능, 디스플레이 선택 및 기타 유틸리티에 대한 액세스를 제공한다.

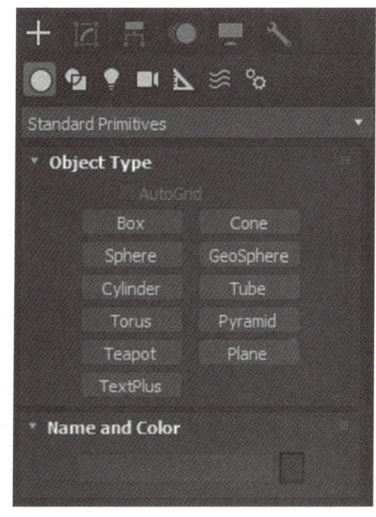

❋ 명령 패널

패널 만들기: 지오메트리, 카메라, 조명 등 객체를 만들기 위한 컨트롤이 포함되어 있다.

패널 수정: 오브젝트에 수정자를 적용하고 편집 가능한 오브젝트(메시 및 패치) 편집을 위한 컨트롤이 있다.

계층 구조 패널: 계층 구조, 조인트 및 역 기구학의 링크를 관리하기 위한 컨트롤이 포함되어 있다.

모션 패널: 애니메이션 컨트롤러 및 궤도에 대한 컨트롤을 포함한다.

디스플레이 패널: 다른 표시 옵션과 함께 개체를 숨기거나 표시할 수 있는 컨트롤이 포함되어 있다.

유틸리티 패널: 기타 유틸리티 프로그램이 들어 있다.

(3) 도형 생성

명령 패널의 Create에는 기본적인 도형 외에 다양한 도형들이 갖추어져 있다.

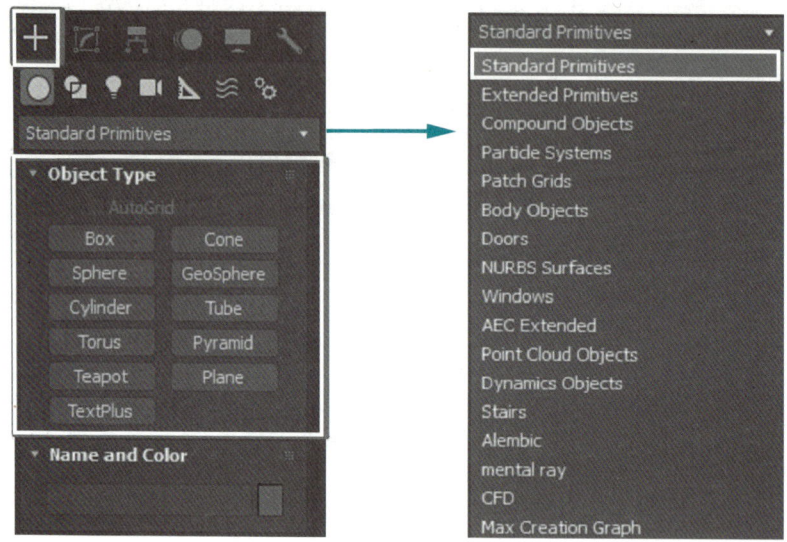

✽ 기본 도형

✽ 기본 도형인 Teapot을 생성한 모습

2. 작업지시서 작성

1. 작업지시서

작업지시서는 필요한 물품을 구매하거나 필요한 업무를 지시하기 위하여 작성하는 것이다. 작업지시서의 내용으로는 필요한 물품의 생산, 제품의 배송, 거래 등이 있다. 작업지시서에는 기업의 명칭 혹은 부서, 제품의 수량, 색상, 규격, 작업 완료일자, 납품처 등이 작성된다.

(1) 3D 프린팅 작업지시서

① 생산지시서
  ㉠ 제품 생산과 관련된 지시사항을 작성하여 요청하는 문서이다.
  ㉡ 자재, 부품, 제품의 입고일과 출고일, 제품의 이름과 번호 등이 기록된다.
  ㉢ 제품 생산의 정보를 기록하여 생산업무가 원활히 이루어지고 효율성을 높이기 위한 문서이다.

② 검사지시서
  ㉠ 제품에 대한 검사를 요구하는 문서이다.
  ㉡ 검사 결과에 따라 합격, 불합격 여부를 판정한다.
  ㉢ 검사지시서에는 검사 항목, 방법, 결과 등이 기록된다.

Chapter 02. 3D 형상 데이터 편집

1 생성 객체의 편집 변형

1. 소프트웨어 편집 기능

(1) 오브젝트의 치수확인 및 수정

오브젝트를 만들고 나서 Parameters에서 만들어진 오브젝트의 치수를 변경할 수 있다.

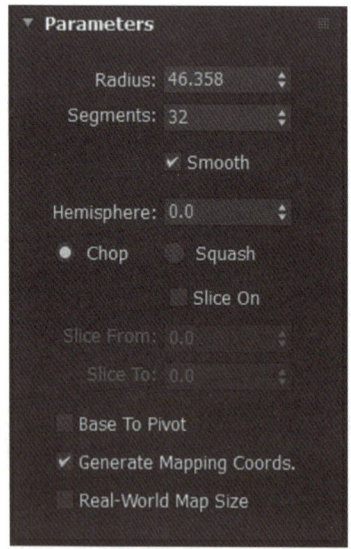

✿ Parameters

(2)  Modify(수정 패널) 기능

① Igno Backfacing: 보이는 곳만 선택하게 해주는 기능이다. 보통 Vertex나 Edge를 선택할 경우 보이지 않는 부분까지 같이 선택된다. 하지만 Igno Backfacing을 체크하고 선택하면 보이는 면만 선택이 가능하다.

② by Angle: 폴리곤 상태에서 활성화되는 기능이다. 기본적으로 앵글은 45°로 되어 있는데 by Angle은 맞닿는 면, 닿는 각도가 45° 이내까지 선택이 된다.

③ Shrink, Grow: Grow는 선택한 곳과 근접해 있는 부분까지 확산시켜 선택해주는 기능이다. 이와 반대로 축소하려면 Shrink를 클릭한다.

④ Ring, Loop: 링과 루프는 Edge 모드에서 활성화 된다. 링은 선택된 Vertex와 같은 선상, 방향성을 가진 모든 Edge들을 선택하고, 루프는 같은 방향성을 가지며, 붙어 있는 Edge를 시작으로 이에 연결된 모서리들이 모두 선택된다.

⑤ Ctrl key + Selection 변경: 선택한 점, 선, 면 등을 컨트롤 키를 누른 후 다른 형질의 셀렉션 아이콘을 클릭하면 접해 있는 부분을 모두 선택해 준다.

⑥ Constraints - Edge: Vertex나 Edge를 움직이면 면도 함께 따라 올라가 형태가 변하게 된다. 하지만 Constraints의 Edge를 클릭하고 움직이면 오브젝트의 형태가 변하지 않는다.

⑦ Preserve UVs: 맵핑을 하고 오브젝트의 크기를 조절하면 맵핑도 따라 일그러지는 일이 발생한다. 이때 Preserve UVs를 체크하게 되면 오브젝트의 변화에 따라 자연스럽게 맵핑이 유지가 되면서 확장 또는 축소가 된다.

⑧ Collapse: 여러 개의 Vertex를 하나로 합칠 때 사용한다.

⑨ Attach, Detach: Attach는 오브젝트를 하나로 합쳐주는 기능이다. 반대로 Detach는 오브젝트를 분리시켜 주는 기능을 한다.

⑩ Slice Plane, Slice: Slice Plane은 Vertex 모드에서 활성화되며 오브젝트에 Edge를 만들어줄 곳을 표시해 주는 기능이다. 이후 Slice를 클릭하면 선택된 곳에 Edge를 생성해 준다.

⑪ QuickSlice: Slice Plane은 직각으로 Edge를 형성해 주는 반면 QuickSlice는 지정한 선으로 Edge를 생성한다.

⑫ Cut: 클릭한 지점에 Edge를 만들어 주는 기능이다.

⑬ Tessellate: 오브젝트 Edge의 흐름대로 Edge를 추가해 주는 기능이다.

⑭ Make Planar, View Aline: Make Planar는 오브젝트를 플랜처럼 납작하게 만들어 준다. X, Y, Z 중 원하는 축을 선택하면 선택한 축 방향으로 오브젝트를 플랜화시켜 준다.

⑮ Remove: Vertex나 Edge를 지울 때 사용한다.

⑯ Weld, Target Weld: Weld는 점과 점을 연결해 붙여주는 기능을 한다. Target Weld는 하나의 Vertex를 선택하여 연결하고 싶은 Vertex에 붙이면 연결이 된다.

⑰ Filp: 폴리곤 모드에서 활성화되며 면을 뒤집어 주는 기능이다.

⑱ Shell: 두께를 주는 명령어로 Geometry뿐만 아니라 Shapes에서도 평면에 그린 라인에 간편하게 사용할 수 있다.
⑲ Extrude: 면을 생성하면서 돌출시킬 때 사용한다.
⑳ Bevel: 돌출시킬 때 사용한다. Extrude와 다른 점은 돌출 면의 크기를 조절하면서 돌출시킨다는 점이다.

2. 객체 편집 변형

(1) 기본 편집

도형 선택 후 명령 패널에 Modify에서 기본적인 크기 등을 설정할 수 있다. 다음 그림은 기본 도형 Teapot에 대한 설명이다.

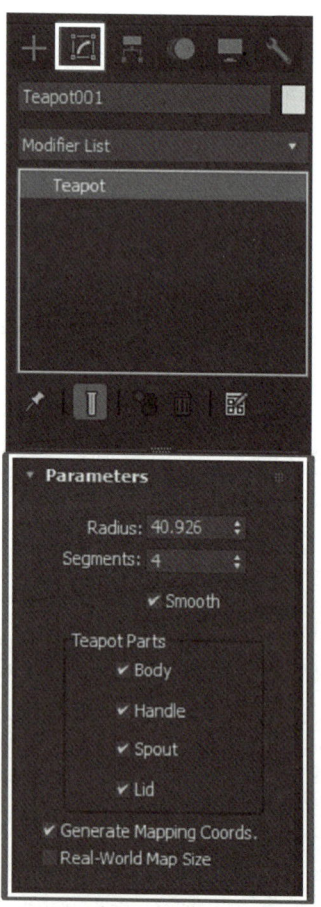

① Radius: 도형의 크기 조정
② Segments: 도형의 퀄리티 조정. 낮을수록 모양의 정교함이 떨어지지만 작업속도가 빨라지고, 높을수록 도형의 정교함이 높아진다.
③ Teapot Parts: 해당 부분의 체크를 풀면 화면에서 사라지게 할 수 있다.

❋ Modify 설정

2. 통합 객체 생성

1. Compound Objects - Boolean 기능

Union(합치기), Subtract(빼기), Attach(결합), Detach(분리) 기능을 이용하여 통합된 객체를 생성한다.

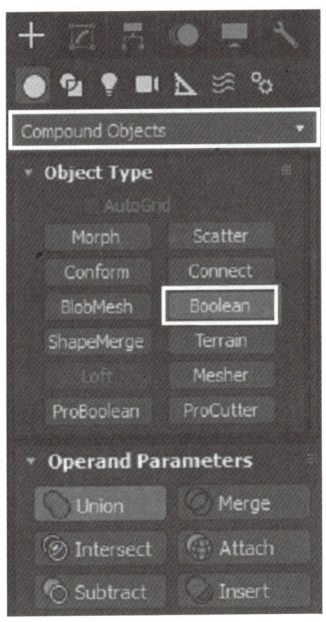

(1) Union(합치기)

두 오브젝트를 하나로 합칠 때 사용한다.

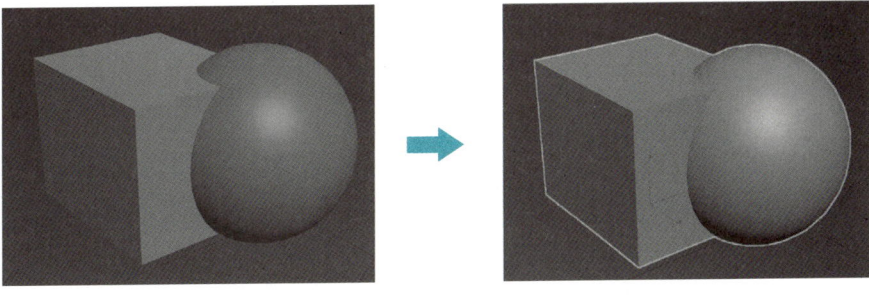

(2) Subtract(빼기)

한 오브젝트에서 다른 오브젝트를 빼는 기능이다.

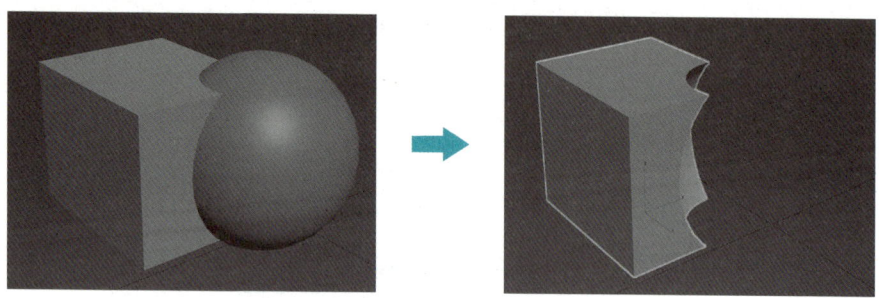

(3) Attach(결합)

여러 개의 오브젝트를 하나로 합치는 기능이다.

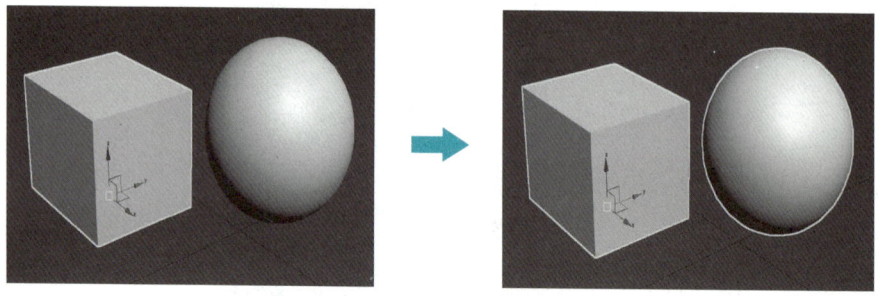

(4) Detach(분리)

결합되어 있는 오브젝트를 분리시키는 기능이다.

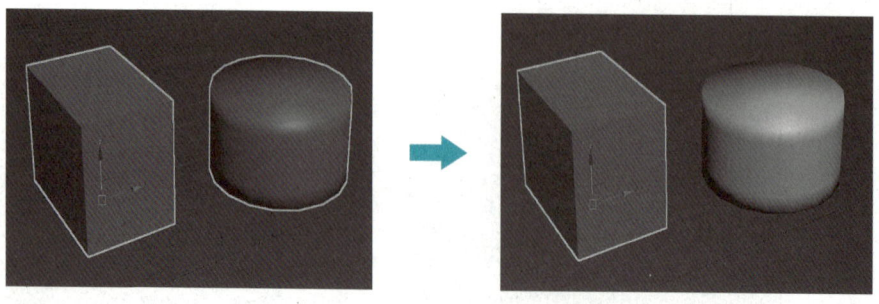

출력용 데이터 수정

1 편집된 객체의 수정

1. 데이터 수정

편집된 객체는 제품의 용도, 효용성, 오류 개선, 디자인 요구사항의 변화에 따라 수정되어야 하며, 후가공 편의성을 위한 데이터 분할 또한 이루어질 수 있다.

(1) 데이터 분할

3D 프린터는 장비가 가지고 있는 특수성으로 인해 출력할 모델링 형상을 분할하여 출력하고, 출력된 2개 이상의 파트 조각을 붙여서 하나의 형태로 만드는 경우가 있다.
① 지지대를 제대로 제거할 수 없을 경우
② 모델링 내부에 공간이 발생되어 있고, 그 모델링 공간에서 조립이나, 동작 등이 이루어져야 하는 경우

❊ 모델링 분할

(2) 오류검출 및 수정

3D 모델이 면으로만 형성되어 있거나 구멍이 있는 등의 문제가 있을 경우 출력이 되지 않는다. 그러므로 프로그램을 통해 오류를 검출하고 수정해야 한다.

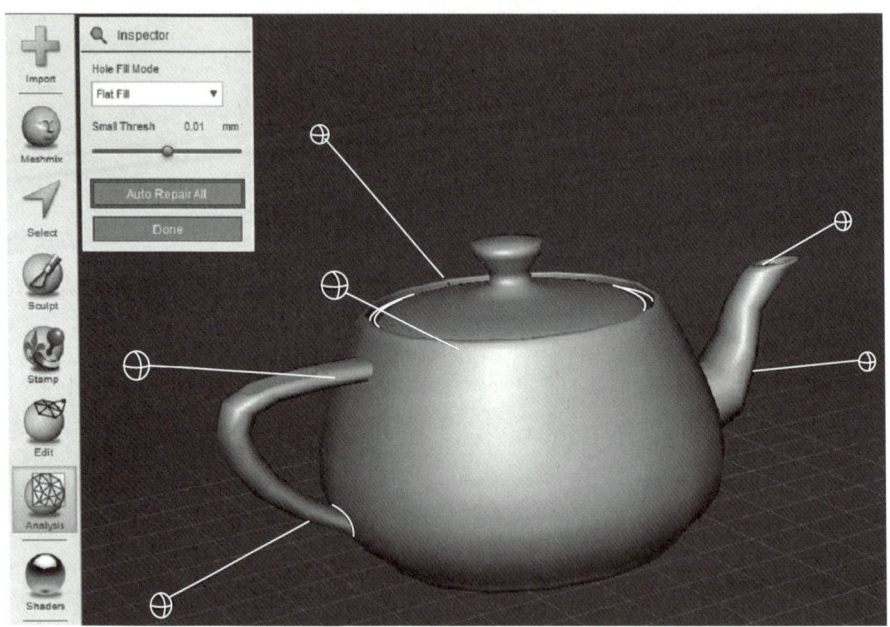

❈ 자동 오류검출 프로그램으로 오류를 수정하는 모습

2 출력용 데이터 저장

1. 3D 프린팅을 위한 모델링 데이터 변환

3D 프린터에서의 출력은 G코드 파일로 변환해서 3D 프린터로 전송해야지만 출력이 되는 장비이다. 3D 프린터는 슬라이싱 프로그램을 통해서 G코드를 생성할 수 있다.

3D 프린터 슬라이싱 프로그램은 3D 엔지니어링 프로그램에서 모델링된 파일을 직접 가져올 수 없기 때문에, 3D 엔지니어링 프로그램에서 부품 파일을 슬라이싱 프로그램에서 인식할 수 있는 형식으로 변경해야 한다.

 3D 프린팅을 하기 전 지지대, 노즐 온도, 적층 두께 등 프린팅과 관련된 옵션을 설정하고 G코드로 변환하는 프로그램을 슬라이싱 프로그램이라 한다. 대표적으로 Cura, Slic3r, Skeinforge, Redsanpper, Kisslicer 등이 있다.

2. 모델링 데이터 변환 저장하기

3D 엔지니어링 프로그램들마다 변환 저장하는 기능은 조금씩 다르지만, 대부분 저장(Save) 기능에서 파일 형식을 변경해서 저장하거나, 내보내기(Export)를 통해서 파일을 다른 형식 으로 저장한다.

(1) 파일 형식 변환

저장 또는 내보내기 기능에 있는 파일 형식을 통해서 3D 프린터 슬라이싱 프로그램에 서 불러올 수 있는 파일을 변경할 수 있다.

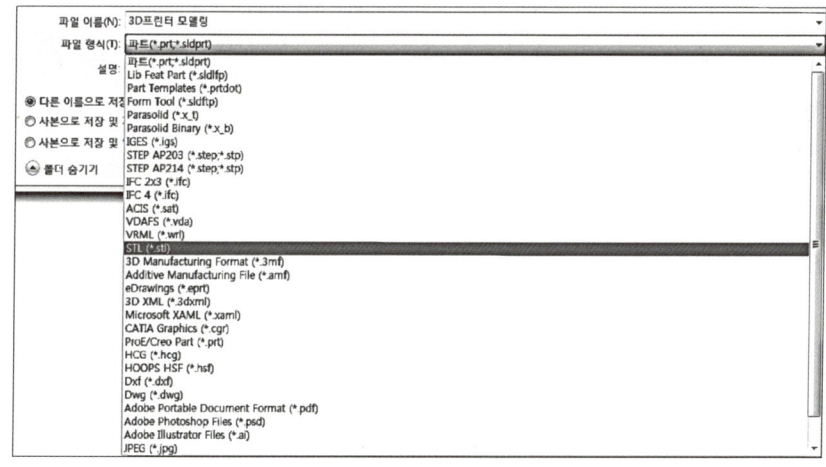

✸ 파일 형식

3D 프린터 슬라이싱 프로그램에서 불러올 수 있는 대표적인 파일 형식은 3가지 형식으 로 STL 형식과 OBJ 형식, AMF 형식을 사용한다. STL 형식은 주로 3D CAD 프로그 램에서 제공하며, OBJ 형식은 3D 그래픽 프로그램에서 많이 사용된다.
3D 엔지니어링 프로그램에서는 대부분 STL 파일을 기본적으로 제공하고 있다.

(2) STL 파일 옵션 변경

STL 파일로 저장하기 전에 STL 파일 형식에 대한 옵션의 내용을 확인하고 필요한 부분을 수정하여 저장할 수 있다.

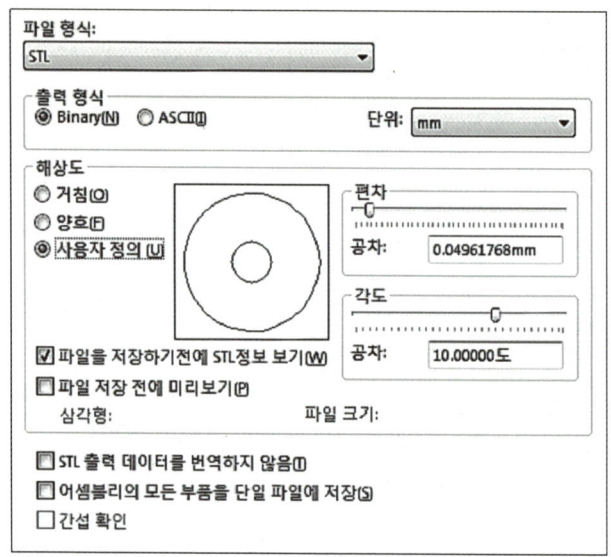

❋ STL 파일 옵션

모든 3D 엔지니어링 프로그램에서 STL 파일 형식을 선택했을 경우 옵션 설정 버튼이 있다. 옵션 설정에서 맞춰야 하는 내용은 단위와 해상도, 출력 형식, 편차, 각도 등이 있다.

출제 예상문제

1. 3D 모델링 방식의 종류 중 넙스(NURBS) 방식에 대한 설명으로 옳은 것은?
  ① 2차원 도면이나 평면 가공에 많이 사용된다.
  ② 폴리곤 방식에 비해 많은 계산이 필요하다.
  ③ 폴리곤 방식보다는 비교적 모델링 형상이 명확하지 않다.
  ④ 도형의 외곽선을 와이어프레임만으로 나타낸 형상이다.

  해설 넙스 모델링은 아주 부드러운 표현이 가능하나 많은 렌더링 시간이 필요하다.

2. 3D 프린터 출력용 모델링 데이터를 수정해야 하는 이유로 거리가 먼 것은?
  ① 모델링 데이터 상에 출력할 3D 프린터의 해상도보다 작은 크기의 형상이 있다.
  ② 모델링 데이터의 전체 사이즈가 3D 프린터의 최대 출력 사이즈보다 작다.
  ③ 제품의 조립을 위하여 각 부품을 분할 출력하기 위해 모델링 데이터를 분할한다.
  ④ 3D 프린터 과정에서 서포터를 최소한으로 생성시키기 위해 모델링 데이터를 분할 및 수정한다.

  해설 모델링의 전체 사이즈가 3D 프린터의 최대 출력 사이즈보다 클 경우 수정해야 한다.

3. 3D 프린터 출력 시 STL 파일을 불러와서 슬라이서 프로그램에서 출력 조건을 설정 후 출력을 진행할 때 생성되는 코드는?
  ① Z코드   ② D코드
  ③ G코드   ④ C코드

  해설 3D 프린터에서의 출력은 G코드 파일로 변환해서 3D 프린터로 전송해야지만 출력이 되는 장비이다.

4. 넙스(NURBS) 모델링의 특징이 아닌 것은?
  ① 차수(defree)로 곡률 단계를 정할 수 있다.
  ② 자유곡면의 기하체를 매우 정확하게 묘사한다.
  ③ 평면 다각형을 계속 붙여가며 물체의 형상을 만드는 방식으로 삼각형과 사각형을 사용한다.
  ④ 여러 개의 3D 곡선을 이용하여 곡면을 생성하기 때문에 부드러운 곡면을 모델링 한다.

  해설 평면 다각형을 붙여가며 형상을 만드는 방식은 폴리곤(Polygon) 방식이다.

5. 지지대 설정, 노즐온도 설정 등 프린팅과 관련된 옵션을 설정하고 G코드로 변환하는 프로그램은?
  ① 슬라이싱 프로그램
  ② 엔지니어링 프로그램
  ③ 렙랩(RepRap) 프로젝트
  ④ Netfabb

  해설 3D 프린팅을 하기 전 지지대, 노즐 온도, 적층 두께 등 프린팅과 관련된 옵션을 설정하고, G코드로 변환하는 프로그램을 슬라이싱 프로그램이라 한다.

Part 2 넙스(Nurbs) 모델링

6. 3D 엔지니어링 프로그램에서 STL 파일로 변환하여 저장할 때 제공되는 옵션이 아닌 것은?
① 출력 형식
② 해상도
③ 내부 채우기 정도
④ 각도

해설 내부 채우기 정도(Infill)는 슬라이서 소프트웨어에서 설정하는 옵션이다.

7. 데이터 분할에 대한 설명으로 거리가 먼 것은?
① 지지대를 제거하기 곤란한 형태일 경우 분할 출력한다.
② 모델링 내부 공간에서 조립이나 동작 등이 이루어지는 경우 분할 출력한다.
③ 후가공의 편의성을 위해 분할한다.
④ 모델링에 오류가 있을 경우 분할한다.

해설 모델링 오류는 자동 및 수동으로 수정해야 하며, 데이터 분할과는 거리가 멀다.

8. 생성된 3D 객체를 수정하는 기능은?
① Modify   ② Create
③ Union   ④ Export

해설 ① Modify: 수정 기능
② Create: 객체 생성
③ Union: 객체 합치기
④ Export: 파일 내보내기

9. 모델링 데이터에 관한 내용으로 잘못된 것은?
① Save 및 Export 기능을 통해 파일을 다른 형식으로 저장한다.
② 데이터 파일의 대표적인 형식은 STL 파일 형식이 있다.
③ STL 파일 형식은 옵션 설정에서 해상도, 편차, 각도 등을 설정할 수 있다.
④ OBJ 파일 형식은 슬라이싱 프로그램에서 불러올 수 없다.

해설 슬라이싱 프로그램에서 불러올 수 있는 대표적인 파일 형식은 STL 파일 형식과 OBJ 파일 형식, AMF 파일 형식이 있다.

10. 3D 프린팅 모델링 데이터 변환에 관한 내용으로 잘못된 것은?
① 3D 프린터 출력은 G코드 파일로 변환해서 3D 프린터로 전송해야 출력이 된다.
② 슬라이싱 프로그램으로는 G코드를 생성할 수 없다.
③ 모델링 파일은 슬라이싱 프로그램에서 인식할 수 있는 형식으로 변경해서 저장한다.
④ 저장(Save) 기능을 통해 파일 형식을 변환할 수 있다.

해설 3D 프린터는 슬라이싱 프로그램을 통해 G코드를 생성한다.

11. 각 기능에 대한 설명으로 잘못된 것은?
① Union: 두 오브젝트를 하나로 합칠 때 사용한다.
② Attach: 여러 개의 오브젝트를 하나로 합치는 기능이다.
③ Detach: 결합되어 있는 오브젝트를 움직이는 기능이다.
④ Subtract: 한 오브젝트에서 다른 오브젝트를 빼는 기능이다.

해설 Detach(분리) 기능은 결합되어 있는 오브젝트를 분리시키는 기능이다.

12. 다음 설명에 해당하는 모델링 방식은?

- 평면 다각형을 붙여가며 물체의 형상을 만든다.
- 오각형 이상의 다각형을 사용하기도 한다.
- 날카로운 모서리나 꼭짓점을 가진 물체를 모델링하는 데 적합하다.

① NURBS 방식　② 와이어 프레임 방식
③ 솔리드 방식　④ 폴리곤 방식

해설　폴리곤 방식은 평면 다각형을 계속 붙여가며 물체의 형상을 만드는 방식으로 삼각형과 사각형을 사용한다. 경우에 따라서 오각형 이상의 다각형을 사용하기도 한다. 폴리곤 방식은 평면 다각형을 사용하기 때문에 날카로운 모서리나 꼭짓점을 가진 물체를 모델링하는 데 적합하며, 직관적으로 사용하기 쉬운 장점이 있다.

13. NURBS 모델링의 특징으로 옳은 것은?

① 자유곡면의 기하체를 정확하게 묘사할 수 있다.
② 렌더링이 가장 빠르다.
③ 다각형 모양의 면이 모여 하나의 오브젝트를 이루는 방식이다.
④ 점이라는 기본 단위를 바탕으로 점과 점이 연결된 선, 선과 선이 연결된 면으로 입체적인 형태를 표현하는 방식이다.

해설　NURBS 모델링의 특징
㉠ 간단한 선분, 구, 원, 타원, 자동차나 사람의 몸과 같은 자유곡면의 기하체를 매우 정확하게 묘사할 수 있다.
㉡ 제어점이 많이 뭉쳐 있으면 꺾이게 되고, 제어점이 넓게 퍼져 있으면 부드러운 면이 생성된다.
㉢ 특정한 기하체를 묘사하기 위해 필요한 정보의 양이 적다.
㉣ 차수(Defree)로 곡률 단계를 정할 수 있다.
㉤ 컨트롤 포인트와 매듭, 계산방식으로 형태를 변형시킬 수 있다.

14. 솔리드(Solid) 방식에 대한 설명으로 잘못된 것은?

① 솔리드 모델링은 정점, 능선, 면 및 질량을 표현한 형상 모델링이다.
② 시뮬레이션, 전문설계, 동력학 등에 사용된다.
③ 중량이나 무게중심 등의 해석은 불가능하다.
④ 닫힌 형상의 안쪽과 바깥쪽을 구별하는 입체 형상을 만드는 방식이다.

해설　솔리드 모델링 방식은 물체의 다양한 성질을 표현하는 요소를 갖추고 있어서 중량이나 무게중심 등의 해석이 가능하다.

15. 다음 설명에 해당하는 모델링 방식은?

- 물체의 형상을 수많은 선으로 표시하여 입체감을 나타낸다.
- 직선, 점, 원, 호 등의 기본적인 요소로 3차원 형상을 표현한다.
- 메모리 용량이 적다

① 서브디비전 방식
② 서피스 방식
③ NURBS 방식
④ 와이어프레임 방식

해설　와이어프레임(Wireframe) 방식
컴퓨터 그래픽에서 3차원 물체의 형상을 나타내기 위해 물체의 형상을 수많은 선의 모임으로 표시하여 입체감을 나타낸다. 2D 도면 출력을 위한 용도와 평면 가공에 적합한 모델링 방식이다.
와이어프레임(Wireframe) 방식의 특징
㉠ 직선, 점, 원, 호 등의 기본적인 요소로 3차원 형상을 표현하는 방식이다.
㉡ 2차원 도면이나 평면 가공에 많이 사용한다.
㉢ 소요 시간이 적게 들고 메모리 용량이 적어도 모델링이 가능하다.

Part 2 넙스(Nurbs) 모델링

16. 폴리곤 방식과 NURBS 방식의 모델링을 혼합한 형태의 방식은?
① 서브디비전 방식
② 서피스 방식
③ 솔리드 방식
④ 와이어프레임 방식

해설 서브디비전 방식은 폴리곤 방식과 NURBS 방식의 모델링을 혼합한 형태이다. 3D CAD 통합 소프트웨어에서 제공하는 서브디비전은 각기 다른 면 분할 방식을 사용하기 때문에 서로 호환되지 않는 단점이 있다.

17. 다음 설명에 해당하는 모델링 방식은?

- 일러스트레이션, 애니메이션, 제조업 등의 과정에서 사용할 수 있다.
- 차수(Defree)로 곡률 단계를 정할 수 있다.
- 컨트롤 포인트와 매듭, 계산방식으로 형태를 변형시킬 수 있다.

① 와이어 프레임 방식
② 솔리드 방식
③ 폴리곤 방식
④ NURBS 방식

해설 NURBS(Non-Uniform Rational B-spline) 방식
2D 선, 원, 호, 커브에서 가장 복잡한 3D의 유기적 자유 형상 서피스 또는 솔리드에 이르기까지, 어떠한 형태도 정확하게 표현할 수 있는 수학적 표현 방법이다. 정확성과 유연성을 가진 NURBS 모델링은 일러스트레이션, 애니메이션, 제조업 등의 과정에서 사용할 수 있다.
NURBS 모델링의 특징
㉠ 간단한 선분, 구, 원, 타원, 자동차나 사람의 몸과 같은 자유곡면의 기하체를 매우 정확하게 묘사할 수 있다.
㉡ 제어점이 많이 뭉쳐 있으면 꺾이게 되고, 제어점이 넓게 퍼져 있으면 부드러운 면이 생성된다.
㉢ 특정한 기하체를 묘사하기 위해 필요한 정보의 양이 적다.
㉣ 차수(Defree)로 곡률 단계를 정할 수 있다.
㉤ 컨트롤 포인트와 매듭, 계산방식으로 형태를 변형시킬 수 있다.

18. 모델링 방식 중 치수 정확도가 가장 높은 방식의 순서로 알맞은 것은?

치수 정확도	낮음	보통	높음
방식	Ⓐ	Ⓑ	Ⓒ

① Ⓐ : 폴리곤 Ⓑ : 솔리드 Ⓒ : 넙스
② Ⓐ : 폴리곤 Ⓑ : 넙스 Ⓒ : 솔리드
③ Ⓐ : 넙스 Ⓑ : 폴리곤 Ⓒ : 솔리드
④ Ⓐ : 솔리드 Ⓑ : 넙스 Ⓒ : 폴리곤

해설

3차원 모델링별 특성 정리			
구분	폴리곤 (Polygon)	넙스 (Nurbs)	솔리드 (Solid)
치수 정확도	낮음	보통	높음
표현 자유도	높음	보통	낮음
활용 분야별	게임, 영화	제품 모델링	설계

19. 폴리곤(Polygon) 방식의 특징으로 알맞은 것은?
① 면의 수를 조절할 수 있다.
② 면이나 점을 제어할 수 없다.
③ 렌더링이 느리다.
④ 2D 도면 출력 및 평면 가공에 적합한 모델링 방식이다.

해설 폴리곤(Polygon) 방식의 특징
㉠ 점이라는 기본 단위를 바탕으로 점과 점이 연결된 선, 선과 선이 연결된 면으로 입체적인 형태를 표현하는 방식이다.
㉡ 다각형 모양의 면이 모여 하나의 오브젝트를 이루는 방식으로, 면이나 점을 제어할 수 있어서 캐릭터 등을 만드는 데 사용된다.

ⓒ 쉽고 직관적이다.
ⓔ 면의 수를 조절할 수 있으므로 렌더링이 가장 빠르다.

20. 다음과 같은 경우에 수행해야 하는 작업은?

- 출력할 모델링의 사이즈가 3D 프린터의 최대 출력 사이즈보다 클 경우
- 지지대를 제거하기 곤란할 경우
- 모델링 내부 공간에서 조립이나 동작 등이 이루어지는 경우

① 데이터 수정
② 데이터 분할
③ 오류 검출 및 수정
④ 모델링 데이터 변환 저장

해설 3D 프린터는 기기마다 최대 출력 사이즈가 정해져 있다. 최대 출력 크기보다 큰 모델링 데이터는 분할 출력의 과정을 거쳐야 하며, 지지대를 제대로 제거할 수 없을 경우와 모델링 내부에 공간이 발생되어 있고, 내부에서 조립이나 동작 등이 이루어져야 하는 경우 데이터 분할 작업을 해야 한다.

21. 3D 모델링 방식 중 넙스(NURBS) 방식에 대한 설명으로 잘못된 것은?

① 수학적으로 정의된 3D 곡선을 이용하여 모델링하는 방식이다.
② 여러 개의 3D 곡선을 이용하여 곡면을 생성한다.
③ 부드러운 곡면은 모델링 할 수 없다.
④ 연속된 몇 개의 제어점(Control point)과 각 제어점에 대한 가중치를 이용하여 3D 곡선을 정의한다.

해설 3D 곡선을 이용하여 곡면을 생성하기 때문에 폴리곤 방식으로 표현하기 힘든 부드러운 곡면을 모델링 할 수 있다.

22. 폴리곤(Polygon) 방식의 특징이 아닌 것은?

① 쉽고 직관적이다.
② 렌더링이 빠르다
③ 면이나 점을 제어할 수 있어서 캐릭터 등을 만드는 데 사용된다.
④ 제어점이 많이 뭉쳐 있으면 꺾이게 되고, 제어점이 넓게 퍼져 있으면 부드러운 면이 생성된다.

해설 ④는 넙스(NURBS) 모델링의 특징이다.

23. Modify 기능에 대한 설명으로 알맞은 것은?

① 점, 선, 면에 대한 삭제, 수정, 삽입 등의 기능을 제공한다.
② 기본적인 도형을 생성할 수 있다.
③ 애니메이션을 만들고 뷰포트 내에서 재생하는 기능을 제공한다.
④ 디스플레이 선택 및 기타 유틸리티에 대한 액세스를 제공한다.

해설 Modify 기능은 생성된 3D 객체를 수정할 수 있으며, 점, 선, 면에 대한 삭제, 수정, 삽입 등의 기능을 제공한다.

24. 솔리드(Solid) 모델링 방식에 대한 설명으로 알맞은 것은?

① 2D 도면을 출력하기 위한 용도와 평면 가공에 적합한 모델링 방식이다.
② 물체의 다양한 성질을 표현하는 모든 요소를 갖추고 있어서, 중량이나 무게 중심 등의 해석이 가능한 방식이다.
③ 소요 시간이 적게 들고 메모리 용량이 적어도 모델링이 가능하다.
④ 직선, 점, 원, 호 등의 기본적인 요소로 3차원 형상을 표현하는 방식이다.

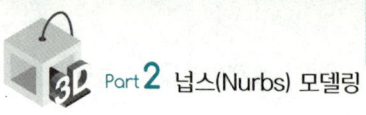

Part 2 넙스(Nurbs) 모델링

해설 솔리드(Solid) 모델링 방식의 특징
① 정점, 능선, 면 및 질량을 표현한 형상 모델로서 시뮬레이션, 전문설계, 동력학 등 연관된 설계, 자동차, 가전제품, 공업제품 개발설계에 사용되는 방식이다.
② 수학적으로 정의된 관계 위치 정보를 표현하는 방식으로 닫힌 형상의 안쪽과 바깥쪽을 구별하는 입체 형상을 만드는 방식이다.
③ 중량이나 무게중심 등의 물체의 다양한 성질을 표현하는 모든 요소를 갖추고 있어서, 중량이나 무게중심 등의 해석이 가능하다.

25. 다음 설명에 해당하는 방식은?

- 여러 개의 곡선으로 곡면을 생성한다.
- 폴리곤 방식으로 표현하기 힘든 부드러운 곡면을 모델링 할 수 있다.
- 3D 곡선을 이용하여 모델링 하는 방식으로 연속된 몇 개의 제어점과 각 제어점에 대한 가중치를 이용하여 3D 곡선을 정의한다.

① 와이어프레임 방식
② 솔리드 방식
③ 넙스 방식
④ 서브디비전 방식

해설 NURBS 방식
수학적으로 잘 정의된 3D 곡선을 이용하여 모델링하는 방식으로 연속된 몇 개의 제어점(control point)과 각 제어점에 대한 가중치를 이용하여 3D 곡선을 정의한다.
여러 개의 3D 곡선을 이용하여 곡면을 생성하기 때문에 폴리곤 방식으로 표현하기 힘든 부드러운 곡면을 모델링할 수 있다.

 1. ② 2. ② 3. ③ 4. ③ 5. ① 6. ③ 7. ① 8. ① 9. ④ 10. ② 11. ③ 12. ④ 13. ① 14. ③ 15. ④ 16. ① 17. ④ 18. ② 19. ① 20. ② 21. ③ 22. ④ 23. ① 24. ② 25. ③

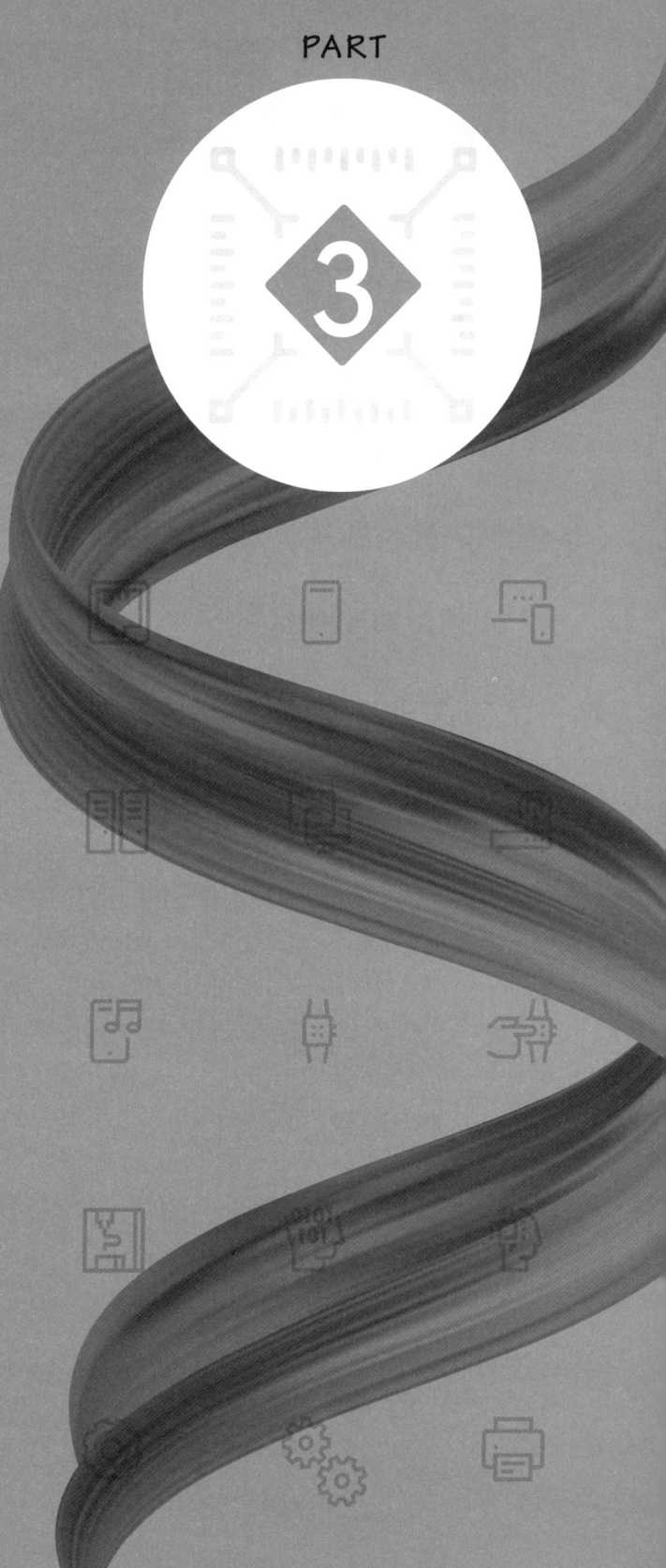

엔지니어링 모델링

01 도면의 이해

02 2D 스케치

03 3D 엔지니어링 객체 형성

04 객체 조립

05 출력용 설계 수정

Chapter 01 도면의 이해

1 도면해독

1. 도면이란

물체의 형태, 크기, 구조 등을 일정한 규격에 맞춰 나타낸 것으로 보는 사람이 이해할 수 있도록 모양, 구조, 기능 등을 정해진 규정에 따라 점, 선, 문자, 기호 등을 사용하여 제도용지에 나타낸 것이다.

2. 도면의 분류

(1) 용도에 따른 분류

① 계획도: 여러 여건을 참고하여 제품의 생산 계획을 나타내는 도면
② 공정도: 기계의 사용 순서 및 가공 순서를 나타낸 도면
③ 주문도: 제작자에게 요구하는 사항을 주문서에 첨부하여 제품의 개요를 설명하는 도면
④ 설명도: 제품의 구조, 작동 원리, 기능, 사용 방법 등을 나타낸 도면
⑤ 견적도: 제품을 만들 때 드는 비용과 제품의 개요를 설명하는 도면
⑥ 상세도: 조립도나 부품도에서 필요한 부분을 확대하여 상세하게 나타낸 도면
⑦ 승인도: 수주자가 발주자에게 검토와 승인을 받고자 할 때 사용하는 도면

(2) 내용에 따른 분류

① 제작도: 제작자에게 설계자의 의도를 전달하여 계획한 제품이 만들어지도록 하는 도면
② 스케치도: 구상 중인 제품이나 실물을 보고 프리핸드법으로 그린 도면
③ 조립도: 여러 개로 구성된 제품의 조립 과정이나 조립 상태를 나타내는 도면
④ 구조선도: 기계나 구조물의 상호관계를 선으로 나타내는 골격도면

⑤ 공정도: 제품의 생산 과정에서 사용할 공구 및 치수, 가공방법 등을 나타낸 도면
⑥ 전개도: 물체의 표면을 평면 위에 펼쳐 그린 도면
⑦ 부품도: 제품의 각 부품을 개별적으로 상세하게 나타낸 도면
⑧ 계통도: 전력, 가스, 기름, 물 등의 설비 계통을 나타낸 도면
⑨ 장치도: 장치의 배치 및 제조 공정 등을 나타낸 도면
⑩ 배치도: 건물 내부의 장비, 물품 배치를 나타낸 도면
⑪ 설치도: 기계, 장치, 부품들이 조립, 설치되는 관계를 나타내는 도면
⑫ 단면도: 물체를 절단하여 내부 형상을 나타낸 도면
⑬ 입면도: 물체의 외형을 나타낸 도면

(3) 성격에 따른 분류

① 원도: 제도용지에 연필로 직접 작성되었거나 컴퓨터로 작성된 최초의 도면
② 복사도: 트레이스도를 복사한 도면으로, 청사진(Blue print), 백사진(Positive print) 등이 있다.
③ 트레이스도: 원도 위에 트레이스지를 덮고 연필 또는 먹물로 그린 도면

3. KS 제도의 규격

제조 및 기계 제도에 대한 규칙은 산업규격으로 정해져 있다.

(1) 규격화의 장점

① 생산성 및 품질이 향상된다.
② 경쟁력을 높일 수 있다.
③ 생산단가를 낮출 수 있다.
④ 제품 상호 간 호환성이 좋아진다.

(2) KS 분류기호

분류기호	부문	분류기호	부문
A	기본	F	토건
B	기계	M	화학
C	전기	V	조선
D	금속	R	수송기계
E	광산	W	항공우주

(3) 각 나라의 산업규격 기호

기호	명칭
ISO	국제표준화기구
KS	한국 산업규격
JIS	일본 산업규격
DIN	독일 산업규격
BS	영국 산업규격
ANSI	미국 산업규격
SNV	스위스 산업규격
NF	프랑스 산업규격

4. 도면의 방식

도면에서 기입해야 할 중요한 요소는 윤곽선, 중심마크, 표제란, 부품란이 있다. 그 밖에 기타 사항으로는 비교 눈금, 구역을 구분하는 구분 선, 구분 기호, 재단 마크가 있다.

(1) 도면의 크기

용지 호칭	두 변의 길이
A0	841×1,189
A1	594×841
A2	420×594
A3	297×420
A4	210×297

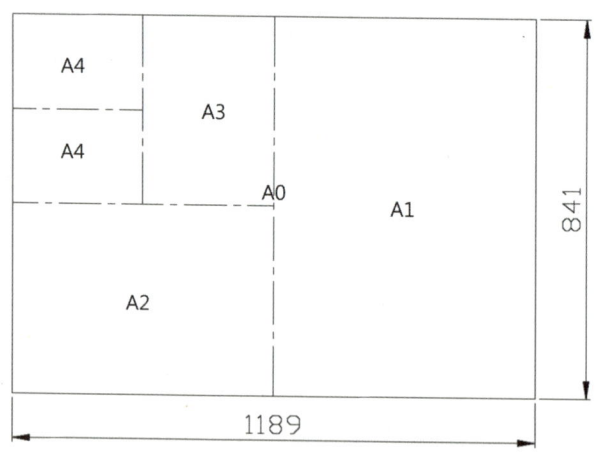

❋ 도면의 크기

(2) 도면 척도

척도(Scale)는 대상물의 실제 치수에 대한 도면에 표시한 대상물의 비율을 뜻한다. 도면의 크기는 척도와 대상물의 크기에 의해 정해진다.

① 척도의 종류
  ㉠ 현척(실척): 도면상의 물체 크기와 실제 크기를 같게 작성하는 것이다.
  ㉡ 배척: 실제 물체 크기보다 도면상의 물체 크기를 크게 그리는 것이다.
  ㉢ 축척: 실제 물체 크기보다 도면상의 물체 크기를 작게 그리는 것이다.
  ㉣ NS(Not to Scale): 비례척이 아닌 것이다.

5. 선의 종류

명칭	설명	기호 명칭	기호
치수선	치수를 기입하기 위해 사용하는 선	가는 실선	———
치수 보조선	치수를 기입하기 위해 도형에서 인출한 선		
회전 단면선	회전한 형상을 나타내는 선		
수준면선	수면, 액면 등의 위치를 나타내는 선		
지시선	지시, 기호 등을 나타내기 위한 선		
숨은선	보이지 않는 부분의 모양을 표시하는 선	가는 파선	- - - - -
피치선	반복되는 도형의 피치의 기준을 잡는 선	가는 1점 쇄선	—·—·—
중심선	도형의 중심은 나타내는 선		
기준선	위치 결정의 근거임을 나타내는 선		
무게중심선	단면의 무게중심을 나타내는 선	가는 2점 쇄선	—··—··—
가상선	가공 부분의 이동하는 부위나 이동 한계의 위치를 나타내는 선		
절단선	단면도의 절단한 위치를 나타내는 선	가는 1점 쇄선 선의 끝 및 꺾이는 부분은 굵은 실선	⌐—·—⌐
외형선	대상물이 보이는 부분의 외형을 나타내는 선	굵은 실선	———
특수 지정선	특수한 가공을 하는 부분 또는 특수 열처리가 필요한 부분 등 요구사항을 적용하는 범위를 나타내는 선	굵은 1점 쇄선	—·—·—
특수한 용도의 선	개스킷 등의 얇은 부분을 나타내는 선	아주 굵은 실선	━━━
해칭선	단면도의 절단면을 표시하는 선	가는 실선으로 규칙적인 빗금선	//////
파단선	대상물의 일부를 떼어내거나 파단한 경계를 나타내는 선	가는 실선으로 지그재그	∿∿
		불규칙한 파형의 가는 실선	～～

6. 선의 굵기

(1) 도면의 크기에 따른 선의 굵기(KS A 0109)

0.18mm, 0.25mm, 0.35mm, 0.5mm, 0.7mm, 1mm, 1.4mm, 2mm

0.18mm	────────	0.25mm	────────
0.35mm	────────	0.5mm	────────
0.7mm	────────	1mm	────────
1.4mm	────────	2mm	────────

(2) 선의 굵기에 따른 분류

명칭	설명	선 모양
가는선	선 굵기 0.18 ~ 0.5mm	────────
굵은선	선 굵기 0.35 ~ 1mm	────────
아주 굵은선	선 굵기 0.7 ~ 2mm	────────

7. 선의 우선순위

외형선 − 숨은선 − 절단선 − 중심선 − 무게중심선 − 치수 보조선

 문자와 기호는 외형선보다 우선순위이므로 문자나 기호가 선과 겹칠 경우 선을 끊고 기입해야 한다.

8. 문자

(1) 글꼴

글꼴은 고딕체로 쓰이며, 수직 또는 오른쪽으로 15° 기울여 쓴다.

① whgtxt.shx: 단선 고딕체
② whgdtx.shx: 복선 고딕체
③ whtgxt.shx: 복선 태고딕체
④ whtmtxt.shx: 복선 태명조체

❋ 고딕체 글꼴

(2) 문자 사용 방법

① 문자의 크기는 문자의 높이로 나타낸다.
② 한 도면에서는 가급적 크기가 같은 문자를 쓴다.
③ 문자의 너비는 기입할 곳에 따라 알맞게 맞추어 쓴다.
④ 크기는 호칭(Nominal, 대표하는 치수) 2.24mm, 3.15mm, 4.5mm, 6.3mm, 9mm의 다섯 종류가 있다. (KS A 0107에 따라 12.5mm, 18mm도 사용할 수 있다.)

9. 투상법

(1) 정투상도

정투상도는 투사선이 서로 평행하고 투상면에 수직이며, 2개의 투상면을 기본으로 하는 복면투상을 말한다. 물체의 형상을 가장 간단하고 정확하게 나타내며, 물체의 길이, 내부 구조를 충분히 표현할 수 있다. 정투상도는 제1각법, 제3각법이 있다.

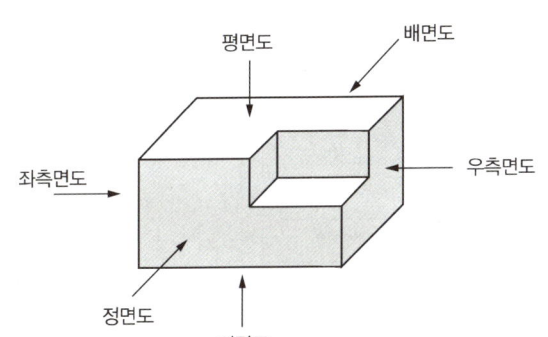

- 정면도: 물체의 특징이 가장 잘 나타나는 도면
- 좌측면도: 정면도 기준 좌측에서 본 도면
- 우측면도: 정면도 기준 우측에서 본 도면
- 평면도: 정면도 기준 위에서 본 도면
- 배면도: 정면도 기준 뒤에서 본 도면
- 저면도: 정면도 기준 아래에서 본 도면

❋ 정투상도의 입면도 위치

① 3각법
  ㉠ 3각법은 눈 - 투상면 - 물체 순으로 진행되며, 보는 위치면에 상이 나타난다.
  ㉡ 가장 많이 사용되는 투상법이다.
  ㉢ 평화면, 측화면을 입화면과 같은 평면이 되도록 회전시키면 정면도의 위에 평면도가 놓이고, 정면도의 오른쪽에 우측면도가 놓이게 된다.
  ㉣ 3각법은 1각법에 비해 도면의 이해가 쉬우며, 치수기입이 편하고 보조투상도를 사용하여 복잡한 물체도 쉽고 정확하게 나타낸다.

Part 3 엔지니어링 모델링

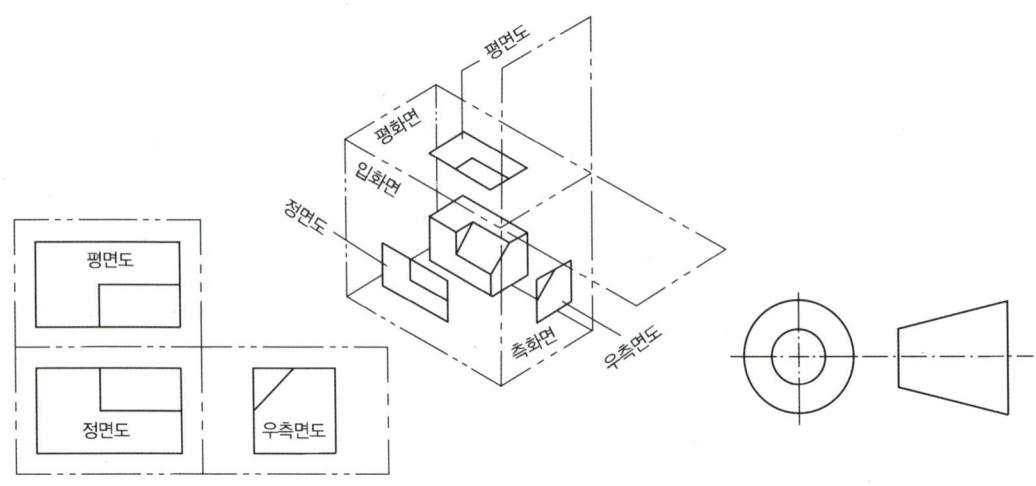

② 1각법

㉠ 1각법은 눈 – 물체 – 투상면 순으로 진행된다.
㉡ 물체를 1각 안에 놓고 투상하므로 투사선이 물체를 통과하여 투상면에 이르게 되어 보는 위치의 반대편에 상이 나타나게 되며 3각법과 위치가 반대가 된다.
㉢ 1각법은 토목이나 선박제도 등에 쓰인다.

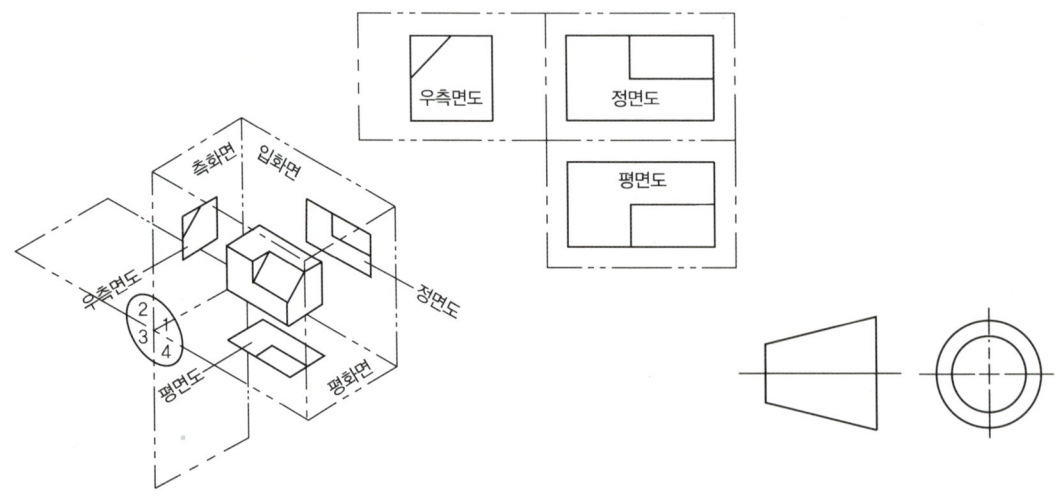

(2) 등각 투상도

㉠ 정면, 측면, 평면을 하나의 투상면 위에 동시에 볼 수 있도록 표현된 투상도이다.
㉡ 밑면의 모서리 선은 수평선과 좌우 각각 30°씩 이루며, 세 축이 120°의 등각이 되도록 투상한 것이다.

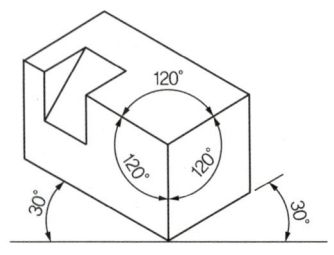

(3) 사투상도

ⓐ 투사선이 서로 평행하고 투상되는 면은 경사지게 나타낸다.
ⓑ 폭은 30°, 45°, 60°의 각도를 사용한다.
ⓒ 물체의 경사면 길이는 정면과 다르게 하여 물체가 실감이 나도록 길이와 높이는 현척으로, 폭은 현척으로 그리거나 1/2, 3/4, 5/8, 3/8로 축소해서 그린다.
ⓓ 주로 가구나 원기둥 모양의 물체를 그릴 때 사용한다.

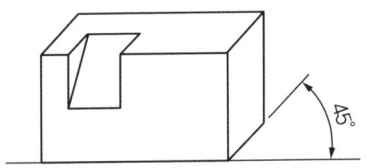

(4) 투시도

ⓐ 한 점에 모이는 투사선에 의해 얻는 투상을 말한다.
ⓑ 물체의 원근감을 통하여 사실적으로 표현할 수 있다.

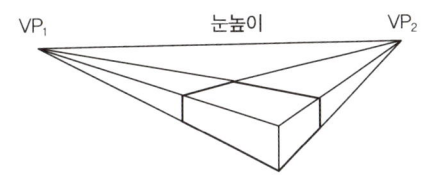

(5) 보조 투상도

ⓐ 물체의 경사면을 표현하고자 할 때 필요한 부분만 나타낸 도면이다.
ⓑ 보조 투상도는 경사면과 평행한 위치에 그린다.

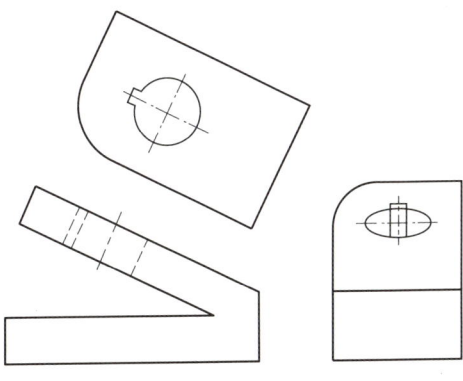

(6) 회전 투상도

㉠ 투상면이 각도를 가지고 있어 모양이 나타나지 않을 때 그 부분을 회전하여 나타낸 도면이다.

㉡ 회전 투상도는 오해의 소지가 있는 부분의 작도에 쓰인다.

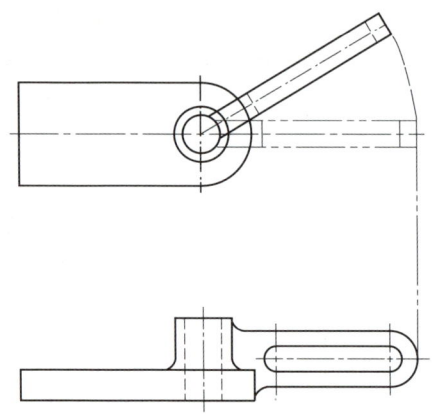

(7) 부분 투상도

㉠ 물체의 일부분만을 도시하는 것으로 충분하거나 물체의 전부를 나타내는 것보다 오히려 도면을 이해하기 쉬운 경우에 사용된다.

㉡ 부분 투상도에서 투상을 생략한 부분의 경계는 파단선으로 표시한다.

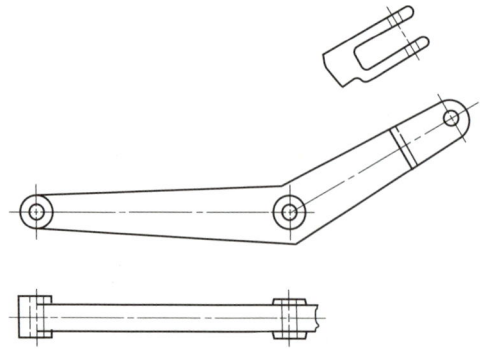

(8) 국부 투상도

㉠ 물체의 홈이나 구멍 등을 도시하여 알기 쉽게 그리는 투상도를 말한다.

㉡ 투상관계를 나타내야 하므로 중심선, 기준선, 치수보조선 등으로 연결한다.

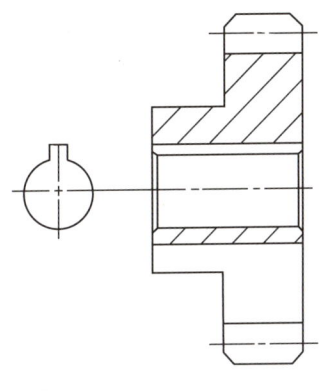

(9) 부분 확대도

㉠ 도면이 작아 특정 부위에 치수기입 등이 곤란할 경우 그 부분을 확대하여 나타낸 도면이다.

㉡ 확대한 부분을 가는 실선으로 표시하고 확대 비율을 표시해야 한다.

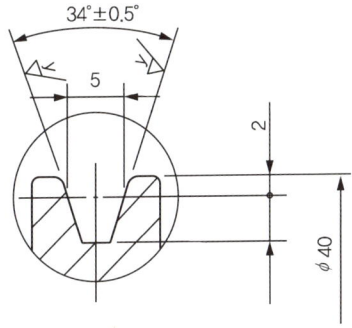

10. 도형의 생략

① 물체의 상하, 좌우가 대칭을 이루면 중심선을 기준으로 다른 한쪽은 생략할 수 있다. (기호 '='를 붙여준다)

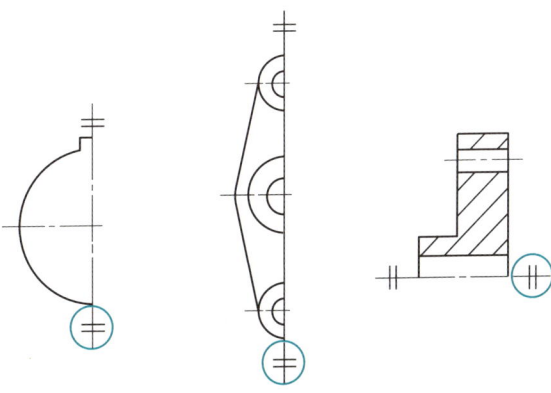

② 같은 종류와 같은 모양이 반복되는 경우, 기호 또는 지시선을 사용하여 생략할 수 있다.

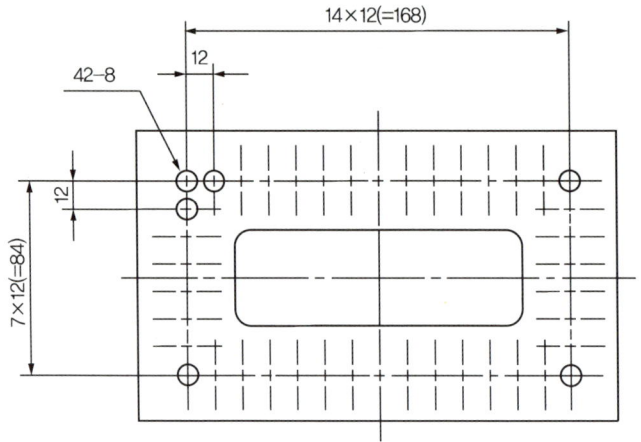

③ 그리는 물체가 너무 길면 중간 부분을 생략할 수 있다.

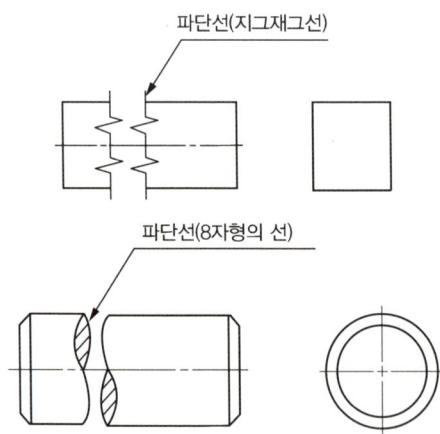

11. 단면도

단면도란 내부 구조를 나타내기 위하여 필요한 부분을 절단하여 그린 도면이다.

> 도면해독에 지장이 있을 수 있는 요소는 절단하지 않는다.
> → 너트, 와셔, 캡, 리벳, 키, 테이퍼 핀, 핀, 리브, 기어 이, 바퀴 암, 스크루, 볼트, 핀, 축 등

(1) 단면 표시법

① 해칭선에 기호나 문자가 기입되어야 하는 경우 해칭선을 중단하고 기입하여야 한다.
② 해칭선은 간격 2~3mm, 각도 45°의 가는 실선을 이용하여 표현한다.
③ 접한 부품끼리 구분이 되게끔 해칭선의 간격이나 방향을 다르게 한다.

(2) 단면도의 종류

① 한쪽 단면도(반단면도)
  ㉠ 물체를 절단하여 내부와 외부를 동시에 나타낸다.
  ㉡ 대상 물체의 중심선에서 물체의 1/4를 떼어 낸 것으로 가정하고 도형의 1/2은 단면도, 나머지 1/2은 외형도로 나타낸다.
  ㉢ 단면도는 숨은선을 없애기 위하여 사용하는 것으로 외형도에 숨은선으로 내부 형상을 표시하지 않는다.

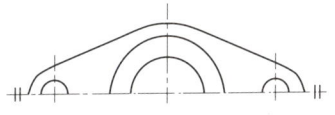
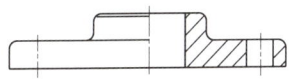

② 온단면도(전단면도)
  ㉠ 물체의 중심선을 기준으로 1/2 절단하여 나타낸 것으로 가정하고 도형 전체를 단면도로 나타낸 것이다.
  ㉡ 절단면은 물체의 중심선을 지나도록 해야 한다.

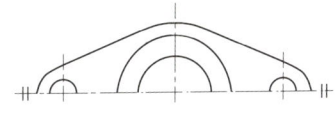

(3) 부분 단면도

물체의 필요한 부분만을 절단하여 나타내며, 절단 부위는 파단선을 이용하여 경계를 표시한다.

① 단면도를 따로 그리지 않고 외형도를 이용하여 내부 형상을 나타내고자 할 때 사용된다.
② 키 홈이나 작은 구멍 등 단면으로 나타낼 필요가 있는 부분이 작을 때 사용된다.
③ 단면의 경계가 애매하여 도면을 이해하는 데 지장을 초래할 경우 물체의 외형 일부분을 잘라내어 표시하는 단면도이다.
④ 절단 부위는 파단선을 이용하여 경계를 표시한다.

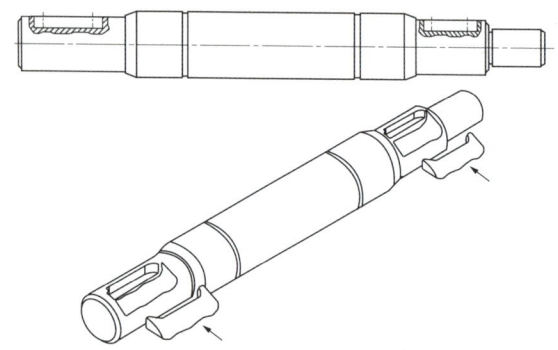

(4) 회전 단면도

① 축, 훅, 암, 리브 등의 두께를 표시하기 위하여 절단면을 90° 회전하여 나타낸다.
② 별개의 단면도로 그리기보다는 외형도 내의 절단 위치에 그리는 경우가 많다.

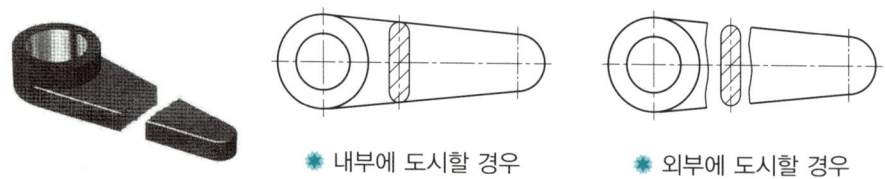

❋ 내부에 도시할 경우   ❋ 외부에 도시할 경우

(5) 계단 단면

① 절단할 부분이 일직선상이 아닐 때 물체를 계단 모양으로 절단하여 나타낸다.

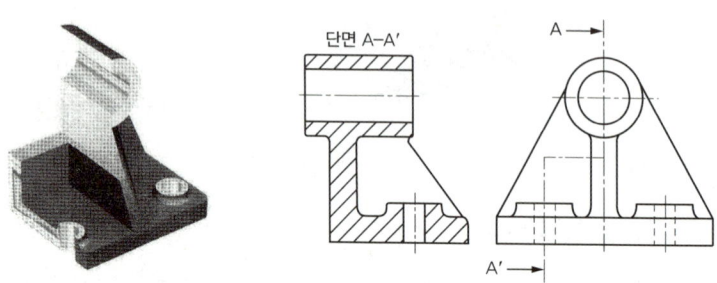

(6) 곡면 단면

① 구부러진 관 등의 단면을 표시할 경우 구부러진 중심선을 따라 절단하고 나타낸다.

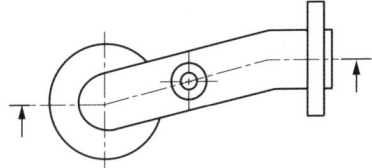 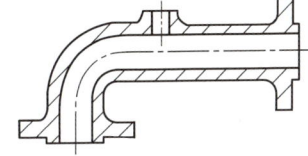

12. 치수기입법

(1) 치수 기입의 원칙

① 치수는 되도록 주투상도에 기입한다.
② 치수는 중복 기입하지 않는다.
③ 치수는 계산이 필요하지 않도록 한다.
④ 치수 문자가 객체, 치수선 등과 겹치지 않도록 한다.
⑤ 불필요한 치수나 동일한 치수는 기입하지 않는다.
⑥ 필요에 따라 기준이 되는 점, 선, 면을 기초로 한다.
⑦ 관련된 치수는 한곳에 모아서 기입한다.

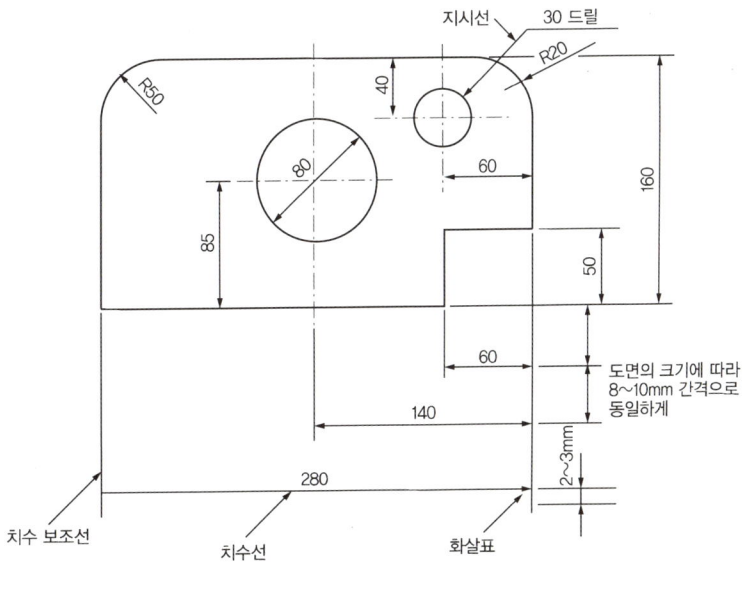

(2) 치수 표시 기호

구분	기호	구분	기호
지름	Ø	구의 지름	SØ
반지름	R	구의 반지름	SR
피치	P	정사각형	□
45° 모따기	C	두께	t
호의 길이	⌒	비례척도가 아닌 치수	치수
이론적으로 정확한 치수	치수	참고 치수	(치수)

(3) 주요 재질의 기호

기호	명칭	의미
SM20C	기계 구조용 탄소강재	S: 강철, M: 기계 구조용, 20C: 탄소함유량
GC200	회주철	GC: 회주철품, 200: 최저 인장강도 (N/mm^2)
SC37	주강	S: 강철, C: 주조, 37: 최저 인장강도 (N/mm^2)
SF390A	단조용 강	S: 강, F: 단조품, 390: 최저 인장강도 (N/mm^2)
SS400	일반 구조용 압연강재	S: 강, S: 일반 구조용 압연재
BMC270	흑심가단 주철	270: 최저 인장강도 (N/mm^2)
WMC330	백심가단 주철	330: 최저 인장강도 (N/mm^2)
PW1	피아노선 1종	PW: 피아노선
SS	일반 구조용 압연강재	–
STC	탄소 공구강	–
SCr	기계구조용 크롬강재	–
SCS	스테인리스 주강품	–
SPS	스프링강재	–
SPP	일반 배관용 탄소강관	–

13. 표면 거칠기

표면 거칠기란 가공 과정에서 발생하는 요철 상태를 말한다. 기계 부품이 요철이 없는 표면을 갖도록 하는 것은 불가능하며, 필요 이상으로 표면을 매끄럽게 다듬는 것은 비경제적이다. 그러므로 사용 목적과 기능에 따라 적절하게 다듬어져야 한다.

(1) 표면 거칠기 종류

① Ra(산술 평균 거칠기): 중심선 윗부분 면적의 합을 기준 길이로 나눈 값을 μm로 나타낸 값

② Ry(최대높이 거칠기): 봉우리 선과 골의 선 간격을 측정하여 μm로 나타낸 값

③ Rz(10점 평균 거칠기): 평균 선에서 세로 배율의 방향으로 측정한 가장 높은 봉우리로부터 5번째 봉우리까지의 표고의 절댓값의 평균값과의 합을 μm로 나타낸 값

(2) 표면 거칠기 기입법

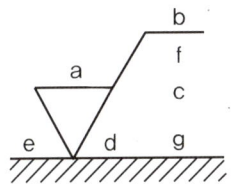

- a: 중심선 평균 거칠기 값
- b: 가공방법
- c: 컷 오프 값
- d: 가공면 줄무늬 방향기호
- e: 다듬질 여유
- f: 중심선 평균 거칠기 외 표면 거칠기 값
- g: 표면 파상도

(3) 다듬질 기호

∨ = 제거 가공의 필요 여부를 문제 삼지 않는다.

∇ = 제거 가공이 필요하다.

⌀∨ = 제거 가공이 필요하지 않다.

(4) 표면 거칠기 구분

기호	용도	표면 거칠기 구분 값		
		Ra	Ry	Rz
∇w	접촉하지 않는 면에 사용	25a	100S	100Z
∇x	접촉해서 고정되는 면에 사용	6.3a	25S	25Z
∇y	맞물리는 면이나 회전하는 면에 사용	1.6a	6.3S	6.3Z
∇z	정밀 다듬질이 필요한 면에 사용	0.2a	0.8S	0.8Z

(5) 줄무늬 방향 기호

기호	설명	설명도
=	줄무늬 방향이 투상면에 평행	
⊥	줄무늬 방향이 투상면에 직각	
M	줄무늬 방향이 여러 방향으로 교차 또는 무방향	
×	줄무늬 방향이 경사지고 무방향	
R	줄무늬 방향이 중심에 대하여 레이디얼 (방사형)	
C	줄무늬 방향이 중심에 대하여 동심원	

14. 치수공차와 끼워맞춤

(1) IT(International Tolerance) 공차

ISO에서 정한 국제 표준 공차로서 01등급에서 18등급까지 총 20등급으로 구성되어 있으며 치수 공차와 끼워맞춤에 관한 사항을 규정한다.

	게이지 제작 공차	끼워맞춤 공차	끼워맞춤 이외 공차
구멍	IT01급~IT5급	IT6급~IT10급	IT11급~IT18급
축	IT01급~IT4급	IT5급~IT9급	IT10급~IT18급

(2) 끼워맞춤

보기	용어	치수	해설
구멍 $50^{+0.03}_{+0.05}$	최소 틈새	50.03-49.97=0.06	구멍의 최소 허용치수 - 축의 최대 허용치수
축 $50^{-0.03}_{-0.05}$	최대 틈새	50.05-49.95=0.1	구멍의 최대 허용치수 - 축의 최소 허용치수
구멍 $50^{-0.03}_{-0.05}$	최소 틈새	50.03-49.97=0.06	축의 최소 허용치수 - 구멍의 최대 허용치수
축 $50^{+0.05}_{+0.03}$	최대 틈새	50.05-49.95=0.1	축의 최대 허용치수 - 구멍의 최소 허용치수

① 억지 끼워맞춤: 구멍과 축 사이에 항상 죔새가 있어야 한다.
② 중간 끼워맞춤: 실제 치수에 따라 틈새와 죔새가 있다.
③ 헐거움 끼워맞춤: 구멍과 축 사이에 항상 틈새가 있다.

15. 기하공차

기하공차란 부품의 형상이 기하학적으로 정확하지 않아 부품 간 조립이 되지 않는 경우가 있다. 이런 문제를 방지하기 위해 어긋남, 뒤틀림, 흔들림 등의 오차를 어느 정도까지 허용할 수 있는가에 대한 공차이다.

(1) 기하공차의 종류와 기호

적용하는 형체	공차의 종류		기호
단독 형체	모양 공차	진직도	—
		진원도	○
		평면도	▱
		원통도	⌭
		선의 윤곽도	⌒
		면의 윤곽도	⌓
관련 형체	자세 공차	직각도	⊥
		경사도	∠
		평행도	∥
	위치 공차	동심도	◎
		위치도	⊕
		대칭도	═
	흔들림 공차	원주 흔들림	↗
		온 흔들림	↗↗

(2) 치수공차 기입법

보기	해설
═ | 0.01 | 0.003/100	구분 구간 100mm에 대하여는 0.003mm 전체 길이에 대하여는 0.01mm의 대칭도
▱ | 0.01/□100	임의의 100×100에 대한 평면도의 허용값이 0.01을 표시
∥ | 0.02/100 | A	A면을 기준으로 기준길이 100mm당 평행도가 0.02mm를 표시

02 2D 스케치

1 소프트웨어 기능 파악

1. 스케치 명령 구성

(1) 드로잉 도구

명령	기능	아이콘
선	기본적인 선을 그리는 명령으로 연속되는 선 그리기 기능이 있다.	
원	원을 그리는 명령이다. 중심점을 지정하고 원의 크기를 지정하여 스케치한다.	
사각형	사각형을 그리는 명령이다. 사각형의 코너와 반대쪽 코너를 지정하여 사각형을 스케치한다.	
호	원호를 그리는 명령이다. 원의 일부분을 그릴 때 많이 사용된다.	
정다각형	정다각형을 그리는 명령이다. 정3각형 이상의 도형을 그릴 수 있다. 변의 개수를 지정하고 중심점과 다각형의 크기를 지정해서 다각형을 스케치한다.	
폴리선	직선뿐만이 아니라 호(Arc)와 조합하여 연속적인 선 그리기가 가능한 명령이다. 단열 평면 객체 생성이 가능하다.	
타원	타원을 그리는 명령이다. 장축과 단축으로 이루어진 원을 그릴 때 사용된다.	

(2) 스케치 편집 도구

명령	기능	아이콘
회전	객체를 회전시키는 명령이다. 회전하고자 하는 객체를 지정하고 회전 기준점을 설정 후 회전 위치를 지정하여 회전시킨다.	
복사	객체를 복사할 수 있는 명령이다. 복사하고자 하는 객체를 선택하고 복사 기준점을 설정 후 복사 위치를 지정한다.	
이동	객체를 이동시키는 명령이다. 이동시키고자 하는 객체를 선택하고 이동 기준점을 설정 후 이동 위치를 지정한다.	
대칭	객체를 이동, 복사하는 명령이다. 객체를 지정하고 대칭 기준을 지정한다. 이 때 기존 객체를 유지할지 선택할 수 있다. 기존 객체를 지우는 선택을 하면 대칭된 객체만 남고, 지우지 않으면 원본 객체가 남게 된다.	
모따기	객체의 모서리 부분을 둥글게 라운드 처리하는 명령이다. 반지름 크기를 지정하고 모서리에 맞닿는 선을 지정하면 모따기가 된다.	
모깎기	객체의 모서리 부분을 지정한 거리만큼 깎는 명령이다. 잘라낼 길이를 지정하고 모깎기를 진행할 변을 선택하면 모깎기가 된다.	

2 스케치요소 구속 조건

구속 조건이란 객체들 간의 자세를 흐트러짐 없이 잡아 두고, 차후 디자인 변경이나 수정 시 편리하고 직관적으로 업무를 수행하기 위해서 필요한 기능이다.

구속 조건은 형상 구속과 치수 구속 두 가지가 있으며, 이 두 구속 조건을 모두 충족하면 정상적이고 안전한 형상을 모델링할 수 있다.

1. 구속 조건의 종류

(1) 치수 구속

치수 구속은 스케치 값을 정해서 크기를 맞추는 구속이다.

(2) 형상 구속

형상 구속은 형상을 드래그하거나 크기 조정을 시도할 때 형상이 변할 수 있는 형태에 제한을 가하여 스케치 개체들 간의 자세를 맞추는 구속이다.

① 형상 구속의 종류
　㉠ 수평(Horizontal): 선택한 선분이 수평(가로선)이 되도록 구속한다.
　㉡ 수직(Vertical): 선택한 선분이 수직(세로선)이 되도록 구속한다.
　㉢ 동일(Equal): 두 개 이상 선택된 스케치 크기를 똑같이 구속한다.
　㉣ 동일선상(Collinear): 두 개 이상 선택 스케치 선을 동일한 위치로 선을 구속한다.
　㉤ 평행(Parallel): 두 개 이상 선택된 스케치 선을 평행하게 구속한다.
　㉥ 직각(Perpendicular): 선택된 두 개의 스케치 선을 직각으로 구속한다.
　㉦ 동심(Concentric): 두 개 이상 선택된 원호의 중심을 정확하게 구속한다.
　㉧ 접선(Tangent): 선택된 두 개의 원호 또는 원과 선을 접선이 되도록 구속한다.
　㉨ 일치(Coincident): 떨어져 있는 점과 선을 정확하게 붙이거나, 떨어져 있는 두 끝점을 정확하게 연결시키는 구속이다.
　㉩ 고정(Fix): 현재 스케치 위치에 구성요소를 구속한다.
　㉪ 대칭(Symmetric): 구성요소가 선에 대하여 대칭되게 구속한다.
　㉫ 부드럽게(Smooth): 스플라인과 다른 곡선, 선, 호 또는 스플라인 사이에 연속적인 구배가 형성되는 상황을 만드는 데 사용한다.

3 도면 작성

1. 치수 기입

(1) 치수 기입법

① 객체를 설명하거나 지시를 하고자 할 때는 수평축에 대해 60° 정도 기울여서 표시한다.
② 화살표의 크기는 도면 크기에 따라 다르지만 도형의 크기와 어울리는 게 바람직하며, 첫 번째 치수는 다듬질 기호 등의 공간을 위해 10~12mm 정도 띄우는 게 좋다.

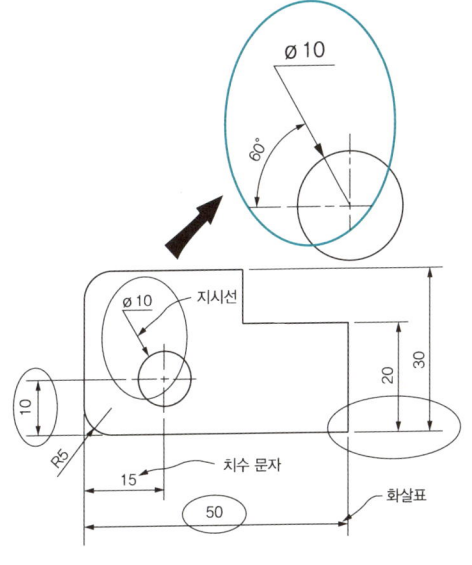

Part 3 엔지니어링 모델링

③ 두 번째 치수는 7~8mm 정도 띄우는 게 좋다.
④ 치수 보조선과 도형은 외형선과 구분을 위해 0.5~1mm 정도 띄우는 게 좋다.

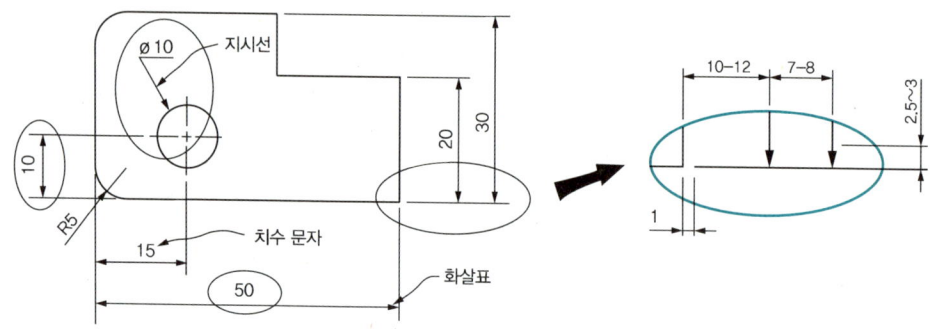

⑤ 치수 보조선은 치수선을 2mm 정도 넘기는 게 좋다.

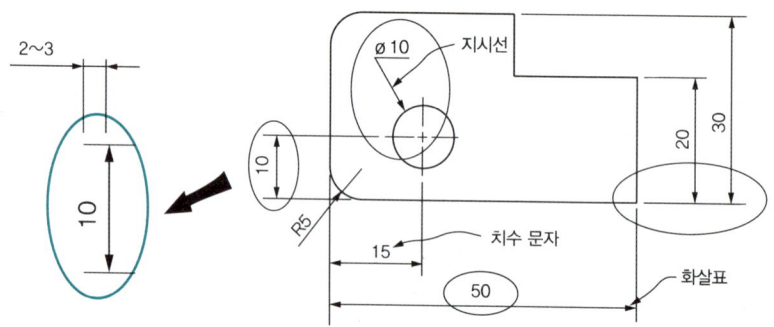

⑥ 치수 문자의 높이는 도면의 크기에 따라 2.5~3.5mm 정도로 하면 된다.
⑦ 치수 문자와 치수선의 간격은 0.5~1mm 정도로 하면 된다.

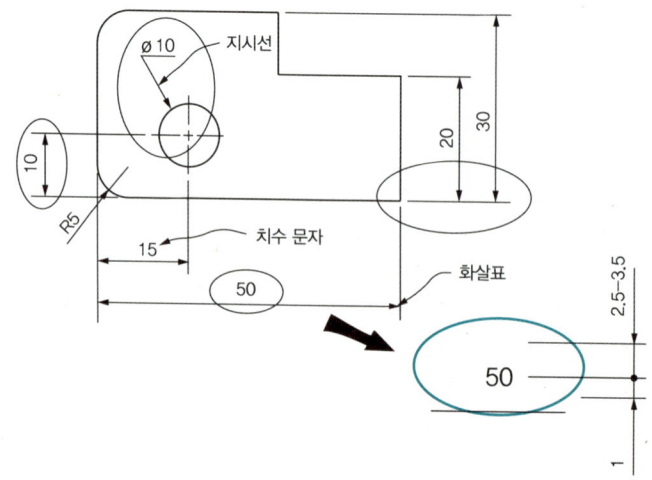

(2) 치수 기입(Dimension) 종류

① 수직 치수 기입: 수직 거리를 측정한다.

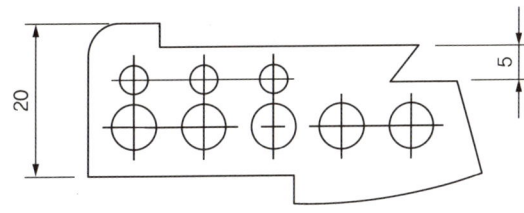

② 수평 치수 기입: 수평 거리를 측정한다.

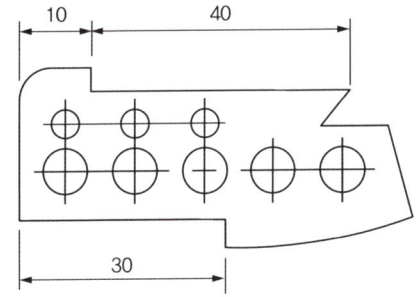

③ 지름 치수 기입: 원이나 구멍의 지름을 측정한다.

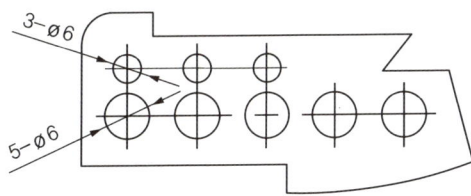

④ 반지름 치수 기입: 원의 반지름을 측정한다.

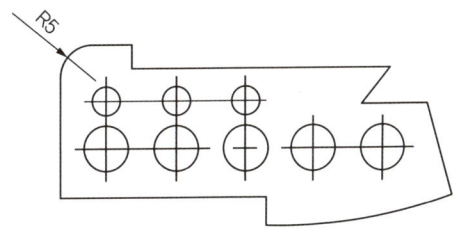

⑤ 각도 치수 기입: 각도를 측정한다.

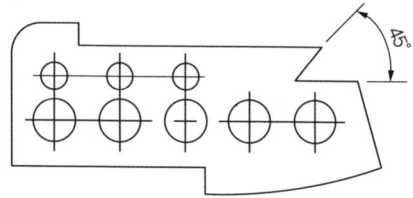

⑥ 평행 치수 기입: 선에 평행을 이루는 길이를 측정한다.

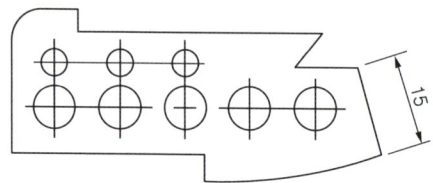

⑦ 병렬 치수 기입: 한 곳을 기준으로 치수를 측정한다.

 각각 치수공차는 다른 치수의 공차에는 영향을 주지 않으며, 공통이 되는 쪽의 치수 보조선의 위치는 기능, 가공 등의 조건을 고려하여 선택한다.

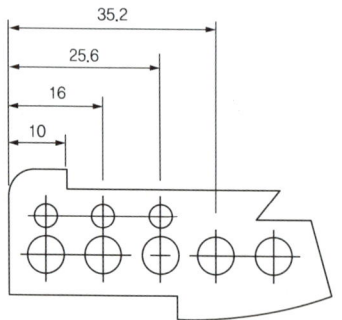

⑧ 직렬 치수 기입: 직렬로 나란히 치수를 측정한다.

 나란히 연결된 각각의 치수에 주어진 치수공차가 누적되어도 좋은 경우 사용한다.

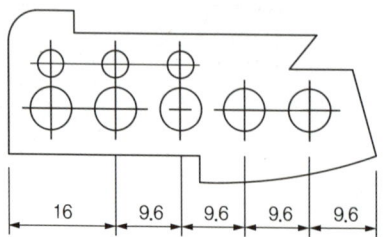

2. 템플릿 생성

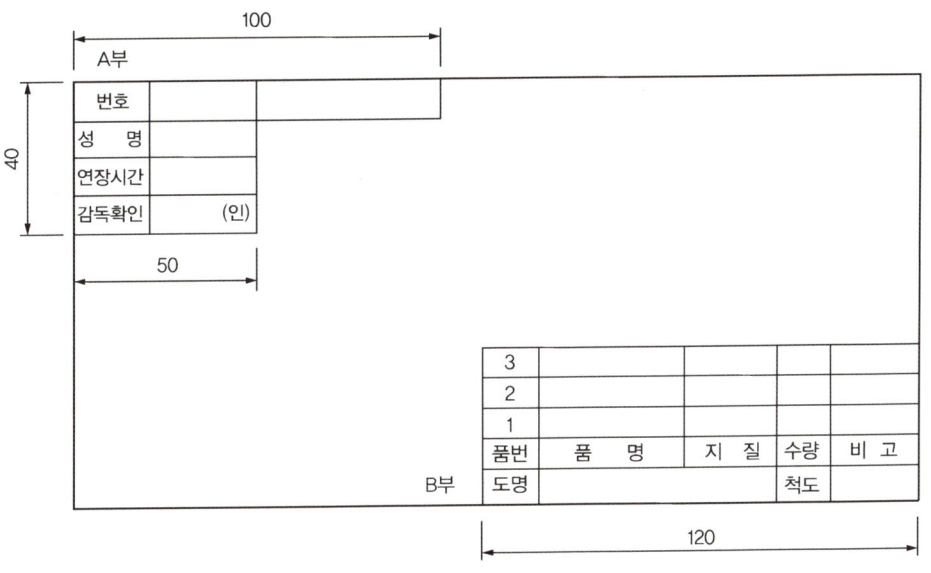

(1) 템플릿 작성 요구사항

① CAD 패키지 프로그램을 이용, 지급된 도면의 부품을 3각법으로 2차원(2D) 부품 공작용 도면을 기계제도 관련 규정으로 A3 용지 1매에 작성하여 흑백으로 출력한다.

② 출력 장비와의 연계 등을 위하여 시험위원이 도면의 선의 굵기와 문자의 크기를 구분하기 위한 색상을 지정할 수 있으며, 별도의 색상을 지정하지 않은 경우는 다음과 같이 하여야 한다.

이름	색상	두께	스타일
중심선	빨간색	0.25mm	1점 쇄선
치수선	빨간색	0.25mm	실선
숨은선	노란색	0.35mm	점선
주서	노란색	0.35mm	실선
외형선	초록색	0.5mm	실선
윤곽선	하늘색	0.7mm	실선

③ 도면의 좌측 상단 A부에는 인적사항을, 우측 하단에 B부 양식으로 표제란을 작성한다.

3. 기계요소 제도

(1) 나사의 종류 및 호칭

구분	종류		종류 표시법
ISO 규격에 있는 것	미터 보통 나사		M
	미터 가는 나사		M × 피치값
	미니추어 나사		S
	유니파이 보통 나사		UNC
	유니파이 가는 나사		UNF
	미터 사다리꼴 나사		Tr
	관용 테이퍼 나사	테이퍼 수나사	R
		테이퍼 암나사	Rc
		평행 암나사	Rp
ISO 규격에 없는 것	관용 평행 나사		G
	30° 사다리꼴 나사		TM
	29° 사다리꼴 나사		TW
	관용 테이퍼 나사	테이퍼 나사	PT
		평행 암나사	PS
	관용 평행 나사		PF

(2) 나사 도시법

① 수나사와 암나사의 골지름은 모두 가는 실선으로 도시한다.
② 수나사의 바깥지름과 암나사의 안지름은 굵은 실선으로 도시한다.
③ 단면 시 암나사는 안지름까지 해칭한다.
④ 완전 나사부와 불완전 나사부의 경계선은 굵은 실선으로 도시한다.
⑤ 불완전 나사부는 기능상 필요하거나 치수 지시를 위해 필요한 경우 경사된 가는 실선으로 도시한다.

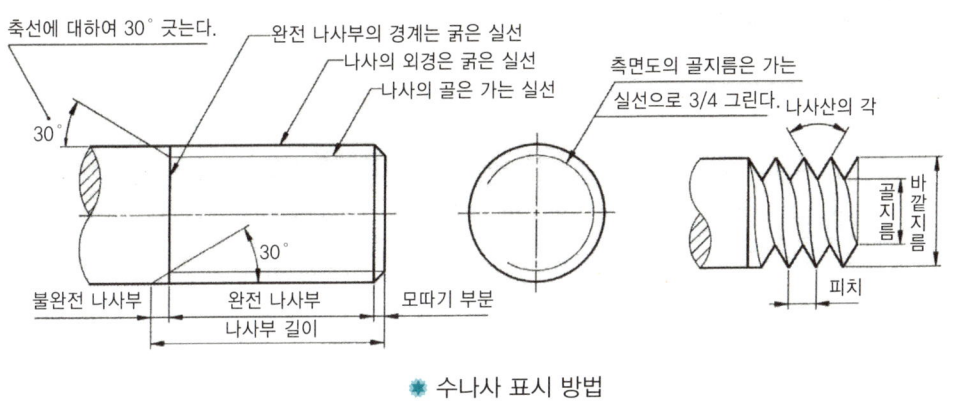

❋ 수나사 표시 방법

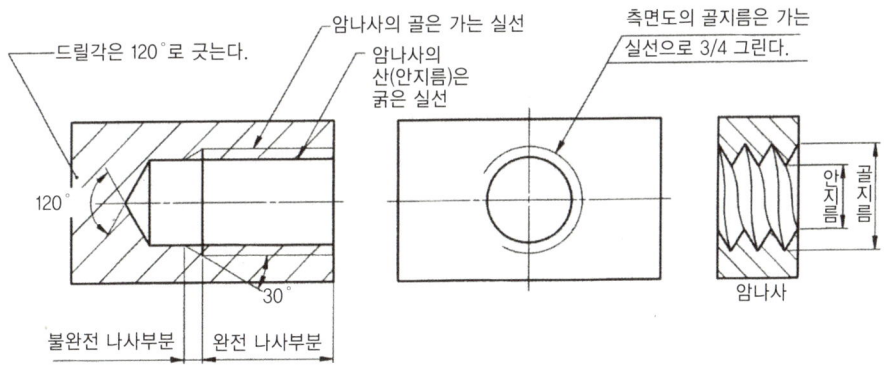

❋ 암나사 표시 방법

4. 작은 나사 도시법

작은 나사는 머리 모양을 보고 이름을 지으며, 지름이 1~8mm 정도의 작은 부품을 조립하는 데 사용된다.

 홈붙이 작은 나사의 머리 홈을 평면도로 도시할 경우 중심선에 대해서 45° 방향의 굵은 실선으로 긋는다.

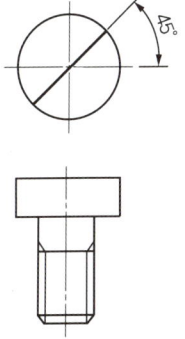

5. 키(Key) 도시법

※ 키의 호칭 및 도시 방법

호칭	호칭치수(폭X높이X길이)	끝 모양	재료
미끄럼 키	12×8×50	양끝 둥근	SM45C
묻힘 키 1종	12×8×45	양끝 둥근	SM45C

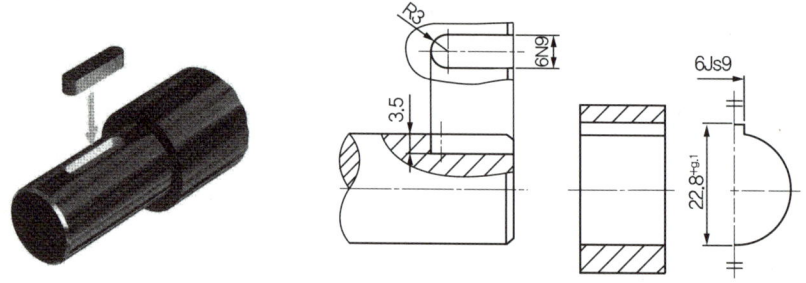

※ 키 홈은 되도록 위쪽으로 도시한다.

6. 핀(Pin) 도시법

(1) 테이퍼 핀

테이퍼 핀의 호칭 지름은 작은 쪽의 지름을 표시한다.

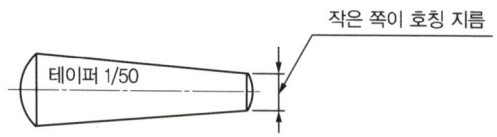

(2) 분할 핀

분할 핀의 호칭 지름은 핀 구멍의 지름으로 표시한다.

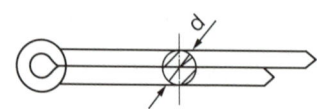

7. 축 도시법

① 축은 길이 방향으로 절단하여 단면 도시하지 않는다.

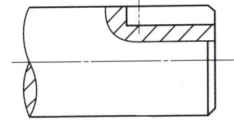

② 모따기 및 평면표시는 치수 기입법에 따른다.

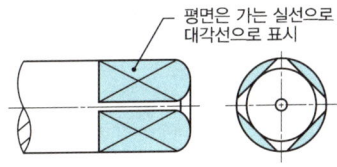

③ 축을 가공하기 위해 센터의 도시를 한다.

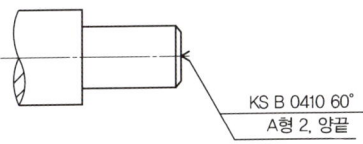

④ 긴 축은 중간을 파단하여 짧게 그리되 치수는 실제 길이로 나타내야 한다.

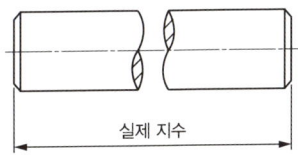

⑤ 축에 널링을 도시할 때 빗줄인 경우는 축선에 대하여 30°로 엇갈리게 나타낸다.

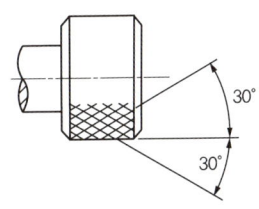

8. 기어 도시법

(1) 스퍼 기어 도시법

① 이끝원(잇봉우리원)은 굵은 실선으로 도시한다.
② 피치원은 가는 1점 쇄선으로 도시한다.
③ 이뿌리원(이골원)은 가는 실선으로 도시한다.
④ 피치원 지름(P.C.D) = 잇수(Z) × 모듈(M)
   이끝원 지름(D) = P.C.D + 2M = (Z+2)M
⑤ 피치원 지름은 치수 기입을 할 때 P.C.D를 치수 문자 앞에 기입한다.
⑥ 축에 수직한 방향의 단면도를 표시하는 경우 이뿌리원(이골원)은 굵은 실선으로 표시한다.
⑦ 서로 맞물리는 한 쌍의 스퍼 기어에서 측면도의 이끝원(잇봉우리원)은 굵은 실선으로 표시한다.
⑧ 정면도를 단면으로 나타내는 경우 한 쪽은 가는 파선으로 하며 다른 쪽은 생략한다.

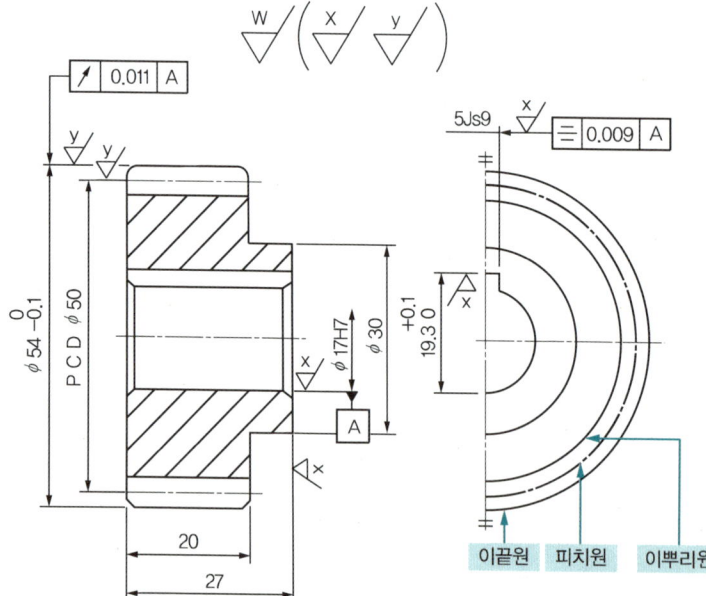

(2) 헬리컬 기어 도시법

① 헬리컬 기어의 잇줄 방향은 3개의 가는 실선으로 그린다.
② 단면 시 가는 2점 쇄선으로 그리며 치수 상관없이 기울기는 30°로 표시한다.

9. 리벳 이음 도시법

① 리벳의 위치를 도시할 때에는 중심선으로 도시한다.
② 리벳 구멍을 크게 도시할 필요가 없을 때는 약도로 표시한다.
③ 리벳은 길이 방향으로 단면하지 않는다.
④ 형강이나 얇은 판 등의 단면은 굵은 실선으로 도시한다.
⑤ 구조물에 사용되는 리벳은 기호로 표시한다.
⑥ 같은 피치로 연속되는 같은 종류의 구멍표시는 '피치의 수×피치의 간격=합계 치수'로 표시한다.
⑦ 판이 여러 겹으로 겹쳐 있을 때에는 각 판의 파단선은 서로 어긋나게 외형선을 긋는다.

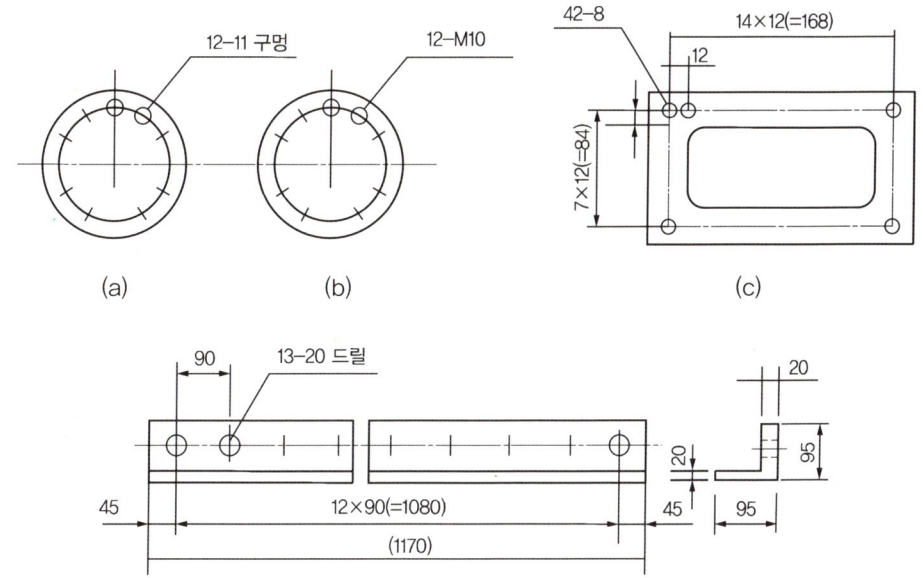

10. 스프링 도시법

① 스프링은 일반적으로 간략도로 도시하고 필요 사항은 요목표에 기입한다.
② 간략도일 경우 재료의 중심선을 굵은 실선으로 도시한다.
③ 스프링은 무하중인 상태로 그린다. 단, 하중이 걸릴 때에는 하중과 치수를 기입한다.
④ 하중과 높이 처짐과의 관계를 표시할 때는 표나 선도로 표시한다. 굵기는 스프링을 표시하는 선과 같게 한다.
⑤ 스프링은 보통 오른쪽 감기로 그린다. 왼쪽 감기일 경우 요목표에 '감긴 방향 왼쪽'이라고 표시한다.

⑥ 생략도로 그릴 경우 생략부를 가는 2점 쇄선으로 표시한다.

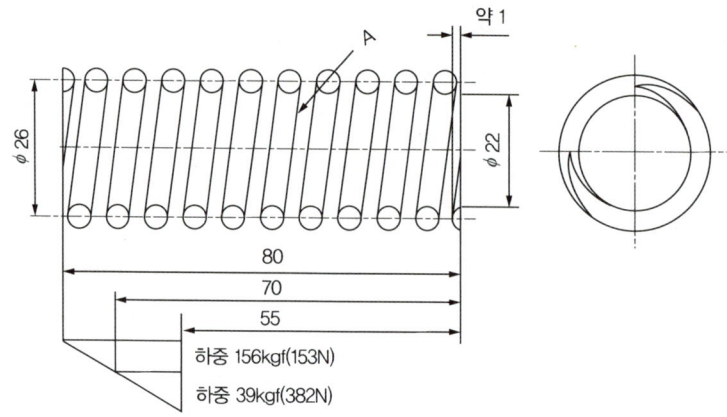

11. 벨트풀리 도시법

① 대치형은 일부분만 도시한다.
② 암은 길이 방향으로 절단하여 단면도시를 하지 않는다.
③ 벨트풀리는 축 직각 방향의 투상을 정면도로 한다.
④ 암과 같은 방사형의 것은 수직 중심선이나 수평 중심선까지 회전 투상한다.
⑤ 암의 단면형은 안이나 밖에 회전 단면을 도시한다. 이때 도형 안에 도시할 때는 가는 실선, 도형 밖에 도시할 때는 굵은 실선으로 도시한다.

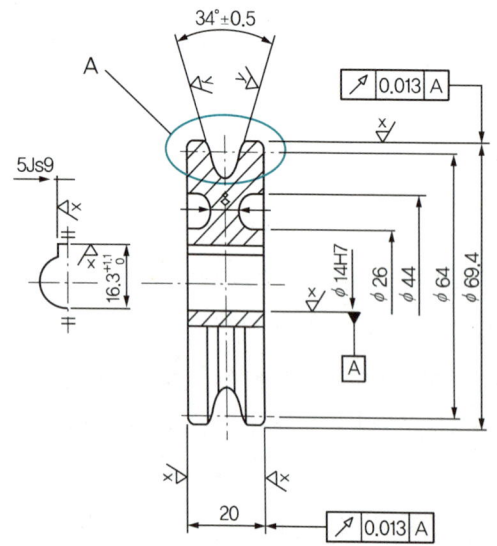 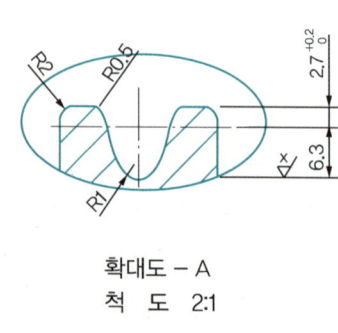

12. 스프로킷 휠 도시법

① 이끝원은 굵은 실선으로 도시한다.
② 피치원은 가는 1점 쇄선으로 도시한다.
③ 이뿌리원은 가는 실선으로 도시한다.
④ 정면도를 단면으로 도시할 경우 이뿌리는 굵은 실선으로 도시한다.

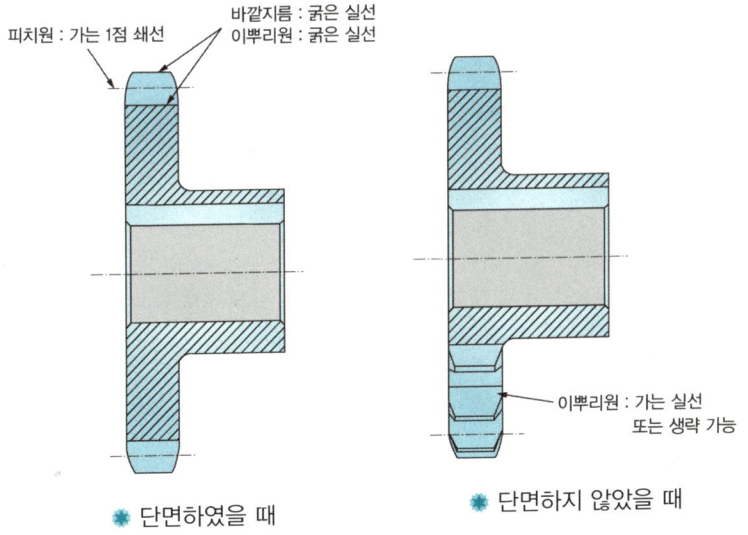

❋ 단면하였을 때   ❋ 단면하지 않았을 때

13. 맞물린 기어 도시법

① 정면도의 단면에서 한쪽 이끝원은 숨은선(파선)으로 도시한다.
② 측면도의 이끝원은 굵은 실선으로 도시한다.

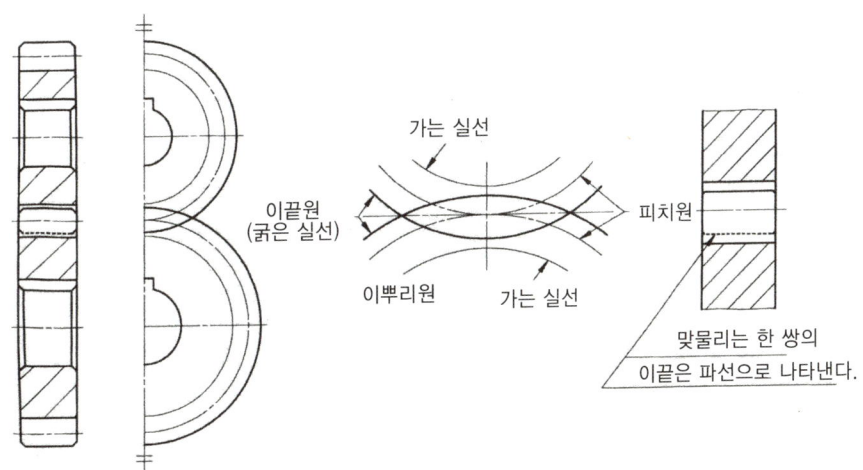

 Part 3 엔지니어링 모델링

3D 엔지니어링 객체 형성

1 형상 입체화

1. 3D 모델링

CAD나 3D 모델러 등의 프로그램을 이용하여 원하는 3D 모형의 가상데이터를 제작하는 과정이다.

(1) 3D 모델링 종류

① 넙스(Nursb) 방식
- ㉠ 수학적 정보로 곡면을 정의하여 표현하는 방식이다.
- ㉡ 형상의 모든 부분을 면 정보로만 정의할 수 있기 때문에 제품이나 기계 모델링에 주로 사용된다.
- ㉢ 커브가 바뀔 때마다 새로운 공식을 만들기 때문에 많은 계산 시간을 요구한다.
- ㉣ 높은 품질의 곡면체를 만들 수 있다.

❋ NURBS 방식

② 폴리곤(Polygon) 방식
　㉠ 점이라는 기본 단위를 바탕으로 점과 점이 연결된 선, 선과 선이 연결된 면으로 입체적인 형태를 표현하는 방식이다.
　㉡ 다각형 모양의 면이 모여 하나의 오브젝트를 이루는 방식으로, 면이나 점을 제어할 수 있어서 캐릭터 등을 만드는 데 사용된다.
　㉢ 쉽고 직관적이다.
　㉣ 면의 수를 조절할 수 있으므로 렌더링이 가장 빠르다.

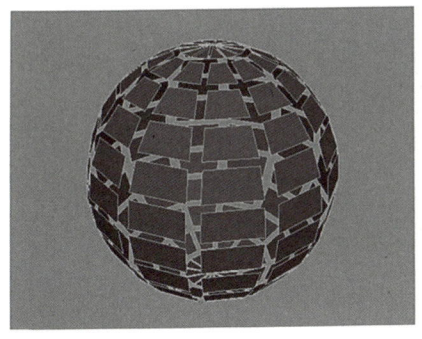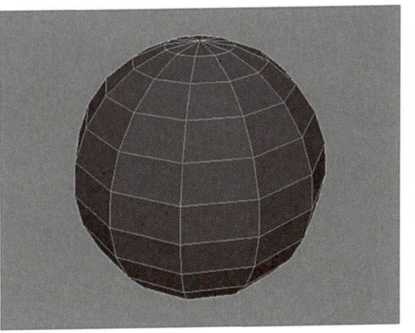

❋ 폴리곤 방식

③ 솔리드(Solid) 방식
　㉠ 수학적으로 정의된 관계 위치 정보를 표현하는 방식으로 닫힌 형상의 안쪽과 바깥쪽을 구별하는 입체 형상을 만드는 방식이다.
　㉡ 중량이나 무게중심 등의 물체의 다양한 성질을 표현하는 모든 요소를 갖추고 있어 시뮬레이션, 전문설계, 동력학 등 연관된 설계, 자동차, 가전제품, 공업제품 개발 설계에 사용되는 방식이다.

❋ 솔리드 방식

④ 와이어프레임(Wireframe) 방식
  ㉠ 직선, 점, 원, 호 등의 기본적인 요소로 3차원 형상을 표현하는 방식이다.
  ㉡ 2차원 도면이나 평면가공에 많이 사용한다.
  ㉢ 소요 시간이 적게 들고 메모리 용량이 적어도 모델링이 가능하다.
  ㉣ 처리속도가 빠르고 데이터 구성이 간단하다.
  ㉤ 물리적 성질의 계산이 불가능하여 해석용으로 사용할 수 없다.

❋ 와이어프레임 방식

⑤ 서피스(Surface) 방식
  ㉠ 면을 중심으로 하여 물체를 표현하며, 주로 곡선과 곡면을 통해 물체의 외형만을 표현한다.
  ㉡ 표면만 존재하는 모델링 기법으로 컴퓨터의 속도와 메모리를 적게 사용한다.
  ㉢ 물리적 성질 계산은 불가능하다.
  ㉣ 곡면 모델링이라고도 한다.
  ㉤ 은선 제거가 가능하며 단면도를 작성할 수 있다.
  ㉥ NC 가공정보를 얻을 수 있다.

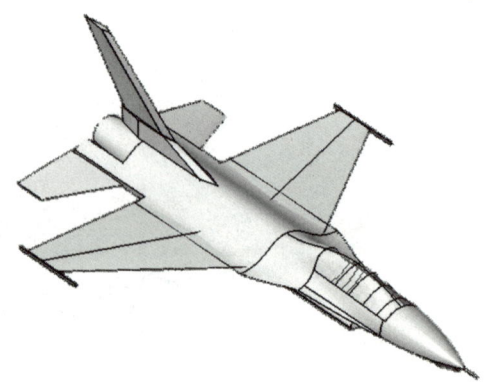

❋ 서피스 방식

(2) 3D 모델링 고려사항

① 3D 모델링 부분 중 두께가 없는 Surface는 출력이 되지 않으므로 출력하고자 하는 프린터의 최소 적층 두께 이상의 두께를 가져야 한다.

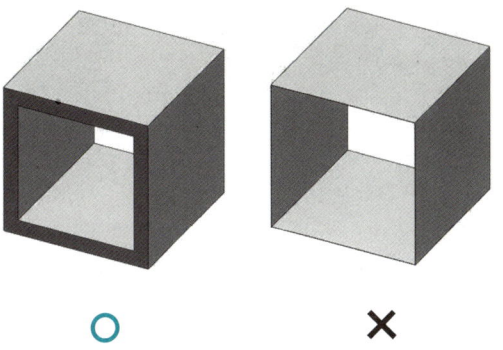

② 3D 객체를 이루는 각 면들은 서로 만나서 닫혀 있어야 한다. 그렇지 않을 경우 출력이 되지 않거나 에러가 발생한다.

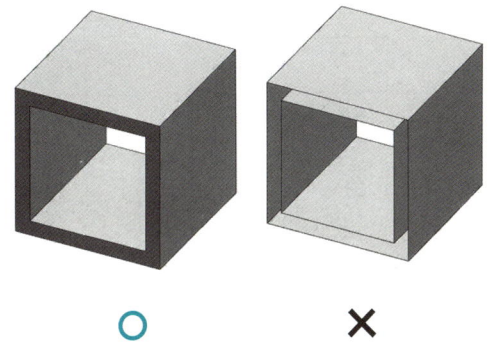

③ 3D 모델의 각각의 모서리가 만나있다면 하나로 붙어서 출력이 되기 때문에 모서리는 서로 분리해야 한다.

④ 3D 모델의 속을 채워서 출력을 할 필요가 없을 경우 모델의 속을 비워서 출력한다. 소재 절약과 출력 시간을 단축시킬 수 있다.

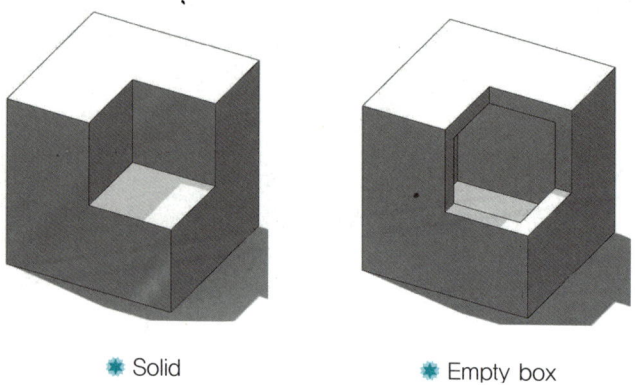

* Solid   * Empty box

⑤ 소재 비용과 출력 시간은 크기에 비례하므로 정확한 사이즈가 요구되는 것이 아니라면 크기를 줄여서 출력한다.

⑥ 3D 프린터는 출력할 수 있는 범위가 정해져 있다. 출력할 모델의 범위가 3D 프린터의 한도를 벗어난다면 그 크기를 줄여야 한다.

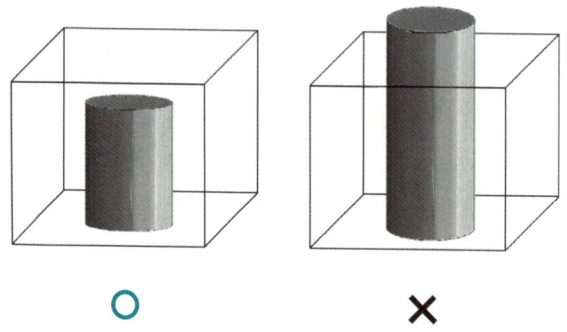

⑦ 두 개 이상의 파트를 조립하여 각 파트 사이에 움직임이 필요한 경우 3D 모델링 작업 시에 0.5mm 이상의 공차를 남겨두어 파트 간의 움직임을 원활하게 한다.

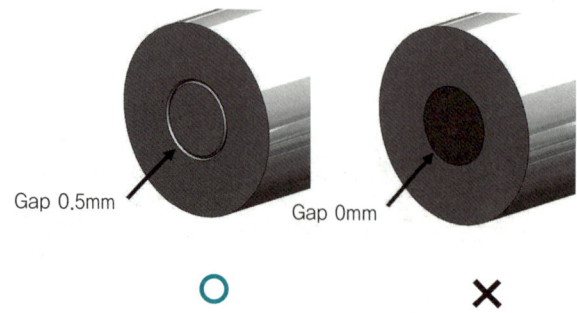

⑧ 모델의 지지대 역할 또는 물체와 물체를 이어주는 부분의 두께를 얇게 만들면 무게를 이기지 못하고 부서질 수 있다. 모델과 바닥의 접지 또는 지지대를 만들어 보완하는 것이 안정적인 출력 방법이다.

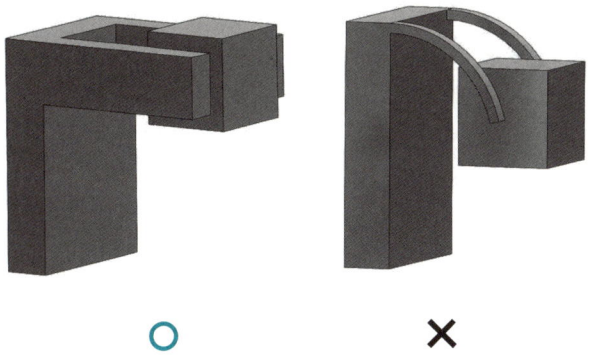

⑨ 출력 소재 및 수축률을 고려하여 3D 모델링 시 조립되는 부분의 공차를 준다.

2. 3D 엔지니어링 소프트웨어 기능

형상 디자인과 부품 설계, 조립품, 조립 유효성 검사 및 시뮬레이션을 통해 디지털 프로토타입을 실현할 수 있으며, 제품의 오류를 최소화할 수 있는 기능이 있다. 많이 사용되고 있는 3D 엔지니어링 소프트웨어에는 CATiA, SolidWorks, UG-NX, Inventor, Solidedge 등이 있다.

(1) 파트 작성

3D 엔지니어링 소프트웨어에서 파트는 하나의 부품 형상을 모델링하는 곳으로, 3D 엔지니어링 소프트웨어에서 형상을 표현하는 가장 중요한 요소이다. 3차원 형상 모델링하는 곳이 바로 파트이다.

(2) 조립품 작성

파트 작성을 통해 생성된 부품을 조립하는 곳이다. 3D 엔지니어링 소프트웨어를 통해 부품 간 간섭 및 조립 유효성 검사 및 시뮬레이션 등 의도한 디자인대로 동작하는지 체크할 수 있다.

(3) 도면 작성

작성된 부품 또는 조립품을 도면화시키고, 현장에서 형상을 제작하기 위한 2차원 도면을 작성하는 요소이다.

3. 파트 작성 기능

3D 엔지니어링 소프트웨어의 파트 작성 기능은 크게 스케치 작성, 솔리드 모델링, 곡면 모델링 기능으로 나눌 수 있다.

(1) 스케치 작성

3D 엔지니어링 소프트웨어에서 가장 먼저 제작할 형상의 가장 기본적인 단면을 생성하기 위해 스케치 영역에서 형상의 레이아웃을 작성하는 곳으로, 형상의 완성도를 결정하는 부분이다.

스케치는 2차원 스케치와 3차원 스케치로 구분 된다. 2차원 스케치는 평면을 기준으로 선, 원, 호 등 작성 명령을 이용하여 형상을 표현하는 것이며, 3차원 스케치는 3차원 공간에서 직접적으로 선을 작성하는 기능이다.

(2) 솔리드 모델링

① 솔리드 모델링은 선, 점, 면의 집합체로 되어 있으며 3D 엔지니어링 소프트웨어에서 3차원 형상의 표면뿐만 아니라 내부에 질량, 부피, 체적 값 등 여러 가지 정보가 존재한다.
② 솔리드 모델링은 스케치에서 생성된 프로파일에 각종 모델링 명령(돌출, 회전, 구멍 작성, 스윕, 로프트) 등을 이용하여 3차원 형상을 표현하는 것이다.
③ 은선 제거, 단면도 작성, 복잡하고 정확한 형상표현이 가능하다.
④ 데이터 용량이 매우 크다.
⑤ 간섭 체크가 용이하다.

(3) 곡면 모델링

① 3D 엔지니어링 소프트웨어에서 솔리드 모델링으로 표현하기 힘든 기하 곡면을 처리하는 기법이다.
② 솔리드 모델링과는 다르게 형상의 표면 데이터만 존재하는 모델링 기법이다.
③ 주로 산업 디자인에 많이 사용되고 있다.

④ 곡면 모델링 기법으로 3차원 형상을 표현하고, 3D 엔지니어링 소프트웨어에서 제공하는 기능으로서 솔리드 형상으로 변경하여 완성한다.
⑤ 3D 프린터를 이용한 3차원 형상을 출력하고자 한다면, 솔리드 모델링 방법이나 곡면 모델링 방법 중 형상을 표현하기 좋은 방법을 모델링 후, 솔리드로 이루어진 형상을 3D 프린터로 출력해야 한다.
⑥ 3D 엔지니어링 소프트웨어에서는 솔리드 모델링과 곡면 모델링을 같이 수행할 수 있는 기능을 제공하고 있으며, 이를 하이브리드 모델링이라 한다.

4. 파트 제작 순서

객체를 제작할 때 제작 순서를 미리 정해 놓는 것이 중요하기 때문에 설계를 시작하기 전에 먼저 어디서부터 제작할 것인지 생각해야 한다.

5. 스케치 형상 입체화

3D 프린터로 출력하기 위해서는 3D 모델이 필요하다. 그렇기에 스케치한 형상을 입체화해야 한다. 3D 엔지니어링 프로그램에서 3차원 형상화하는 기능은 똑같지만 프로그램마다 명령 이름이 조금씩 다를 수 있다.

6. 피처 명령

(1) 돌출(Extrude)

돌출 기능은 3D 엔지니어링 프로그램에서 가장 많이 사용되는 형상 모델링 명령이다. 이 기능은 2D 스케치를 그 모양 그대로 입체화시키는 기능이다. 2D 스케치를 한 다음에 돌출 기능을 이용하면 입체화된 도형이 나타나며, 돌출 높이를 지정하여 형상을 완성할 수 있다.

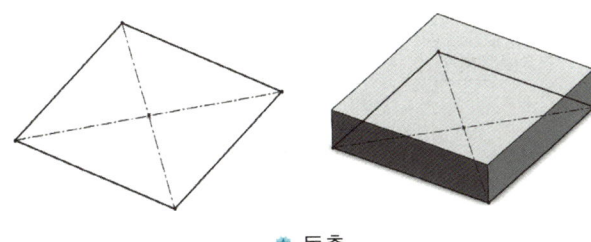

✱ 돌출

(2) 회전(Revolve)

회전은 작성된 2D 스케치의 단면과 작성한 중심축을 기준으로 회전시켜 형상을 완성한다. 보통 축과 같이 전체가 회전 형태를 띠고 있는 객체를 주로 생성할 수 있다.

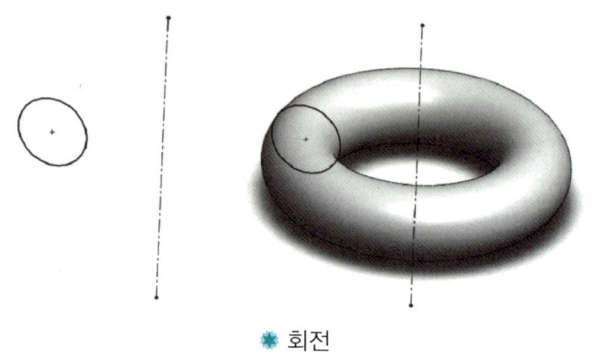

❋ 회전

(3) 구멍(Hole)

구멍은 규격에 따른 구멍 생성을 목적으로 하는 경우 이 명령을 이용하여 구멍을 작성한다. 별도의 스케치를 작성하지 않고 생성된 3차원 형상에 직접 작업을 수행한다.

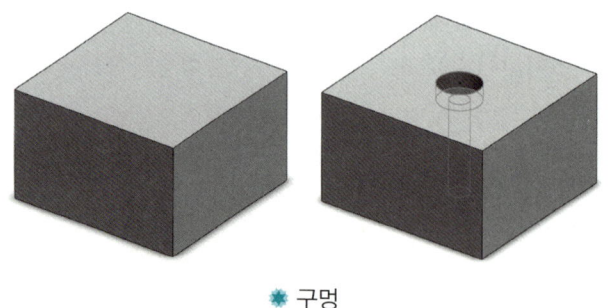

❋ 구멍

(4) 스윕(Sweep)

스윕은 돌출이나 회전으로 작성하기 힘든 자유 곡선이나, 하나 이상의 스케치 경로를 따라가는 형상을 모델링하는 기능이다. 스윕은 모델을 생성하는 데 있어서 단면 곡선과 가이드 곡선의 스케치가 필요하다.

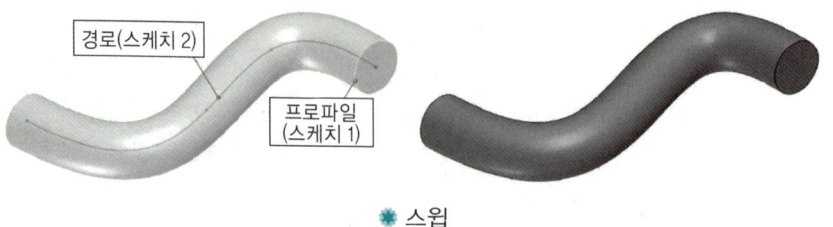

❋ 스윕

(5) 셸(Shell)

셸은 생성된 3차원 객체의 면 일부분을 제거한 후, 남아 있는 면에 일정한 두께를 부여하여 속을 만드는 기능이다.

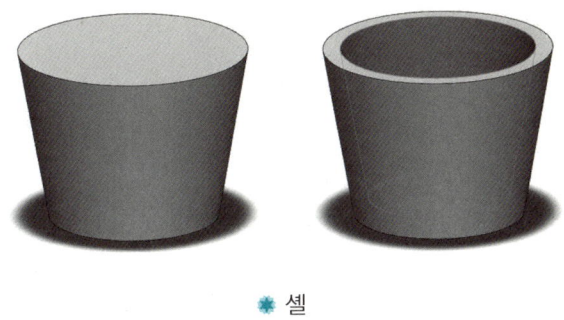

❋ 셸

(6) 모깎기(Fillet)

객체의 모서리를 부드럽게 라운딩 처리하는 기능이다. 스케치에서도 모깎기를 수행할 수 있지만, 일반적으로 작성된 3차원 형상의 모서리에 모깎기를 적용한다.

❋ 모깎기

(7) 모따기(Chamfer)

날카로운 모서리 또는 구석을 비스듬하게 깎는 기능이다. 스케치에서도 모따기를 수행할 수 있지만, 일반적으로 작성된 3차원 형상의 모서리에 모따기를 적용한다.

❋ 모따기

2 파트 부품명과 속성부여

1. 파트 파일 저장

(1) 파일 저장 주의사항

① 3D 엔지니어링 프로그램에서의 파일은 부품 하나에 하나의 파일로 이루어지고 있으며, 두 개 이상의 부품을 하나의 파일로 저장할 수 없다.
② 하나의 부품이 완성되면 반드시 3D 엔지니어링 프로그램에서 제공하는 저장 기능을 이용하여 컴퓨터 로컬디스크 또는 이동식 저장 장치에 저장하여야 한다.
③ 부품에 대한 속성이 정의되지 않으면 파일명이 부품명으로 사용되므로 저장할 때 적용하고자 하는 부품명으로 파일명을 지정하여 저장한다.

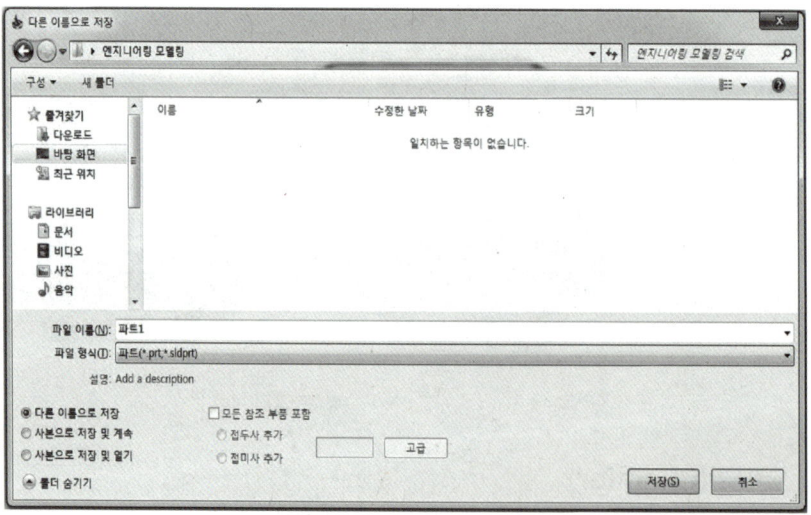

❋ 파트 저장

(2) 저장의 종류

3D 엔지니어링의 저장 기능은 인터페이스만 다를 뿐, 위치나 사용 방법은 동일하다.

① 저장

최초 저장된 상태에서 계속 작업 후 저장 명령을 선택하면 최초 저장된 파일명으로 바로 저장되는 기능이다.

② 다른 이름으로 저장

현재 파일명을 다른 파일명 또는 다른 속성의 파일 포맷으로 저장할 때 사용된다.

3D 프린팅을 위한 파일의 경우 파일 형식을 슬라이싱 프로그램에서 받을 수 있도록 '다른 이름으로 저장' 기능을 이용하여 파일을 저장한다.

③ 모두 저장

3D 엔지니어링 프로그램의 작업 중인 모든 부품 및 조립품, 도면을 저장하는 기능이다. 프로그램에서 하나 이상의 부품과 조립품, 도면을 작성하는 경우 '모두 저장' 기능으로 손쉽게 작업 파일을 저장할 수 있다.

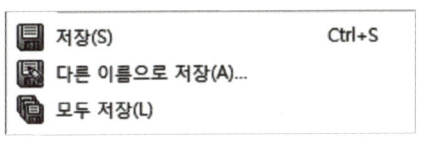

❋ 저장 메뉴

2. 3D 프린팅을 위한 부품 파일 저장

일반적으로 3D 엔지니어링 프로그램에서의 저장 기능은 해당 프로그램의 작업 원본 파일을 저장하는 기능으로, 3D 프린팅을 위한 슬라이싱 프로그램과는 파일이 호환되지 않는다. 그러므로 저장된 원본 부품을 3D 프린터로 출력하기 위해서는 부품의 파일 형식을 슬라이싱 프로그램에서 받을 수 있도록 변경해 주어야 한다.

(1) *.STL 파일로 저장

'다른 이름으로 저장' 기능을 이용하여 원하는 파일 이름을 작성 후 *.STL 파일 형식으로 저장한다.

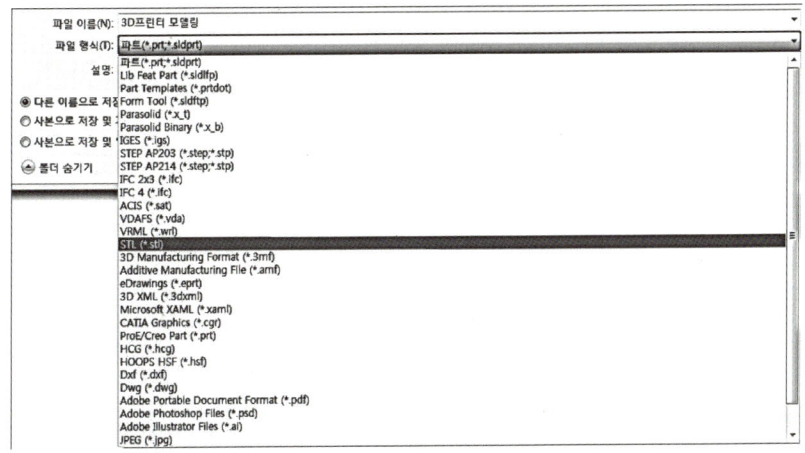

❋ 파일 형식

… Part 3 엔지니어링 모델링

Chapter 04 객체 조립

1 파트 배치

1. 조립품 이해

3D 엔지니어링 프로그램에서 조립품을 생성하는 이유는 단품으로 모델링된 부품에 대한 설계의 정확도 및 부품 간 문제점을 분석하여 실제 형상을 제작하였을 때 나타날 수 있는 오류들을 최대한 줄이기 위함이고 디자인된 형상의 동작 및 해석 시뮬레이션 등 다양한 설계 분석의 목적으로 사용된다.

2. 조립을 위한 부품 설계 방식

일반적으로 조립품은 상향식 방식과 하향식 방식으로 나누어진다.

(1) 상향식(Bottom-Up)

상향식 설계는 제품의 부품들을 먼저 설계한 후 3D CAD 어셈블리 모듈의 조립 기능을 이용하여 조립시켜 나가면서 전체의 부품을 구성하는 방식이다.

(2) 하향식(Top-Down)

하향식 설계는 개발의 목표와 제품의 구조 및 사양을 정의하고 여러 가지 설계 개념(조립성, 동작성 등)이 제품을 이루는 하위 단계의 모든 부품에 적용되도록 설계해 나가는 방식이다.

3. 부품 배치

(1) 기준 부품 배치

기준 부품 배치는 조립품에서 기준이 되는 부품을 배치하는 것을 말하며, 이 기준 부품은 조립품 상에서 자유롭게 움직이지 않도록 고정되어 있다.

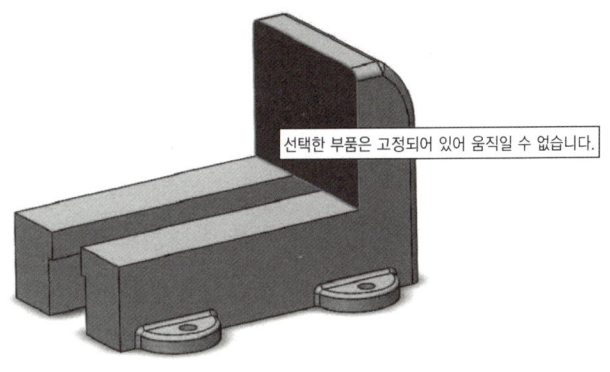

❈ 기준 부품

(2) 기타 부품 배치

기준 부품을 배치 후 조립에 사용될 나머지 부품을 현재 조립품 상에 가져온다. 부품 삽입은 조립 순서에 맞게 부품을 하나씩 가져올 수도 있고, 여러 부품을 한 번에 가져올 수도 있다. 조립 순서 또는 부품에 대한 내용을 숙지하고 있는 상태라면 부품을 하나씩 가지고 와서 배치와 동시에 조립을 수행하는 것이 수월하며, 그렇지 못한 경우 필요한 부품을 전부 가져와 대략적으로 화면에 배치 후 조립품을 생성하는 것이 편리하다.

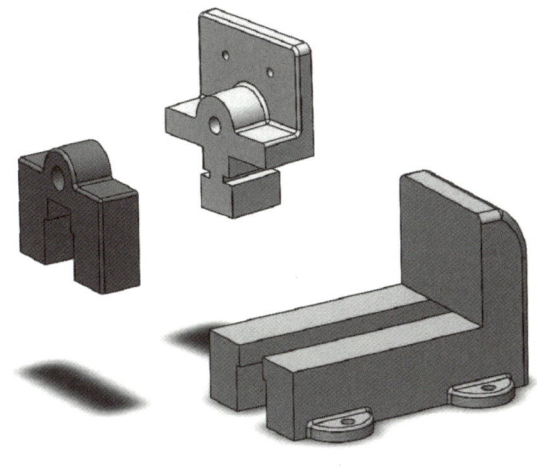

❈ 기타 부품

2 파트 조립

1. 파트 조립품 생성

조립품에 배치된 부품을 이용하여 조립 순서와 조건에 맞게 조립품을 생성하며, 부품 조립 또한 조립 구속 조건에 의해서 부품 간 조립이 이루어진다.

2. 제약 조건

제약 조건은 부품과 부품 간 위치 구속을 목적으로 적용하는 기능이다. 부품 간 정확한 조립과 동작 분석을 위해 사용된다.

제약 조건 적용은 부품의 면과 면, 선과 선, 점과 점, 면과 선, 면과 점, 선과 점 등 부품의 요소를 선택하여 조건에 맞는 제약 조건을 부여할 수 있다.

(1) 제약 조건의 종류

① 일치 제약 조건

일치시키고자 하는 면과 면, 선과 선, 축과 축 등을 선택하면 일치시켜 주는 제약 조건이다.

㉠ 축과 축 일치: 부품들의 축과 축의 중심점을 기준으로 일치시킨다. 주로 원형 관과 같은 부품 속에 또 다른 부품을 삽입시킬 때 사용한다.

※ 축과 축 일치

ⓛ 면과 면 일치: 선택한 면과 면을 일치시킨다.

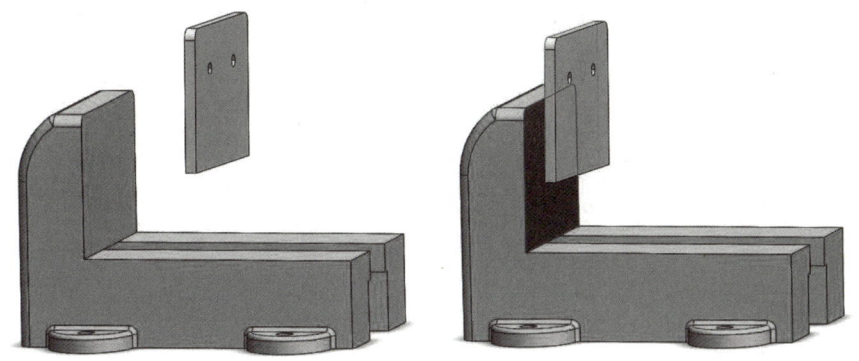

❋ 면과 면 일치

ⓒ 선과 선 일치: 선택한 선과 선을 일치시킨다.

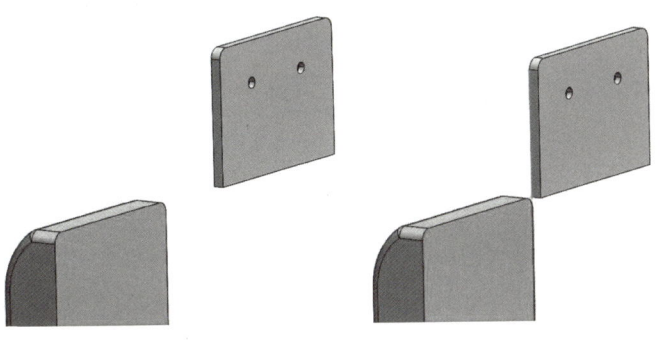

❋ 선과 선 일치

② 접촉 제약 조건

선택한 면과 면, 선과 선을 접촉하도록 하는 제약 조건

㉠ 면과 원호 일치: 면과 원호를 선택하여 접촉시킨다.

❋ 면과 원호 일치

③ 오프셋 제약 조건

부품 간 일정한 간격으로 조립되어야 할 때 선택한 면과 면, 선과 선, 점과 점 사이에 오프셋으로 거리를 주는 제약 조건

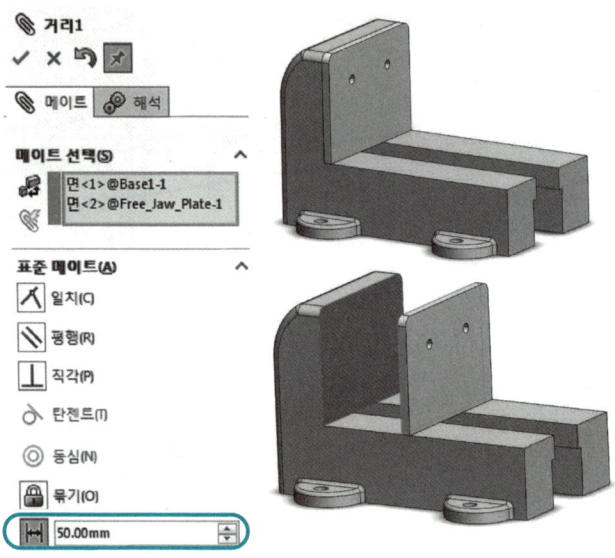

❋ 오프셋 제약 조건

④ 각도 제약 조건

부품 간 동심 구속이나 선과 선의 일치 구속인 경우 기본적으로 회전에 대한 자유도를 가지고 있다. 이 회전 자유도를 원하는 각도로 구속할 때 사용된다.

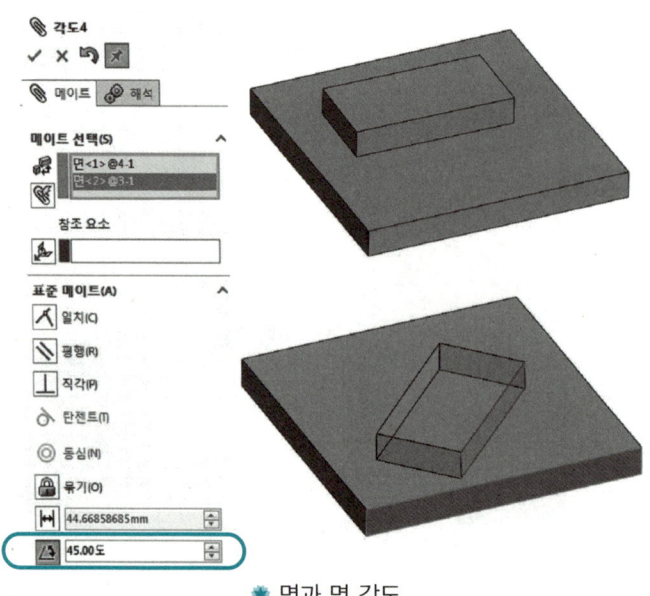

❋ 면과 면 각도

3. 고정 컴포넌트

선택한 파트를 고정시켜 주는 기능이다. 일반적으로 많이 사용되는 제약 조건은 일치 제약 조건, 접촉 제약 조건, 오프셋 제약 조건이다. 부품의 조립과 동작의 조건에 따라 제약 조건이 두 개 이상 적용될 수 있다. 하지만 과도하게 부품과 부품 사이에 제약 조건을 걸면 오류가 나는 원인이 된다.
제약 조건은 부품 간 동작을 확인해 볼 수 있으며, 디자인 수정 및 변경 시 발생하는 문제를 최소화시킬 수 있다.

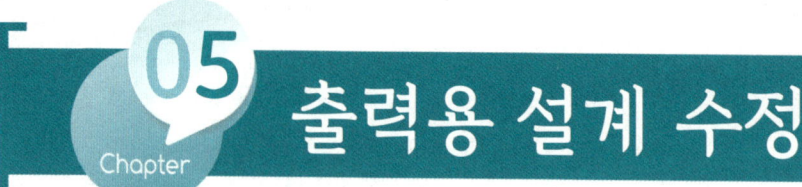

출력용 설계 수정

1 파트 수정

1. 부품 간 조립 분석

제한 조건을 이용하여 조립된 부품은 시뮬레이션 형식으로 조립되므로, 부품 간 크기가 맞지 않는다 하더라도 문제없이 조립된다. 하지만 실제 제도 또는 설계를 통해 모델링한 부품의 크기가 실제 조립 시 나올 수 없는 크기로 잘못 지정되는 경우에는 3D 프린터를 이용하여 결과물을 출력하여 조립하였을 때 오류에 의해서 조립이 이루어지지 않아 다시 수정과 출력을 반복하여 오류를 바로잡아야 한다. 3D 엔지니어링 프로그램은 이러한 설계상 오류를 분석하고 찾아내어 신속한 수정이 가능한 기능을 제공한다.

(1) 간섭 분석

간섭 분석 명령을 이용하여 부품의 잘못된 부분을 확인할 수 있으며, 분석된 내용을 토대로 잘못된 부품을 수정할 수 있다.

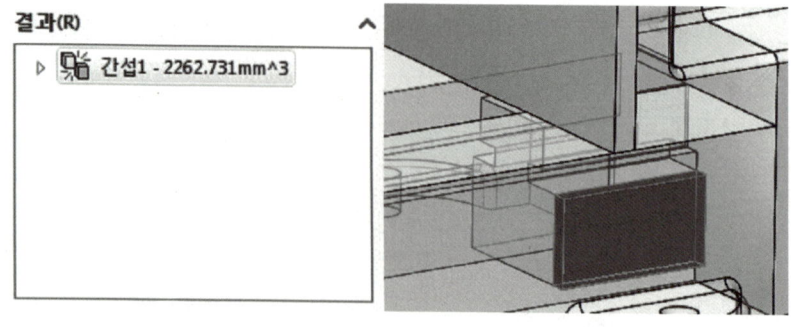

❋ 간섭 분석

(2) 부품 수정

설계상 오류가 발생한 부품은 직접 프로그램으로 열거나, 파트를 지정하여 조립 상태에서도 수정이 가능하다.

부품을 직접 열어 수정하는 경우에는 도면의 치수가 명확하게 존재하고 작업자 실수에 의한 부분이라면 원본 부품 파일을 열어 직접 수정할 수 있다. 하향식 방식으로 작업을 진행하는 경우, 정확한 도면과 값이 임의적일 경우 조립품에서 부품을 수정하는 것이 수월하다.

2. 출력 부품 수정

FDM(Fused Deposition Modeling) 방식은 ABS, PLA 계열 플라스틱을 노즐 안에서 녹여 적층한다. 이러한 방식은 물체에 열을 가하고 식으면서 나타나는 열 수축 현상이 발생한다. 하나 이상의 부품을 출력하고 출력된 부품을 조립하는 경우 모델링된 부품을 그대로 출력하면 수축과 팽창 공차에 의해 조립이 되지 않으며, 3D 프린터로 출력 후 조립이 되어야 하는 제품은 조립이 가능할 수 있도록 모델링을 수정해야 한다.

3. 출력 공차

3D 프린터는 모델링된 형상 데이터를 그대로 읽어 들여 출력함으로써 3D 형상을 모델링하는 작업자가 직접 3D 프린터의 출력 공차를 이해하고, 사용 중인 프린터의 최소, 최대 출력 공차를 분석 후 그 값에 맞게 부품을 수정해야 한다.

 출력 공차는 3D 프린터 장비마다 다르게 적용되지만, 보통 0.05mm ~ 0.4mm 사이에서 공차가 발생하고, 평균적으로 0.2mm ~ 0.3mm 정도의 출력 공차를 부여하는 것이 바람직하다.

(1) 출력 공차 적용

출력 공차가 적용되는 부품은 부품과 부품이 조립되는 부분에 대해서 출력 공차를 부여한다. 또한, 부품 간 유격이 발생한 경우라도 출력 공차 범위 내에 들어오는 조립 부품들 또한 출력 공차를 적용하여 부품 파일을 수정한다.

조립 부품 중에서 두 개의 부품을 모두 수정하는 것이 아니라, 두 부품 중에서 하나의 부품에만 공차를 적용하는 것이 바람직하다.

Part 3 엔지니어링 모델링

> 참고 : 모델링 지름이 작은 축과 구멍으로 조립이 되는 경우 구멍을 조금 더 키워 출력하고, 구멍의 벽이 얇은 형태와 축의 경우라면 축을 조금 줄이는 공차를 적용한다.

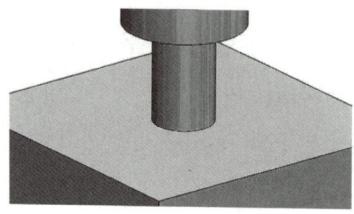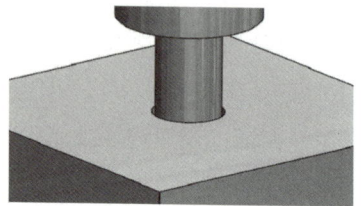

❋ 출력 공차 적용

4. 크기 변경

FDM 방식 특성상 아주 작은 구멍이나 간격이 좁은 부품 요소들의 경우 제대로 출력이 되지 않는 경우가 있다. 이럴 경우 출력을 위해서 부품 요소의 크기를 변경해야 한다.

> 참고 : FDM 방식의 3D 프린터로 출력할 경우 구멍과 축은 지름 1mm 이하면 출력이 되지 않을 수 있으며, 형상과 형상 사이의 간격은 최소 0.5mm 이상 떨어져야 하고, 가능하면 1mm 이상의 간격을 유지하도록 한다.

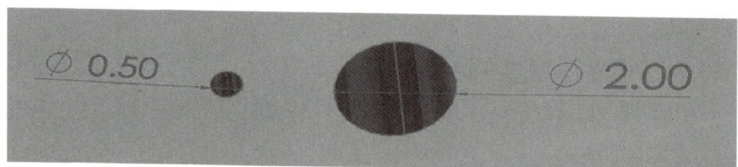

❋ 구멍의 최소 지름

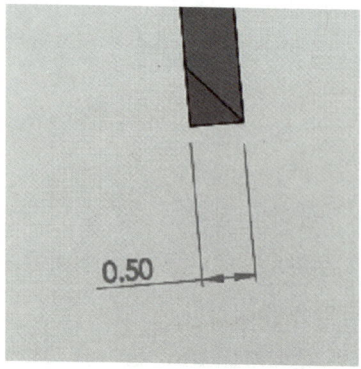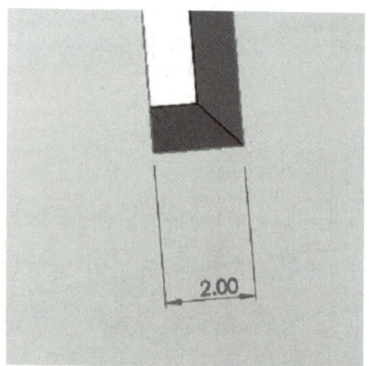

❋ 형상 사이의 최소 간격

5. 두께 변경

3D 모델링 형상의 외벽 두께가 노즐 크기보다 작은 벽면 두께로 모델링된 경우 출력이 되지 않는 경우가 발생할 수 있으며, 특성상 아주 작은 구멍이나 간격이 좁은 부품 요소들의 경우 제대로 출력이 되지 않는 경우가 발생한다.

너무 얇은 외벽 두께를 가진 부품의 형상 또한 부품 수정을 통해 외벽 두께를 변경해야 하며, 최소한 1mm 이상의 벽면으로 출력될 수 있도록 수정한다. 또한 출력 방향에 따라 외벽의 두께가 변경될 수 있으므로 부품의 모든 외벽 두께를 변경하도록 한다.

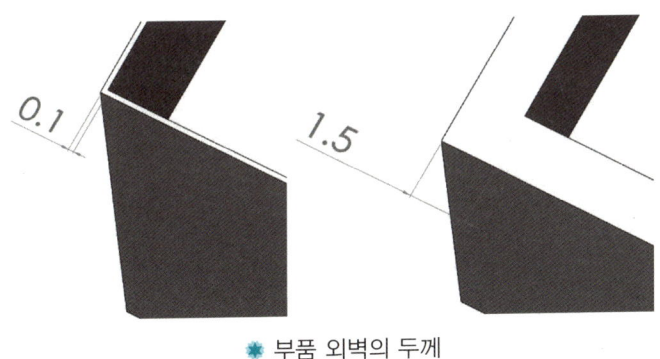

❋ 부품 외벽의 두께

2 파트 분할

1. 파트 분할의 이해

3D 프린터는 일반적인 금형과는 다르게 금형으로 표현할 수 없는 제품의 형상도 손쉽게 출력이 가능하지만, 3D 프린터 장비가 가지고 있는 특수성으로 인해, 3D 프린터로 출력할 모델링 형상 또한 분할하여 출력하고, 출력된 2개 이상의 파트 조각을 붙여서 하나의 완성된 형태로 만드는 경우가 있다.

① 3D 프린터는 형상을 제대로 출력하기 위해서 지지대를 생성하는데, 이 지지대를 제대로 제거할 수 없는 형상의 경우에 파트를 분할하여 출력한다.
② 파트를 분할하여 출력하는 경우 하나의 파트를 그대로 출력했을 때 생성되는 지지대를 최소한으로 줄일 수 있으며, 지지대의 제거 또한 손쉽게 이루어질 수 있다.
③ 출력된 형상의 표면을 최대한 깨끗하게 유지한 상태로 출력할 수 있는 장점이 있다.
④ 파트 분할은 출력될 모든 부품에 적용되는 것이 아니고, 모델링 내부에 공간이 발생되어

있고, 그 모델링 공간에서 조립이나 동작 등이 이루어져야 하는 경우에 사용된다.
⑤ 출력을 위해 모델링을 분할하는 경우 고려해야 할 사항
  ㉠ 프린터 출력 범위 ㉡ 서포터 생성 유무
  ㉢ 출력 방향 ㉣ 출력물의 품질
  ㉤ 부품 크기

2. 파트 분할 적용

파트를 분할하기 위해서는 분할지점에 기준 평면 또는 서피스로 이루어진 분할 객체가 존재해야 하며, 단순 분할인 경우 기준 평면을 이용하고, 특수 분할인 경우 서피스를 생성하여 분할한다.

(1) 기준 평면 사용 방법

기준 평면 분할은 처음 모델링을 위한 스케치 드로잉을 시작할 때 사용한 평면을 기준으로, 파트를 분할할 때 위치한 기준 평면으로 파트를 분할하며 원하는 위치에 기준 평면이 존재하지 않는 경우, 사용자 평면을 이용하여 분할할 파트 위치에 평면을 생성하고 분할한다.

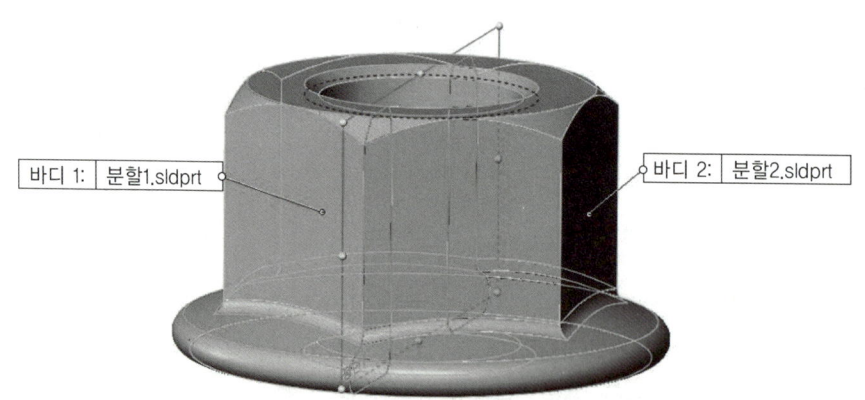

❋ 기준 평면 분할

3. 분할된 파트 조각 저장 및 3D 프린터 슬라이싱

분할된 파트는 3D 엔지니어링 프로그램에서 제공하는 분할 파트 저장 기능을 이용하여 분할된 파트 조각을 각각의 부품 파일로 별도 저장하고, 저장된 부품 조각을 3D 프린터 슬라이싱 프로그램에서 사용할 수 있는 파일 형식(*.STL)으로 저장한다.

출제 예상문제

1. 다음 중 가는 실선으로 나타내지 않는 선은?
   ① 지시선
   ② 치수선
   ③ 해칭선
   ④ 피치선

   해설 피치선은 가는 1점 쇄선으로 나타내어야 한다.

2. 치수 기입의 원칙에 관한 설명으로 옳지 않은 것은?
   ① 치수는 되도록 주투상도에 집중하여 기입한다.
   ② 치수는 되도록 공정마다 배열을 분리하여 기입한다.
   ③ 치수는 기능, 제작, 조립을 고려하여 명료하게 기입한다.
   ④ 중요 치수는 확인하기 쉽도록 중복하여 기입한다.

   해설 치수 기입에 있어서 아무리 중요한 치수라도 중복이나 누락이 있어서는 안 된다. 가공자의 편의를 위하여 치수를 알 수 있는 부분인데도 불구하고 기입하려면 참고 치수(괄호 표시)를 이용해야 한다.

3. 도면 부분 확대도를 그리는 경우로 가장 적합한 것은?
   ① 특정한 부분의 도형이 작아서 그 부분의 상세한 도시나 치수 기입이 어려울 때 사용한다.
   ② 도형의 크기가 클 경우에 사용한다.
   ③ 물체의 경사면을 실제 길이로 투상하고자 할 때 사용한다.
   ④ 대상물의 구멍, 홈 등과 같이 그 부분의 모양을 도시하는 것으로 충분한 경우에 사용한다.

   해설 부분 확대도(상세도)는 특정 부분이 아주 작아서 알아보기 어렵거나 치수의 기입이 곤란한 경우에 일부분만 확대하여 자세히 표현하기 위해 사용한다.

4. 도면에 치수를 기입하는 방법을 설명한 것 중 옳지 않은 것은?
   ① 특별히 명시하지 않는 한, 그 도면에 도시된 대상물의 다듬질 치수를 기입한다.
   ② 길이의 단위는 mm이고, 도면에는 반드시 단위를 기입한다.
   ③ 각도의 단위로는 일반적으로 도(°)를 사용하고, 필요한 경우 분(′) 및 초(″)를 병용할 수 있다.
   ④ 치수는 될 수 있는 대로 주투상도에 집중해서 기입한다.

   해설 도면에서 기본적인 길이 단위는 mm이며 도면에 따로 표시하지 않는다. 단, 다른 단위를 사용하여야 하는 부분에서는 별도 표기를 해주어야 한다.

5. 선의 종류를 선택하는 방법 중 잘못된 방법은?
   ① 보이지 않는 부분의 모양은 숨은선으로 한다.
   ② 치수선은 가는 실선으로 한다.
   ③ 절단면을 나타내는 절단선은 연속선으로 한다.
   ④ 치수 보조선은 가는 실선으로 한다.

   해설 절단면을 나타내는 절단선은 해칭선(각도 45°의 간격 2~3mm의 가는 실선)을 사용하고, 절단 위치를 표시할 경우에는 절단선(가는 1점 쇄선)으로 한다.

Part 3 엔지니어링 모델링

6. 바퀴의 암(Arm), 형강 등과 같은 제품을 단면을 나타낼 때, 절단면을 90° 회전하거나 절단할 곳의 전후를 끊어서 그 사이에 단면도를 그리는 방법은?
① 전단면도 ② 부분 단면도
③ 계단 단면도 ④ 회전 도시 단면도

해설 핸들이나 바퀴 등에서 회전도시를 하면 형상 및 그에 따른 치수를 간략하게 표현할 수 있다. 여기서는 단면도의 외형으로 굵은 실선이 사용되어야 한다.

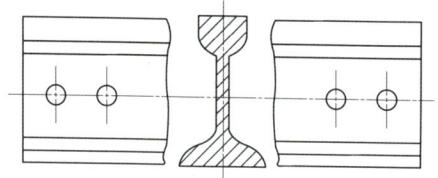

7. 도면 작성 시 가는 실선을 사용하는 경우가 아닌 것은?
① 특별히 범위나 영역을 나타내기 위한 틀의 선
② 반복되는 자세한 모양의 생략을 나타내는 선
③ 테이퍼 진 모양을 설명하기 위해 표시하는 선
④ 소재의 굽은 부분이나 가공 고정을 표시하는 선

해설 특별히 범위나 영역을 타나내기 위한 틀의 선은 가상선으로서 가는 2점 쇄선이 쓰인다.

8. 가는 1점 쇄선의 용도가 아닌 것은?
① 도형의 중심을 표시하는 데 쓰인다.
② 수면, 유면 등의 위치를 표시하는 데 쓰인다.
③ 중심이 이동한 중심궤적을 표시하는 데 쓰인다.
④ 되풀이하는 도형의 피치를 취하는 기준을 표시하는 데 쓰인다.

해설 가는 1점 쇄선의 용도
• 중심선: 도형의 중심 표현
• 기준선: 위치 결정의 근거임을 나타내기 위한 선
• 피치선: 반복 도형의 피치의 기준을 잡는 선
• 중심이 이동한 궤적의 중심 표현

9. 치수 보조 기호의 설명으로 틀린 것은?
① R15: 반지름 15
② t15: 판의 두께 15
③ (15): 비례척이 아닌 치수 15
④ SR15: 구의 반지름 15

해설 (15)는 참고 치수를 의미한다.

10. 제3각법에 대한 설명으로 틀린 것은?
① 눈→투상면→물체의 순으로 나타난다.
② 좌측면도는 정면도의 좌측에 그린다.
③ 저면도는 우측면도의 아래에 그린다.
④ 배면도는 우측면도의 우측에 그린다.

해설 3각법은 눈 - 투상면 - 물체 순으로 진행되며, 보는 위치면에 상이 나타난다.

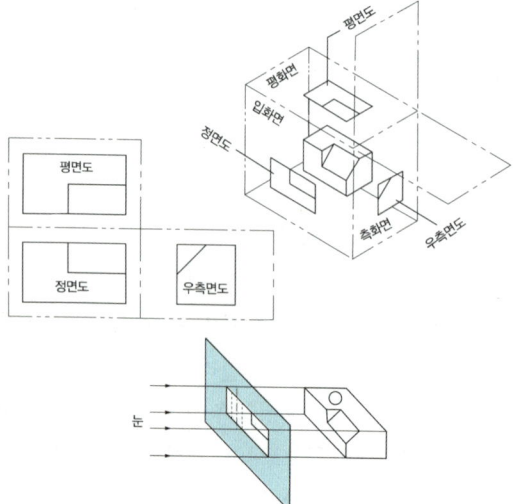

11. 단면도의 절단된 부분을 나타내는 해칭선을 그리는 선은?
① 가는 2점 쇄선   ② 가는 파선
③ 가는 실선   ④ 가는 1점 쇄선

해설 단면표시법으로 해칭(사선 긋기)과 스머징(연한 색으로 칠하기)이 있는데, 해칭은 45°의 가는 실선으로 표현해야 한다.

12. 다음 중 평면도를 나타내는 기호는?
① ▱
② ∥
③ ○
④ ═

해설 ① 평면도, ② 평행도, ③ 진원도, ④ 대칭도

13. 파단선에 대한 설명으로 옳은 것은?
① 대상물의 일부분을 가상으로 제외했을 경우의 경계를 나타내는 선
② 기술, 기호 등을 나타내기 위하여 끌어낸 선
③ 반복하여 도형의 피치를 잡는 기준이 되는 선
④ 대상물이 보이지 않는 부분의 형태를 나타낸 선

해설 파단선은 대상물의 일부를 파단한 경계 또는 일부를 떼어낸 경계를 표시하는 데 사용한다. 불규칙한 파형이나 지그재그선을 사용하며, 선의 종류는 가는 실선을 사용해야 한다.

14. 치수 기입의 원칙으로 잘못된 것은?
① 치수는 되도록 주투상도에 기입한다.
② 치수는 계산이 필요하지 않도록 한다.
③ 관련된 치수는 한곳에 모아서 기입하지 않는다.
④ 치수 문자가 객체, 치수선 등과 겹치지 않도록 한다.

해설 관련된 치수는 한곳에 모아서 기입하도록 한다.

15. CAD 명령어에서 이동(Move) 기능과 복사(Copy) 기능의 차이는?
① 오브젝트의 변위
② 오브젝트의 위치
③ 오브젝트의 수
④ 오브젝트의 변환

해설 CAD 명령어에서 이동(Move) 기능과 복사(Copy) 기능의 차이는 오브젝트의 수이다.

16. 다음 중 도형을 작성(Draw)하는 데 사용되는 도구는 어느 것인가?
① Circle   ② Zoom
③ Trim   ④ Erase

해설 도형을 작성하는 데 사용되는 도구는 선, 원, 사각형, 호 등이 있다.

17. 형상 구속의 종류 중 두 개 이상 선택된 원호의 중심을 구속하는 것은?
① 접선(Tangent)
② 일치(Coincident)
③ 동심(Concentric)
④ 동일(Equal)

해설 ① 접선(Tangent) : 선택된 두 개의 원호 또는 원과 선을 접선이 되도록 구속한다.
② 일치(Coincident) : 떨어져 있는 점과 선을 정확하게 붙이거나, 떨어져 있는 두 끝점을 정확하게 연결시킨다.
③ 동심(Concentric) : 두 개 이상 선택된 원호의 중심을 정확하게 구속한다.
④ 동일(Equal) : 두 개 이상 선택된 스케치 크기를 똑같이 구속한다.

18. 다음 설명이 뜻하는 것은?

> 객체들 간의 자세를 잡아 두고, 디자인 변경이나 수정 시 편리하고 직관적으로 업무를 수행하기 위한 기능이다.

① 스케치 편집
② 치수 기입
③ 표제란 작성
④ 구속 조건

해설 구속 조건이란 객체들 간의 자세를 흐트러짐 없이 잡아 두고, 차후 디자인 변경이나 수정 시 편리하고 직관적으로 업무를 수행하기 위해서 필요한 기능이다.

19. 치수 기입법에 대한 설명으로 틀린 것은?
① 객체를 설명하거나 지시를 하고자 할 때는 수평축에 대해 60° 정도 기울여서 표시한다.
② 치수 보조선과 도형은 외형선과의 구분을 위해 0.5mm~1mm 정도 띄운다.
③ 치수 보조선은 치수선을 넘지 않는다.
④ 치수 문자와 치수선의 간격은 0.5mm~1mm 정도로 한다.

해설 치수 보조선은 치수선을 2mm 정도 넘기는 게 좋다.

20. 스윕(sweep)형 곡면 형태의 정의 방식에 알맞은 곡면 모델링 방법은?
① 단면 곡선과 가이드 곡선에 의한 정의
② point data에 의한 정의
③ 상부 곡면과 외곽 곡면에 의한 정의
④ 방정식에 의한 정의

해설 스윕(sweep)형 곡면 모델링은 단면 곡선과 가이드 곡선에 의한 정의 방식이다.

21. 공간상에서 곡면을 작성하고자 한다. 안내선(Guide Line)과 단면 모양(Section)으로 만들어지는 곡면은?
① Revolve 곡면   ② Sweep 곡면
③ Blending 곡면   ④ Grid 곡면

해설 스윕(Sweep): 평면에 정의된 도형을 지정된 경로(안내곡선)에 따라 잇는 곡면 구성

22. 솔리드 모델(Solid Model)의 특징 설명으로 틀린 것은?
① 두 모델 간의 간섭 체크가 용이하다.
② 물리적 성질 등의 계산이 가능하다.
③ 이동, 회전 등을 통한 정확한 형상 파악이 곤란하다.
④ 컴퓨터의 메모리 용량이 많아진다.

해설 솔리드 모델링의 특징
① 3차원 물체(꽉 찬)의 그림으로 표현된다.
② 은선 제거, 단면도 작성, 복잡하고 정확한 형상 표현이 가능하다.
③ 곡면기반 모델링이라고도 한다.
④ 데이터 용량이 매우 크다.
⑤ 다양한 물리적 성질 값의 계산이 가능하다.(질량, 관성모멘트 등)
⑥ 간섭 체크가 용이하다.

23. 와이어프레임 모델의 장점에 해당하지 않는 것은?
① 데이터의 구조가 간단하다.
② 모델 작성이 용이하다.
③ 투시도의 작성이 용이하다.
④ 물리적 성질(질량)의 계산이 가능하다.

해설 와이어프레임 모델은 물리적 성질의 계산이 불가능하여 해석용으로 사용할 수 없다.

24. 곡면 편집 기법 중 인접한 두 면을 둥근 모양으로 부드럽게 연결하도록 처리하는 것은?
① Fillet
② Smooth
③ Mesh
④ Trim

해설 인접한 두 면을 둥근 모양으로 만드는 모깎기 명령어는 Fillet이다.

25. 모든 유형의 곡선(직선, 스플라인, 원호) 사이를 경사지게 자른 코너를 말하는 것으로 각진 모서리나 꼭짓점을 경사있게 깎아 내리는 작업은?
① Hatch
② Fillet
③ Rounding
④ Chamfer

해설 인접한 두 면의 코너를 경사지게 모따기 하는 명령어는 Chamfer이다.

26. 프린터를 위한 3D 모델링 시 고려해야 할 사항이 아닌 것은?
① 3D 모델링 두께
② 3D 프린터 출력 범위
③ 출력 공차
④ 소재의 색상

해설 ① 모델링 부분 중 두께가 없으면 출력이 되지 않으므로 출력하는 프린터의 최소 적층 두께 이상의 두께를 가져야 한다.
② 3D 프린터는 출력할 수 있는 범위가 있으므로 모델의 크기가 3D 프린터의 한도를 벗어나지 않도록 한다.
③ 두 개 이상의 파트를 조립하여 각 파트 사이에 움직임이 필요할 경우 공차를 남겨 두어 파트 간의 움직임을 원활하게 한다.
④ 3D 모델링 시 소재의 색상은 고려할 사항이 아니다.

27. 하향식(Top-Down) 방식에 대한 설명으로 옳은 것은?
① 전체적인 파트를 모델링 해놓은 상태에서 조립품을 구성한다.
② 제품의 부품들을 먼저 설계한 후 조립시켜 나가면서 전체 부품을 구성한다.
③ 제품 전체의 어셈블리를 이루는 부품이 많아지거나 복잡해질수록 문제를 일으킬 가능성이 커진다.
④ 설계 변경이 발생했을 경우 설계 개념을 만족시키면서 수정하는 데 많은 시간이 소요된다.

해설 하향식(Top-Down): 하향식 설계는 개발의 목표와 제품의 구조 및 사양을 정의하고 여러 가지 설계 개념(조립성, 동작성 등)이 제품을 이루는 하위 단계의 모든 부품에 적용되도록 설계해 나가는 방식이다.

28. 파트를 분할하는 경우가 아닌 것은?
① 형상의 지지대를 제대로 제거할 수 없는 형상의 경우
② 모델링 내부 공간에서 조립이나 동작 등이 이루어져야 하는 경우
③ 안정적인 지지대 생성을 하는 경우
④ 3D 프린터의 출력 최대 사이즈보다 큰 사이즈의 모델을 출력하는 경우

해설 파트를 분할하여 조각으로 출력하는 경우 하나의 파트를 그대로 출력했을 때 생성되는 지지대를 최소한 줄일 수 있으며, 지지대의 제거 또한 손쉽게 이루어질 수 있다.

29. 모델링을 분할하는 경우 고려해야 할 사항이 아닌 것은?
① 출력 속도
② 부품 크기

③ 출력 방향
④ 3D 프린터 출력 범위

해설 출력을 위해 모델링을 분할하는 경우 고려해야 할 사항
① 프린터 출력 범위
② 서포터 생성 유무
③ 출력 방향
④ 출력물의 품질
⑤ 부품 크기
출력 속도는 모델링 분할에서 고려해야 할 사항이 아니다.

30. 치수 보조기호를 나타내는 의미와 치수 보조기호가 잘못된 것은?
① 지름: ∅10
② 참고 치수: (30)
③ 구의 지름: S∅40
④ 판의 두께: □4

해설

구분	기호	구분	기호
지름	∅	구의 지름	S∅
반지름	R	구의 반지름	SR
피치	P	정사각형	□
45° 모따기	C	두께	t
호의 길이	⌒	비례척도가 아닌 치수	치수
이론적으로 정확한 치수	치수	참고 치수	(치수)

31. 다음 중 3D 프린팅 작업을 위해 3D 모델링에서 고려해야 할 항목으로 가장 거리가 먼 것은?
① 1회 적층 높이
② 서포터 유무
③ 출력 프린터 제작 크기
④ 출력 소재 및 수축률

해설 적층 높이(Later Height)는 출력 설정 단계(SW 설정)에서 고려해야 한다.

32. FDM 방식 3D 프린팅 작업을 위해 3D 형상 데이터를 분할하는 경우 고려해야 할 항목으로 가장 거리가 먼 것은?
① 3D 프린터 출력 범위
② 서포터 생성 유무
③ 출력물의 품질
④ 익스트루더의 크기

해설 출력을 위해 모델링을 분할하는 경우는 출력 범위, 부품 크기, 서포터 생성, 출력 방향 등이 있다.

33. 다음 도면의 치수 중 A 위치에 기입될 치수의 표현으로 가장 정확한 것은? (단, 도면 전체에 치수편차 ±0.1을 적용한다.)

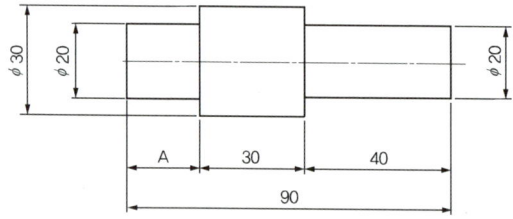

① □20
② (20)
③ 20
④ SR20

해설 중복되는 치수는 적지 않는 게 원칙이지만 부득이하게 사용해야 할 경우 괄호( )를 사용한다.

34. 그림의 구속 조건 중 도형의 평행(Parallel) 조건을 부여하는 것은?
①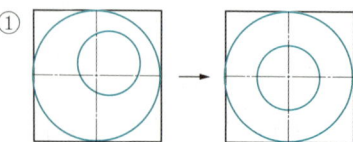

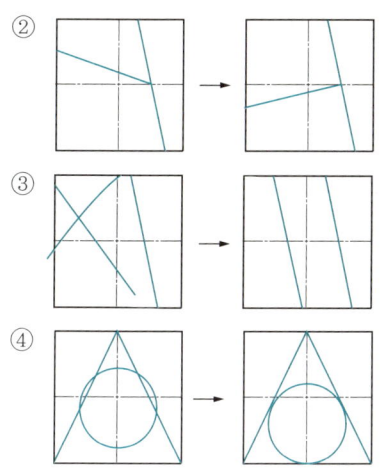

해설 평행(Parallel): 두 개 이상 선택된 스케치 선을 평행하게 구속한다.

35. 3D 프린터의 출력 공차를 고려한 파트 수정에 대한 설명으로 옳은 것은?
① 조립되는 부분은 출력 공차를 고려하여 부품 형상을 모델링하거나 필요할 경우에는 수정해야 한다.
② 조립부품을 수정할 때에는 반드시 두 개의 부품을 모두 수정해야 한다.
③ 출력 공차를 고려할 시 출력 노즐의 크기는 고려할 필요가 없다.
④ 공차를 고려할 사항으로는 소재 수축률, 기계공차, 도료 색상 등이 있다.

해설 조립되는 부분은 공차에 의해 간섭이 생길 수 있으므로 설계단계에서 공차를 주어야 한다.

36. 물체의 보이지 않는 안쪽 모양을 명확하게 나타낼 때 사용되며, 일반적으로 45°의 가는 실선을 단면부 면적에 일정한 간격의 경사선으로 나타내어 절단되었다는 것을 표시해주는 것은?
① 해칭 ② 스머징

③ 커팅 ④ 트리밍

해설 단면도에 대한 작도를 묻는 문제로 해칭을 사용한다.

37. 2D 도면 작성 시 가는 실선이 적용되는 것이 아닌 것은?
① 치수선
② 외형선
③ 해칭선
④ 치수 보조선

해설 외형선은 굵은 실선이 사용되고, 치수선, 해칭선, 치수 보조선은 가는 실선이 사용된다.

38. 기존에 생성된 솔리드 모델에서 프로파일 모양으로 홈을 파거나 뚫을 때 사용하는 기능으로서 돌출 명령어의 진행과정과 옵션은 동일하나 돌출 형상으로 제거하는 명령어를 뜻하는 것은?
① 합치기(합집합)
② 교차하기(교집합)
③ 빼기(차집합)
④ 생성하기(신규생성)

해설 솔리드의 일부를 제거하는 기능은 빼기(차집합 Subtractive, Cut 등)이다.

39. 모델을 생성하는 데 있어서 단면 곡선과 가이드 곡선이라는 2개의 스케치가 필요한 모델링은?
① 돌출(extrude) 모델링
② 필렛(fillet) 모델링
③ 셸(shell) 모델링
④ 스윕(sweep) 모델링

해설 단면(Profile)과 가이드(Path)가 필요한 명령은 스윕(Sweep)이다.

40. 다음 그림 기호에 해당하는 투상도법은?

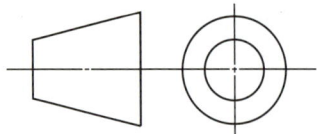

① 제1각법 ② 제2각법
③ 제3각법 ④ 제4각법

해설 1각법에 대한 기호이다.

41. 엔지니어링 모델링에서 사용되는 상향식(Bottom-up) 방식에 대한 설명으로 옳지 않은 것은?

① 파트를 모델링 해놓은 상태에서 조립품을 구성하는 것이다.
② 기존에 생성된 단품을 불러오거나 배치할 수 있다.
③ 자동차나 로봇 모형(프라모델) 분야에서 사용되며 기존 데이터를 참고하여 작업하는 방식이다.
④ 제품의 조립 관계를 고려하여 배치 및 조립을 한다.

해설 ③번은 기존 데이터를 참고하는 방식, 즉 치수를 정하고 설계하므로 하향식(Top-Down) 방식이다.

42. 스케치 요소 중 두 개의 원에 적용할 수 없는 구속 조건은?
① 동심   ② 동일
③ 평행   ④ 탄젠트

해설 평행 구속 조건은 선택된 선과 선 또는 선과 원의 축이 서로 평행하게 구속한다.

PART 4

3D 프린터 SW 설정

01 출력보조물 설정

02 슬라이싱

03 G코드 생성

Part 4 3D 프린터 SW 설정

Chapter 01 출력보조물 설정

1 출력보조물의 필요성 판별

1. 지지대

3D 프린터로 제품을 출력 시 필요한 바닥받침대와 형상보조물을 말한다.

(1) 형상 보조물

제품의 출력 시 적층 바닥과 제품이 떨어져 있을 경우 이를 보조해 주는 지지대를 형상보조물이라 한다.

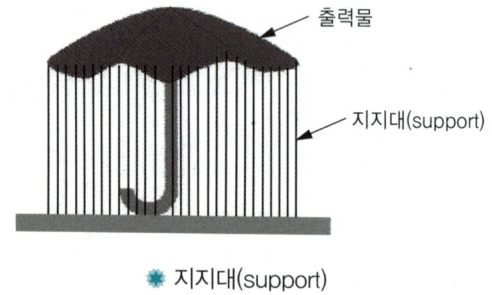

(2) 바닥 받침대

제품의 출력 시 적층 바닥과 제품을 보다 견고하게 유지시켜 주는 지지대를 바닥 받침대라 한다.

2. 지지대의 이용

3D 프린팅은 제작 방식에 따라 제작의 오차 및 오류가 존재한다. 이를 해결하기 위해서 지지대를 형상 제작에 이용하면 오차를 줄일 수 있으며, 효율적으로 제품의 품질을 향상시킬 수 있다.

(1) 지지대 제작 이유

① FDM 방식

FDM 방식에서 구조물을 제작할 때 제품의 아랫면이 크거나 뒤틀림이 존재할 때에는 지지대를 이용하여 제품을 제작하면 제품의 뒤틀림과 오차를 줄일 수 있다.

② SLA 방식

SLA 방식으로 제품을 제작할 때 지지대 유무에 따라 형상의 오차 및 처짐 등이 발생할 수 있다. 그래서 제품에 따른 지지대 유무에 따라 더 나은 품질의 제품을 제작할 수 있다.

3. 지지대 구조물(Support structures)

액체 상태의 광경화성 수지를 사용하는 광조형법이나 녹인 재료를 주사하여 형상을 제작하는 경우에는 조형물이 완성되어서 분리시킬 때까지 조형물의 고정은 물론, 파손, 지붕형상과 돌출 부분에서의 처짐 등을 방지하기 위해서 지지대가 반드시 필요하다.

지지대를 넉넉히 생성하는 것은 조형물이 튼튼히 조형될 수 있게 하지만 지지대를 과도하게 형성할 경우 조형물과의 충돌로 인하여 제품품질이 하락하고 후공정에 있어서 작업과정을 복잡하고 어렵게 만든다. 따라서 과도하지 않도록 적절한 수준의 지지대 생성이 필요하다.

(1) 지지대 사용의 예

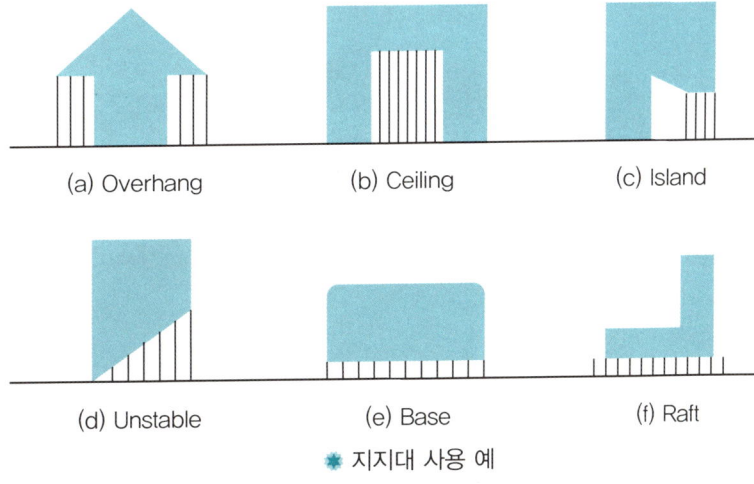

✱ 지지대 사용 예

① 생성되는 층이 받쳐지지 않아 아래로 휘게 되는 경우
② 양단이 지지되는 경우도 이를 받치는 기둥의 간격이 크면 가운데 부분에서 처짐이 발생하게 된다.
③ 이전 단면과는 연결되지 않는 단면이 새로 등장하는 경우
④ 특별히 지지대가 필요한 면은 없지만 성형 도중에 자중에 의하여 스스로 붕괴하게 되는 경우
⑤ 기초 지지대로 성형 중 진동이나 충격이 가해졌을 경우 성형품의 이동이나 붕괴를 방지하기 위한 지지대
⑥ 성형플랫폼에 처음으로 만들어지는 구조물로서 성형 중에는 플랫폼에 대한 강한 접착력을 제공하고, 성형 후에는 부품의 손상 없이 플랫폼에 분리하기 위한 지지대

4. 지지대의 제거

3D 프린터는 적층성형 방식이므로 표면에 레이어가 남아 후가공이 필요하다. 사용자가 어떤 목적으로 사용할지에 따라 후가공은 3D 프린팅하는 것 못지않게 중요하다. SLA의 경우 광경화성 수지를 사용하기 때문에 모델 재료와 지지대 재료가 같고, 가는 기둥형으로 쉽게 떨어지게 되어있다. 지지대는 자동 생성되지만 사용자가 원한다면 소프트웨어를 통하여 지지대 생성을 하지 않을 수도 있다. SLS 방식과 같은 적층기술은 따로 지지대를 사용하지 않기 때문에 파우더만 털어주면 출력물을 얻을 수 있다.
SLA 방식 등 비수용성 지지대를 제거할 때는 손으로 직접 제거보다는 헤라, 니퍼 등의 공구를 사용하며, 지지대를 제거한 표면이 거칠거나 손상이 갈 수 있으므로 주의가 필요하다.

2 출력보조물 선정

1. 지지대 설정

(1) Infill

infill은 내부 채우기 정도를 뜻하는 것으로 0~100%까지 채우기가 가능하다. 하지만 채우기 정도가 높아질수록 출력 시간이 오래 소모되며 출력물의 무게가 무거운 단점이 있다.

※ 3 Infill 옵션

(2) Support Type

① 전체 지지대

형상물 전체에 지지대를 설정해주는 방식으로 시간이 오래 소모되지만 형상물의 모양을 최대한 유지시켜 출력한다. 하지만 지지대를 제거하는 데 어려움이 있어 출력물의 품질을 기대하기 어렵다.

② 부분 지지대

지지대를 필요로 하는 부분을 슬라이서 프로그램이 자동으로 설정해주는 효율적인 방식이다.

③ 지지대 없음

지지대를 필요로 하지 않는 형상물을 출력할 때 사용한다.

Part 4 3D 프린터 SW 설정

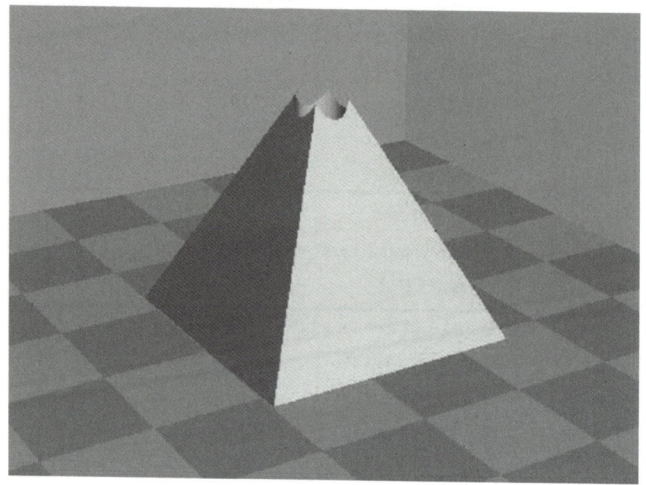

❋ 지지대를 필요로 하지 않는 형상물

3 슬라이서 프로그램 운용

1. 슬라이서 프로그램을 이용한 지지대 설정

(1) Support 메뉴

(2) Support 메뉴에서 Support type 설정

Support type에는 None(서포터 없음), Touching buildplate(부분 서포터), everywhere (전체 서포터)가 있다.

(3) Platform adhesion type 설정

none(없음), Brim(접지면 증량), Raft(3번의 과정을 통해 접지면 생성 후 모델 가공)

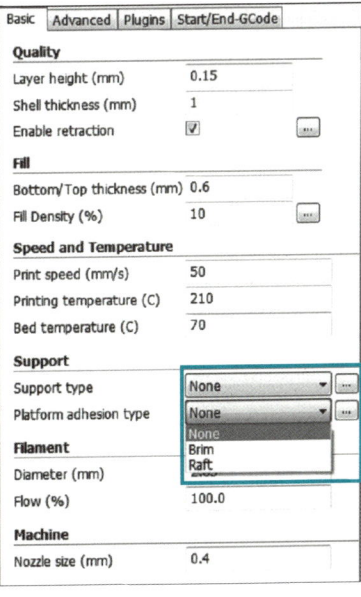

슬라이싱

1 제품의 형상 분석

1. 형상 설계

형상을 분석하기 위해서는 우선 3D 설계 프로그램으로 사용자의 생각이나 디자인을 3차원 형상으로 설계가 필요하다. 이렇게 3D 설계 프로그램을 이용하여 3차원 형상물을 설계하는 것을 형상 설계라고 한다.

(1) 형상 설계를 할 때 고려해야 할 사항
① 형상을 설계할 때 사용자가 어떤 방식으로 설계함에 따라서 3D 프린팅 제품의 품질이 결정되기에 심사숙고하여 설계하여야 한다.
② 3D 프린터의 종류, 방식에 따라 나타나는 오차 및 제품의 치수 오류가 나타나기 때문에 설계를 하기 위해선 먼저 사용자가 3D 프린터에 대한 이해가 필요하다.

(2) 형상 설계 오류
3D 프린터 방식에 따른 특징이 모두 다르기 때문에 제품제작을 하고자 할 때 3D 프린터에 따른 형상 설계 오류를 고려해야 한다.
① 프린팅 방식에 따른 제품의 제작 오류
  ㉠ FDM 방식의 프린터는 최대 정밀도가 0.1mm 정도로 정밀도가 좋지 않아 정밀도보다 작은 치수를 표현하는 것은 불가능하다.
  ㉡ SLA 방식은 광경화 방식으로 최대 정밀도가 1~5㎛로 정밀하게 제품을 만들 수 있지만 광경화성 수지의 특징 및 성질을 이해하지 않고 제품의 형상 설계를 하면 제품의 뒤틀림 오차 등이 생길 수 있다.

(3) 베이스 면에 따른 제품 제작 특성

① 제품의 형상에 따라 어떤 면을 베이스로 선택함에 따라 제품의 특징 및 품질이 달라진다. 이는 3D 프린터가 가공하는 방향이 달라지기 때문이다.
② 3D 프린팅 기술은 층층이 적층하는 기술로서 아래의 층이 크고 위의 층이 작으면 별도의 지지대 및 가공 경로가 단순해지며, 제품을 제작할 때 가공 면과 치수 정밀도가 좋아진다.

2. 형상 분석

형상 분석은 제품의 품질을 향상시키기 위해 형상물을 분석하여 재배치하는 것을 뜻하며, 형상 분석에는 형상을 확대, 축소, 이동, 회전을 통하여 지지대 없이 성형되기 어려운 부분을 찾는 역할을 한다.

(1) 형상물의 회전

형상물 회전은 각 X, Y, Z축을 원하는 방향으로 회전하여 형상을 분석할 수 있다.

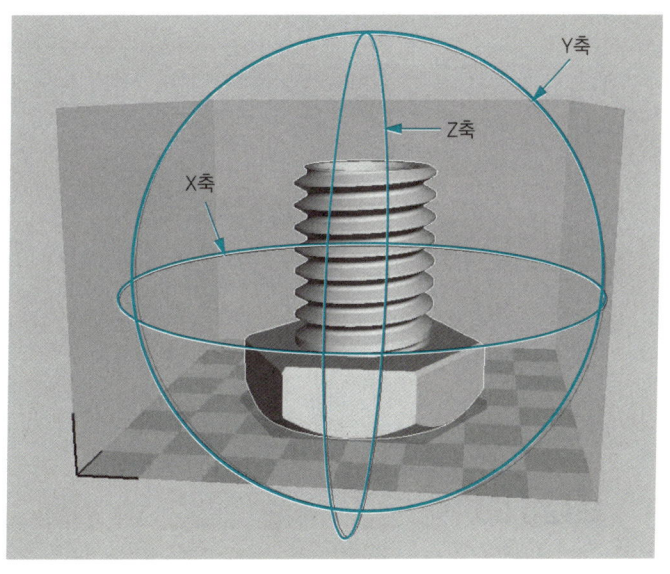

❋ 형상물 회전

(2) 형상물 확대

확대 및 축소기능의 역할은 설계한 형상물을 가까이서 자세하게 관찰하여 지지대 사용 없이 출력하기 어려운 부분을 찾아내는 것은 물론 출력 시 오류 부분을 찾는 데 쓰인다.

❋ 형상물을 확대한 그림

(3) 이동

물체의 앞, 뒤, 좌, 우로 이동하면서 전체적으로 형상물을 관찰하여 오류가 있는지 확인할 수 있다.

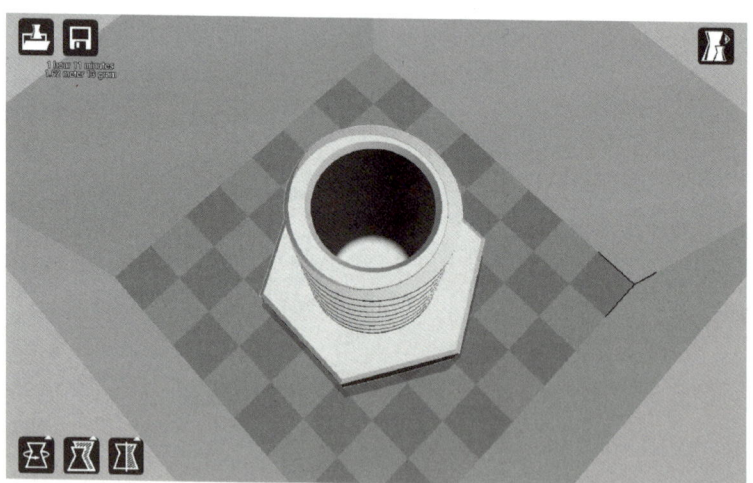

❋ 형상물을 이동한 그림

2 최적의 적층 값 설정

1. 적층 값

3D 프린터가 형상물을 출력하는 데 적층하는 수치를 뜻한다. 적층 값은 3D 프린터마다 각각 다르며, 적층 값이 높을수록 정밀도가 떨어진다. 따라서 적절한 적층 값의 범위를 파악하여 출력할 적층 값을 결정한다.

2. Surface 출력 두께

3D 프린팅을 이용하여 제품을 제작할 때 Surface의 두께가 두껍지 않으면 출력이 되지 않으므로 Surface의 두께는 0.5mm 이상되어야 한다.

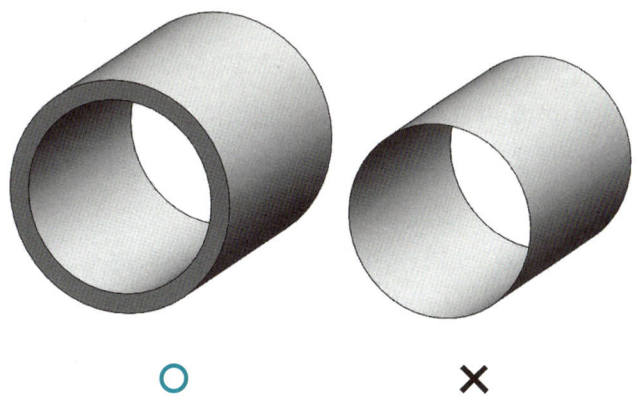

❋ Surface 출력 두께 예시

3. Model 면 Open 및 Close

3D 프린터에 3차원 구조물의 모델을 삽입할 시 3차원 모델링을 검토해야 한다. 3차원 모델의 면과 면 사이가 전부 막혀있지 않은 상태라면 출력이 되지 않고 오류 메시지가 표시된다.

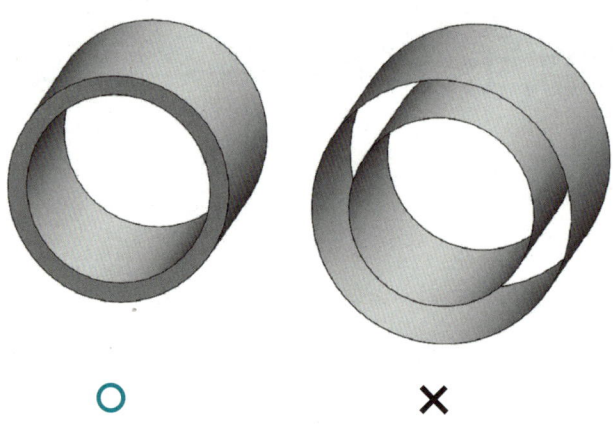

* Model 면 Open 및 Close 예시

4. 구조물 간의 간격

① 3D 프린터를 이용하여 한 개 이상의 출력물을 한 번에 출력할 때에는 구조물 간의 간격을 조정해 줘야 한다.
② 출력물이 접촉되어 있을 경우 구조물을 제작하기 어려워진다.
③ 모서리 부분이나 한쪽 면이 접촉이 되어 있을 경우 하나의 구조물로 제작이 된다.
④ 하나 이상의 출력물을 출력할 경우는 모델 사이에 0.1mm 이상의 공간을 두어야 한다.

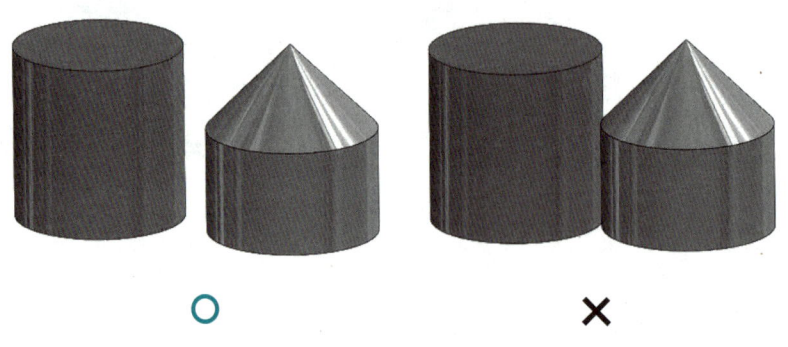

* 구조물 간의 간격 조정 예시

5. 모델의 재료 및 스케일

형상을 표현하는 제품은 제품의 쓰임과 목적에 따라 재료를 적절히 사용해야 하며, 모델의 채우기를 적절히 설정한 후 구조물을 제작하여야 한다. 또한 3차원 모델의 스케일을 조정하여 프린터의 재료 및 작동 시간을 조정할 수 있다.

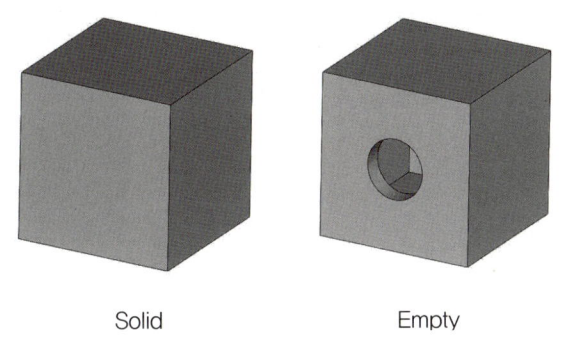

※ 모델 제작의 쓰임과 목적에 따른 재료 선택

6. 3D 프린터의 출력 범위

3D 구조물의 설계 및 출력 시 유의할 사항은 프린터 출력 범위에 맞게 구조물을 설계하여야한다. 출력 범위 및 구조물의 방향 등을 고려하지 않고 출력하면 구조물이 출력 범위를 벗어나 프린팅이 되지 않는다.

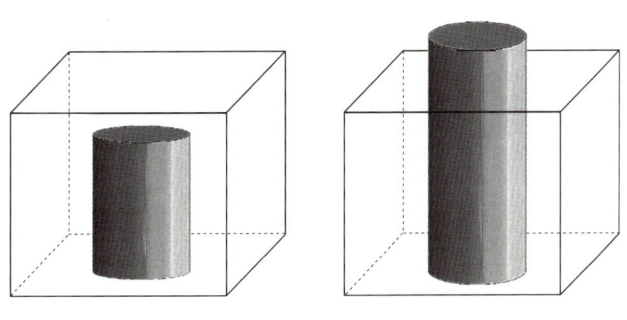

※ 3D 프린터 출력 범위

7. 구조물의 안정성

3차원 구조물을 제작할 때 무게중심을 고려하여 안정성 있는 설계를 하는 것이 중요하다. 이는 모델의 지지대 역할 또는 물체를 연결하는 부분의 안정성 때문이다. 모델의 지지대 및 연결 부위를 약하게 설계하면 휘어짐, 부서짐 등의 현상이 발생할 수 있다. 이렇게 힘이나 하중을 받는 부분을 설계할 시 안정적인 설계를 통해 구조물의 품질을 향상시킨다.

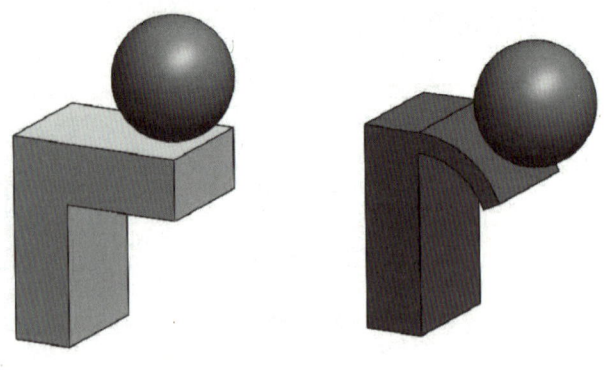

❋ 구조물의 안정성 예시

3 슬라이싱

1. 슬라이싱(Slicing)

3D 프린팅은 CAD 프로그램으로 모델링한 3차원적 형상물을 2차원적 단면으로 분해한 후 적층하여 다시 3차원적 형상물을 얻는 방식이다. 따라서 원하는 3차원 제품을 제작하기 위해서는 슬라이싱에 의한 2차원 단면 데이터 생성 시 절단된 윤곽의 경계 데이터가 연결된 폐루프를 이루도록 한 후 생성된 폐루프끼리 교차되지 않아야 한다.

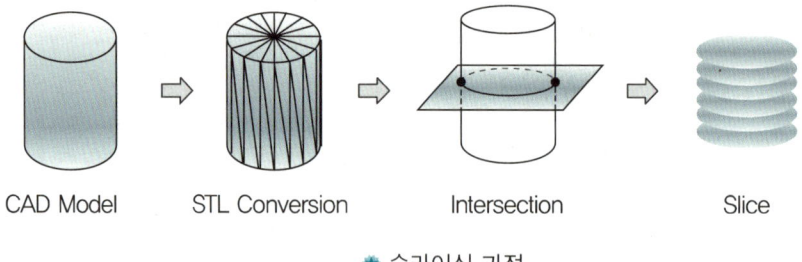

❋ 슬라이싱 과정

2. 슬라이서 프로그램 종류와 기능

(1) Cura

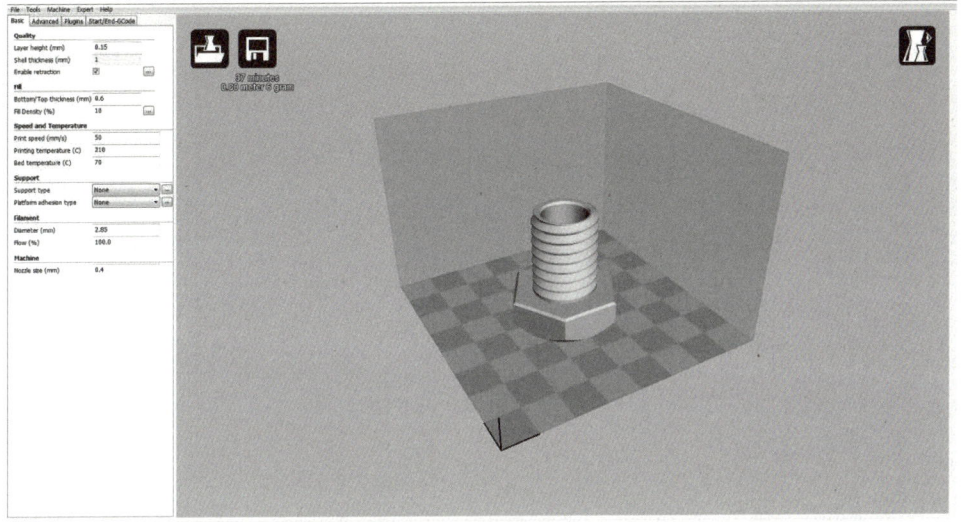

❋ Cura 슬라이서 프로그램

(1) 기본 메뉴

❋ 기본 메뉴

① File 메뉴

❋ File 메뉴

㉠ Load model file: 모델 불러오기
㉡ Save model: 모델 저장하기
㉢ Clear platform: 플랫폼 비우기
㉣ Print: 프린트 하기
㉤ Save GCode: 저장하기
㉥ Show slice engine log: 로그 보기
㉦ Open Profile: 설정한 값을 불러오는 기능
㉧ Save Profile: 현재 설정한 값을 저장하는 기능
㉨ Load Profile from GCode: GCode 설정 불러오기
㉩ Preferences: 환경 설정
㉪ Recent Model Files: 최근 모델 파일
㉫ Recent Profile Files: 최근 설정 파일
㉬ Quit: 종료

② Expert 메뉴

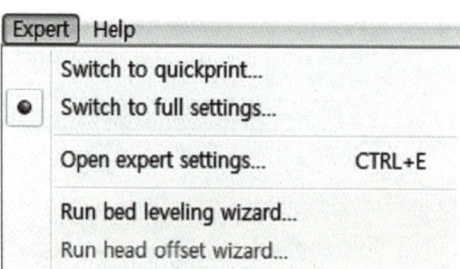

※ Expert 메뉴

㉠ Switch to quickprint: 빠른 셋팅 설정 모드
㉡ Switch to full settings: 전체 셋팅 설정 모드
㉢ Open expert settings: 확장 설정 파일 열기
㉣ Run bed leveling wizard: 베드 수평조절 마법사

(2) Open expert setting 주요기능

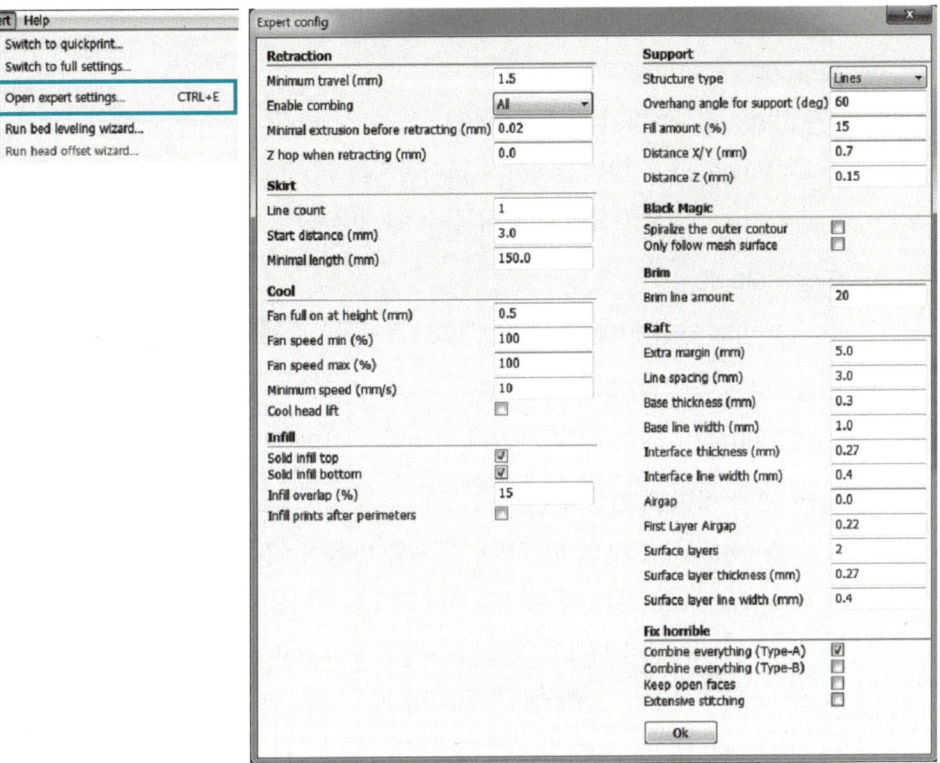

❋ Open expert setting 메뉴화면

① Retraction: 원료 배출을 철회하는 기능

　㉠ Minimum travel: retraction에 의하여 발생하는 노즐의 최소 이동 거리

　㉡ Enable combing: 모드를 켜면 노즐이 기존 출력한 위치로만 경로 이동

　㉢ Minimal extrusion before retracting: retraction하기 전 노즐에 원료가 흐르는 것을 방지하기 위하여 필라멘트를 조금만 이동시키는 거리

　㉣ Z hop when retracting: 리트렉션 후 노즐을 지정거리만큼 띄워서 이동

② Skirt: 원료 배출 상태 확인

　㉠ Line count: Skirt 개수를 설정하는 기능

　㉡ Start distance: 모델 외부로부터 떨어진 거리

　㉢ Minimal length: 원료가 배출상태를 확인하기 위하여 skirt가 그려지는 최소길이

③ Infill: 채움 정도 설정

　㉠ Solid infill top: 상단면의 자동으로 채움을 설정하는 기능

ⓒ Solid infill bottom: 하단면의 자동으로 채움을 설정기능

ⓒ Infill overlap: 채움 시 중첩량을 설정하는 기능

④ Support

㉠ Fill amount: 지지대 채움 정도

ⓒ Distance X/Y: 출력물에서 서포터까지의 거리(X, Y축)

ⓒ Distance Z: 출력물과 서포터 간의 거리(Z축)

⑤ Black Magic

㉠ Spiralize the outer contour: layer의 시작점에서 z축까지 지속적으로 변경

⑥ Brim: 모델 주위 보강대 생성

㉠ Brim line a mount: 끝자리에 사용되는 선의 양

⑦ Raft: 모델 하단부 기초 생성

㉠ Extra margin: 모델 하단부에 기초를 만들어주는 거리

ⓒ Line spacing: raft 맨 아래층 라인의 간격을 설정하는 옵션

ⓒ Base thickness: bed에 접착되는 하단면 layer의 두께

ⓔ Base line width: raft 맨 아래층 라인의 폭을 설정하는 옵션

ⓜ Interface thickness: bed에 접착되는 바닥면과 모델 경계면의 두께

ⓗ Interface line width: interface의 폭

(3) Basic 기능 파악

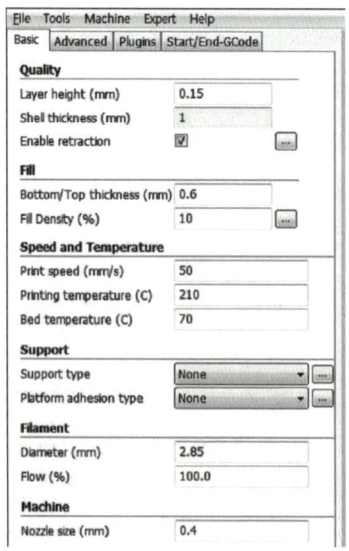

❋ Basic 메뉴

① Quality
  ㉠ Layer height: 적층 높이를 설정하는 기능으로 설정 값이 낮을수록 가공시간은 증가하며 품질은 향상된다.
  ㉡ Shell thickness : 적층하는 3D 모델의 외형을 구성하는 외벽의 두께를 지정하는 부분이다.

② Fill
  ㉠ Bottom/Top thickness: 하단면과 상단면을 닫을 때 다수의 층 레이어에 걸쳐서 닫는지를 결정하는 부분이다.
  ㉡ Fill Density: 0~100% 채우기가 가능하며 일반적으로 물체의 스케일이 클수록 10% 작게 채워 주는 게 강도를 형성하는 데 좋으나 채우기가 많을수록 가공 속도도 떨어지고 열변형이 심해진다.

③ Speed and Temperature
출력하는 속도를 조절할 수 있다. 출력 속도를 높일수록 모델을 출력하는 시간을 단축이 가능하나 적층의 균일성이 떨어진다.
  ㉠ Print speed: 스테핑 모터의 속도를 결정하는 부분이다. 40~60mm/s이 적당하며 80mm/s 이상은 품질이 좋지 않다.
  ㉡ Printing temperature: 노즐의 온도를 결정하는 부분으로서 PLA는 180도부터, ABS는 220도부터 녹기 시작하나, 너무 낮으면 노즐이 자주 막히는 상황이 발생한다. PLA는 200~220도, ABS는 230~260도 정도가 적절하다.
  ㉢ Bed temperature: 베드의 온도를 정한다.(베드의 온도는 외부 환경이나 기기의 크기에 따라서 달라진다.)

④ support
  ㉠ Support type: 각각 None(없음), Touching buildplate(부분 서포터), everywhere(전체 서포터)로 구성되어 있다.
  ㉡ Platform adhesion type: 출력물 구조체 모양을 결정하는 메뉴로서 none(없음), Brim(접지면 증량), Raft(접지면을 생성한 후 모델을 가공), 외부 환경에 상관없는 모델링은 none을 선택하고, 외부 환경에 영향을 미친다면 Raft를 사용한다.

(4) Advanced 전문 세팅

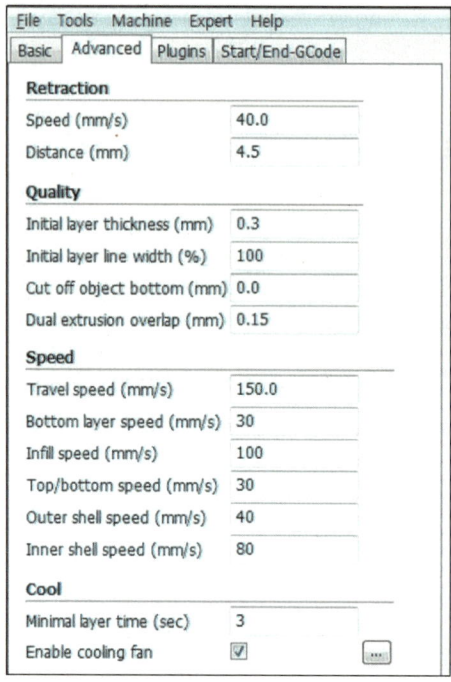

❋ Advanced 메뉴

① Retraction
  ㉠ Speed: 재료를 압출로 억제할 때의 속도
  ㉡ Distance: 필라멘트의 길이

② Quality
  ㉠ Initial layer thickness: 처음 레이어의 높이로 기본적층높이보다 책정 값을 낮게 하면 필라멘트가 배드에 넓게 퍼지면서 안착시킬 수 있게 된다.
  ㉡ Initial layer line width: 재료 압출량을 증가시키는 기능이다.
  ㉢ Cut off object bottom: 바닥면이 필요 없을 경우 바닥면을 없애는 기능이다.
  ㉣ Dual extrusion overlap: 2개 이상 노즐 간의 간격을 보정하는 기능이다.

③ Speed
  ㉠ Travel speed: 가공을 하지 않은 상황에서 이동할 때의 속도
  ㉡ Bottom layer speed: 처음 레이어 도포 시 가공 속도를 느리게 하여 재료의 안착을 돕는 기능
  ㉢ Infill speed: 내부 채우기 속도

ⓔ Outer shell speed: 바깥의 벽면을 생성하는 속도
　　ⓜ Innter shell speed: 벽면의 내부를 형성하는 속도
④ Cool
　　㉠ minimal layer time: 면적이 좁은 곳을 가공할 시 연속적으로 가공하는 것이 아니라 속도를 느리게 하여 충분히 식히고 이동하는 기능
　　㉡ Enable cooling fan: 냉각 팬 사용 유무

2. 메이커봇 데스크톱 소프트웨어

(1) 메뉴

① Explore

Expore는 탐색 메뉴로 Thingiverse 홈페이지랑 연동되어 Thingiverse 커뮤니티에서 디자인한 3D 모델링을 찾아볼 수 있다.

② Library

Libray 메뉴는 MakerBot Cloud Library와 연동되어 3D 모델 파일을 구성하며, Thingiverse에서 찾은 모델이나 메이커봇 디지털 스토어에서 구매한 모델을 액세스할 수 있는 메뉴이다.

③ Prepare

Prepare 메뉴는 준비하는 메뉴로서 3D 모델을 프린트 파일로 변환하는 역할을 한다. 3D 모델링한 파일을 Prepare 화면으로 불러오기 하여 가상 플랫폼 위에서 설정할 수 있다.

④ Store

Store 메뉴는 3D 모델링 파일을 구매할 수 있다.

⑤ Learn

Learn 메뉴는 파일 내보내기, 프린트 준비하기 등 메이커봇 데스크톱 소프트웨어에 대하여 학습 동영상을 제공하는 메뉴이다.

(2) 기본 화면 구성

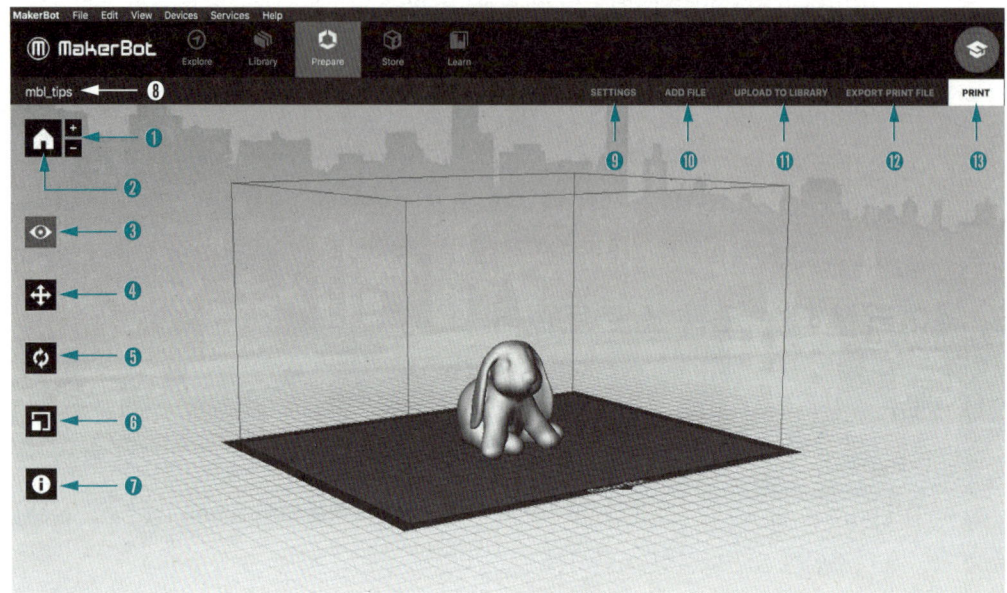

❋ 인터페이스

① +/−: 확대/축소할 수 있는 메뉴이며, 마우스 휠을 사용하여 확대/축소 가능하다.

② Home: 버튼을 클릭하면 플랫폼 기본 보기로 재설정된다.

③ View: 단축 키 V를 누르면 보기 모드로 전환되며, 마우스를 클릭한 상태에서 드래그하면 플랫폼을 회전시킬 수 있다. Shift 키를 누른 상태에서 마우스를 드래그하면 플랫폼이 상하좌우로 이동한다.

④ Move: 단축 키 M을 클릭하거나 아이콘을 클릭하면 이동 모드로 전환된다. 마우스로 클릭한 후 드래그하여 플랫폼 위에서 모델을 이동할 수 있으며, Shift 키를 누른 상태에서 마우스를 드래그하면 모델이 상하로 이동한다.

⑤ Change Rotation: 플랫폼 위에 놓인 형상물을 X, Y, Z축으로 위치를 변경할 수 있다.

⑥ Turn(회전): 단축 키 T 키를 누르면 회전 모드로 전환된다. 마우스로 드래그하여 Z축을 중심으로 모델을 회전시킬 수 있다.

⑦ Scale(배율): 단축 키 S 키를 누르면 배율 모드로 전환되며, 마우스로 끌어서 모델을 축소 및 확대가 가능하다.

⑧ 파일 이름: 파일 이름 표시줄은 현재 작업 중인 파일 이름을 보여준다.

⑨ SETTINGS: Settings을 클릭하면 설정 대화상자가 열리고 프린트 설정을 할 수 있다.

⑩ ADD FILE: Add File을 클릭하면 Open File 대화상자가 화면에 출력된다. STL, OBJ 파일이 있는 대화상자를 화면에 출력시켜 플랫폼에 모델을 추가할 파일을 선택한다.

⑪ UPLOAD TO LIBRARY: 파일을 저장할 수 있는 대화상자가 화면에 출력된다.

⑫ EXPORT PRINT FILE: 컴퓨터 또는 USB에 파일을 저장할 수 있다.
⑬ PRINT: Print를 클릭하면 프린트 파일이 연결된 메이커봇 3D 프린터로 전송된다. 메이커봇 데스크톱이 메이커봇 3D 프린터에 연결되어 있지 않은 경우 프린트 파일이 내보내기 된다.

3. SIMPLIFY3D

대표적인 유료 슬라이서 프로그램으로서 무료 슬라이서 프로그램보다 많은 기능을 지원한다. 사용자가 사용하는 데 편리하게 제작된 프로그램이다.

(1) SIMPLIFY3D 특징

① 지지 물질의 위치, 크기 및 각도를 사용자가 지정할 수 있다.
② 최적화된 듀얼 압출로서, 듀얼 컬러 부품을 제작할 수 있으며, 이중 압출 인쇄 작업의 설정을 간소화가 특징이다.
③ 멀티 파트 인쇄 기능으로 시간을 절약하여 효율성을 높이기 위하여 인쇄 부분을 여러 부분으로 나뉘어 인쇄할 수 있다.

(2) SIMPLIFY3D 출력 설정

3D 프린터를 출력하는 데 있어서 필요한 소재 설정, Layer 두께 설정을 다음 그림을 통하여 간단하게 설명함으로써 무료 슬라이서 프로그램과 차이점을 생각해보도록 하자.

① 소재 설정

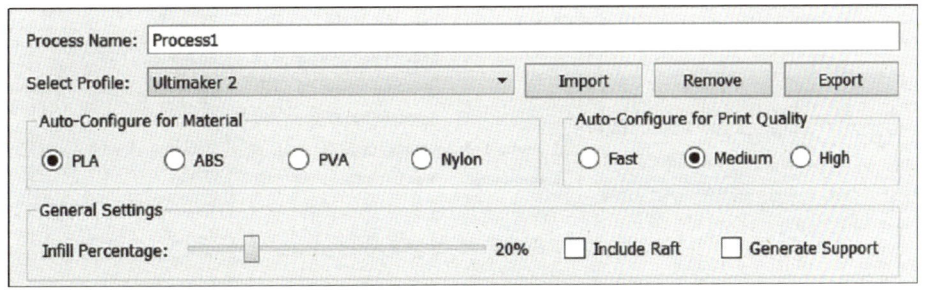

❋ SIMPLIFY3D 출력 설정 화면

SIMPLIFY3D 출력 설정 화면으로 그림에서 보면 Auto-configure for Material 메뉴에서 4가지 소재(PLA, ABS, PVA, Nylon)를 설정할 수 있다.

② Layer 두께 설정

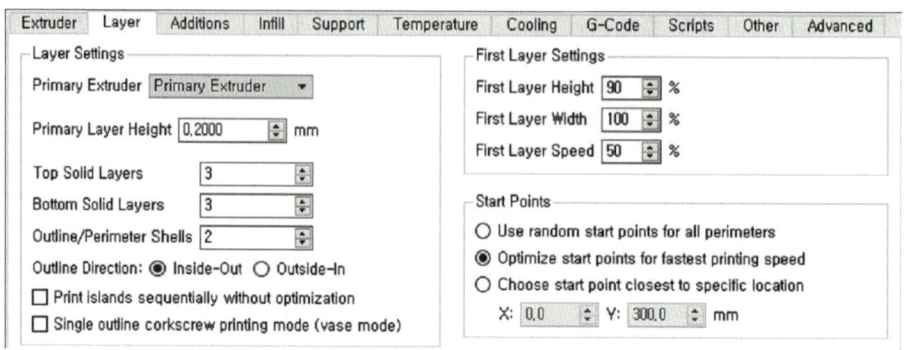

✱ Layer 두께 설정

㉠ 레이어 두께는 한 층의 두께로서, 물체의 품질을 좌우하는 중요한 요소이기에 신중히 설정해야 한다.
㉡ Layer 두께가 얇을수록 높은 품질의 출력물을 출력하지만 시간이 많이 소모된다.

(2) SIMPLIFY3D 고급 출력 설정의 Extruder 메뉴

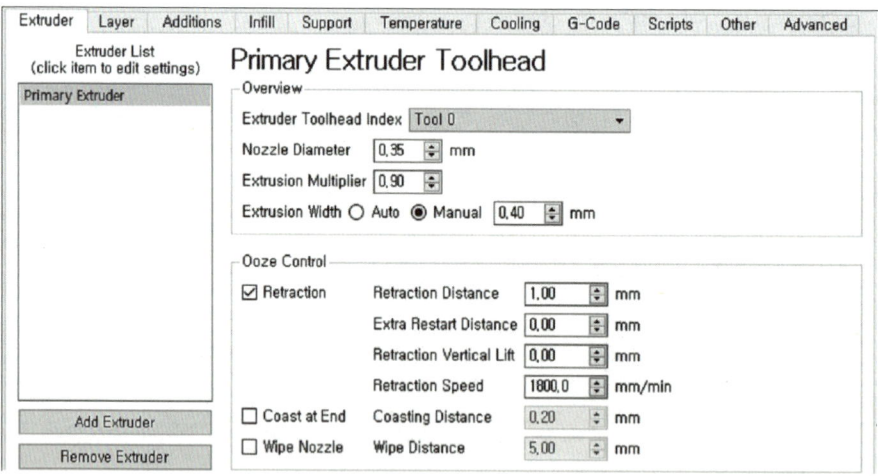

✱ 고급 출력 설정에서 Extruder 설정 화면

① Extrusion Multiplier

출력하는 데 있어서 압출되는 필라멘트의 양을 설정하는 기능이다. Skirt, Support, Raft, Infill 등 파트의 출력에 적용된다.

② Extrusion Width

형상을 슬라이싱하는 과정에 형상물의 최소 두께 수치를 나타내는 메뉴이다. 0.48mm 이상의 두께를 가진 물체만 출력이 가능하여 그 이하로 설정할시 인식이 되지 않는다.

③ Retraction Distance

Retraction 기능을 실행할 경우 거리를 조절하는 메뉴이다.

 Retraction은 Layer를 출력 후 다음 Layer로 이동할 시 노즐에서 필라멘트가 토출되는 것을 방지하고자 노즐 내부에서 필라멘트를 고정시켜 놓는 기능이다.

④ Extra Restart Distance

Retraction 후 다음 필라멘트를 압출하는 과정에서 필라멘트를 잡아당겨 고정시킨 만큼 다시 압출하게 하는 메뉴이다.

⑤ Retraction Vertical Lift

Retraction을 할 때 노즐이 기존 출력물에 닿지 않게 하는 기능이다.

⑥ Coast at End

Layer 출력이 끝난 후 노즐이 도달하기 전에 입력한 수치의 거리만큼 필라멘트의 압출을 줄이는 기능이다.

⑦ Wipe Nozzle

Layer 출력이 끝난 후 노즐에서 Retraction 발생하였을 때 필라멘트가 노즐에 남아있는 경우 노즐 끝에 남아있는 필라멘트를 지나온 자리에 다시 토출하게 하는 기능이다.

(3) SIMPLIFY3D 고급 출력 설정의 Layer 메뉴

※ 고급 출력 설정에서 Layer 설정 화면

① Primary Extruder

3D 프린터 출력할 때 필요한 노즐을 설정하는 메뉴이다.

② Primary Layer Height

Layer 두께를 설정하는 메뉴이다.

③ Top Solid Layers

상단면 채우기에 따라 개수를 설정하는 메뉴이다.

④ Bottom Solid Layers

하단면 채우기에 따라 개수를 설정하는 메뉴이다.

⑤ Outline/Perimeter Shells

외벽의 두께를 설정하는 메뉴이다.

⑥ Outline Direction: Inside-Out

3D 프린터로 출력할 때 외벽 그리는 순서를 안쪽 외벽부터 그린 후 바깥쪽 외벽으로 그리는 순서로 설정하는 메뉴이다.

⑦ Outline Direction: Outside-In

3D 프린터로 출력할 때 외벽 그리는 순서를 바깥쪽 외벽부터 그린 후 안쪽 외벽으로 그리는 순서로 설정하는 메뉴이다.

⑧ Print islands sequentially without optimization

기본적으로 3D 프린터는 시간 절약을 기준으로 출력 순서가 정해져 있지만, 시간 절약 기준의 적층 방식을 취소하고 1번, 2번, 3번순으로 출력물을 적층하게 설정해주는 메뉴이다.

⑨ First Layer Height

첫 번째 Layer의 두께를 설정하는 메뉴이다.

⑩ First Layer Width

첫 번째 Layer 압출량을 설정하는 메뉴이다.

⑪ First Layer Speed

첫 번째 Layer 출력 속도를 기본 설정된 출력 속도보다 천천히 출력하게 해주는 메뉴이다.

⑫ Use random start points for all perimeters

Layer 출력 시작점을 임의로 설정하는 메뉴이다.

⑬ Optimize start points for fastest printing speed

한 지점의 레이어 출력이 완료되면 노즐이 다음 지점으로 이동할 때, 가장 가까운 지점을 찾아 출력을 진행 시켜주는 메뉴이다.

⑭ Choose start points closest to specific location

Layer 출력 시 시작점을 지정한 위치로 고정시켜주는 메뉴이다.

(4) SIMPLIFY3D 고급 출력 설정의 Infill 메뉴

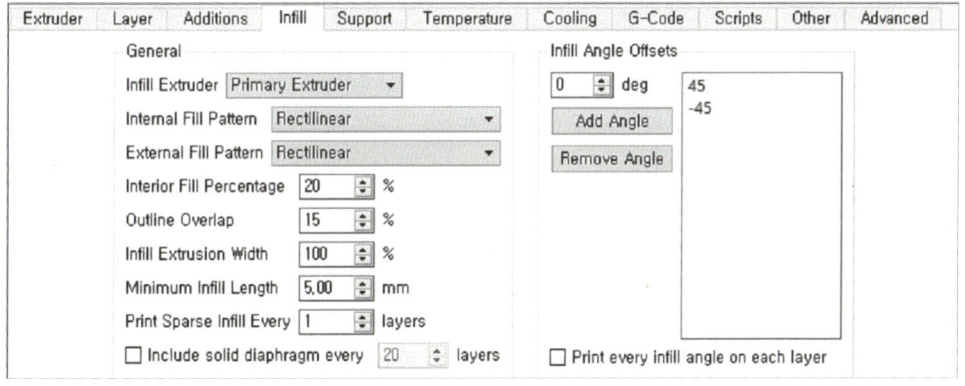

❋ 고급 출력 설정에서 Infill 설정 화면

① Infill Extruder

채움 압출기 선택 메뉴이다.

② Internal Fill Pattern

모델 내부의 채우기 패턴을 결정하는 메뉴이다.

③ External Fill Pattern

모델 외부 표면에 사용되는 패턴을 결정하는 메뉴이다.

④ Interior Fill Percentage

모델 내부의 단단함을 결정하는 메뉴이다.

⑤ Outline Overlap

내부를 채우는 필라멘트가 외벽과의 겹침 정도를 설정하는 메뉴이다.

⑥ Infill Extrusion Width

내부를 채워주는 필라멘트 두께를 설정하는 메뉴이다.

⑦ Minimum Infill Length

설정한 값 이상의 공간에만 채우기를 진행하도록 설정하는 메뉴이다.

⑧ Print Sparse Infill Every

채움 레이어 간격을 결정하는 메뉴이다.

⑨ Include solid diaphragm every

구조적 무결성을 향상시키기 위해 설정값에 따른 솔리드 레이어를 출력하는 메뉴이다.

⑩ Infill Angles Offsets

채우기 각도를 설정하는 메뉴이다.

(5) SIMPLIFY3D 고급 출력 설정의 Support 메뉴이다.

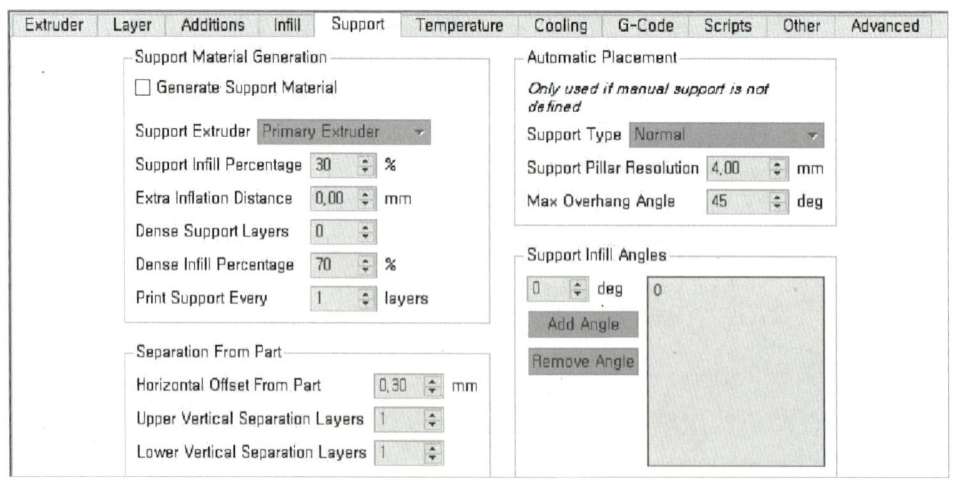

❋ 고급 출력 설정에서 Support 설정 화면

① Support Infill Percentage
지지대의 내부 채우기를 설정하는 메뉴이다.

② Extra Inflation Distance
물체의 바깥 외벽에 추가 지지대를 생성하도록 설정하는 메뉴이다.

③ Dense Support Layers
지지대의 닿는 부분의 밀도를 설정하는 메뉴이다.

④ Dense Infill Percentage
물체의 닿는 부분의 지지대 채우기 정도를 설정하는 메뉴이다.

⑤ Print Support Every __ Layers
몇 Layer 구간마다 지지대를 출력할지를 설정하는 메뉴이다.

⑦ Horizontal Offset From Part
형상물과 지지대가 닿는 거리를 설정하는 메뉴이다.

⑧ Support Pillar Resolution
지지대의 두께를 설정하는 메뉴이다.

⑨ Max Overhang Angle
지지대의 각도를 설정하는 메뉴이다.

Chapter 03 G코드 생성

1 슬라이싱 상태 파악

1. 가상적층

3D 프린터에서는 재료를 적층하기 전에 슬라이싱 소프트웨어를 통해 출력될 모델을 볼 수 있다. 가상적층을 통해 서포터 종류와 출력물과 플랫폼 사이에 브림이나 라프트 등의 모양을 미리 알 수 있기 때문에 출력 후 원하는 모델 형상이 나오지 않아서 재출력할 일이 줄어든다.

2. 가상적층 보는 법

(1) 경로

그림의 파랑색 선은 3D 프린터의 헤드가 움직이는 경로를 나타낸다.

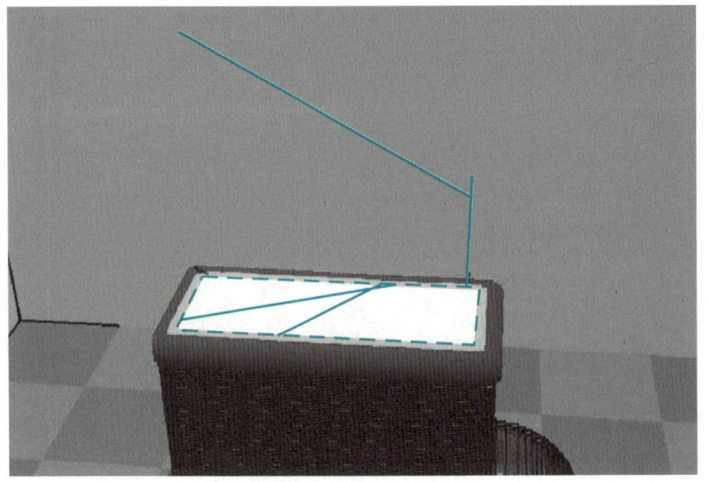

❊ 경로를 나타내는 파란선

(2) 서포터

그림의 표시된 부분은 서포터를 나타낸다.

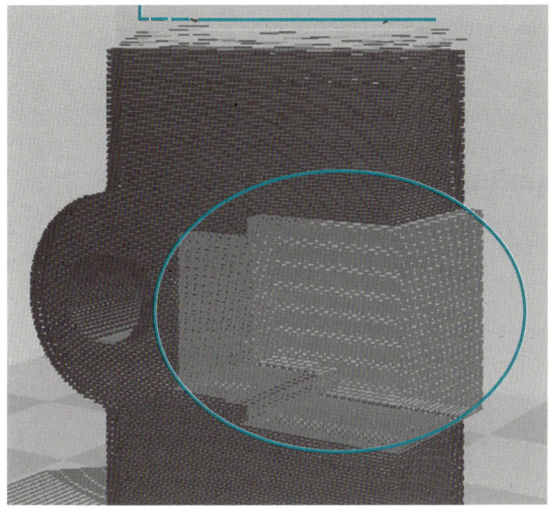

❈ 서포터를 나타내는 형상

(3) 플랫폼

바닥에 넓게 깔린 형상은 라프트와 브림을 나타낸다.

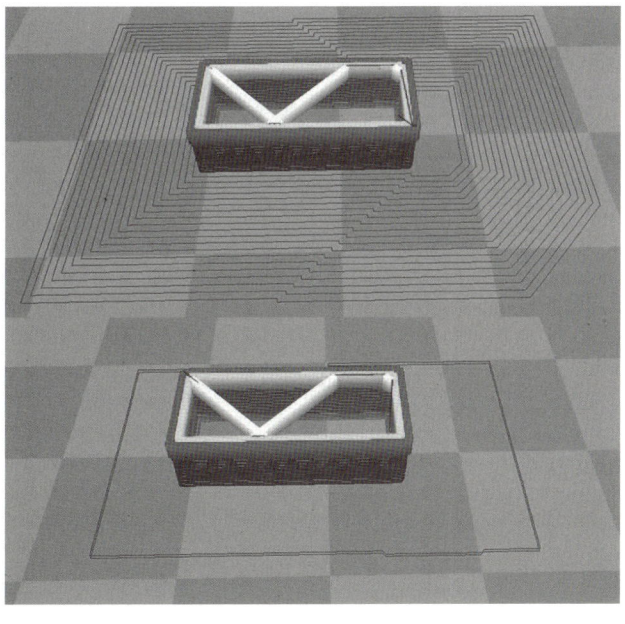

❈ Brim과 Raft를 나타내는 바닥 형상

2 슬라이서 프로그램 운용

옵션 설정

1. Quality

(1) Layer height(mm)

Layer height는 3D 프린터가 출력할 때 한 층의 높이를 설정하는 옵션이다. 3D 프린터의 최대 높이와 최저 높이 사이의 값으로 설정하면 되고, 높이가 낮을수록 출력물의 품질이 좋아진다.

(2) Shell thickness(mm)

Shell thickness는 출력물의 두께를 설정하는 옵션이다. 내부를 가득 채울 것이라면 설정할 필요가 없지만 내부의 채우기를 적게 했을 때 출력물을 단단하게 하고 싶다면 Shell thickness 옵션 값을 높여서 두께를 두껍게 하면 된다.

(3) Enable retraction

서로 떨어져 있는 모델을 출력할 때는 헤드가 모델 사이를 이동하게 된다. 이때 모델과 모델 사이의 떨어져 있는 부분에 헤드에서 녹아 나온 필라멘트가 실처럼 생기게 되는데 Enable retraction은 이런 필라멘트를 줄여준다.

2. Fill

(1) Borrom/Top thickness(mm)

출력물의 위/아래의 두께를 늘려주는 기능이다.

(2) Fill Density(%)

출력물 속을 채우는 기능으로서 100%로 출력하면 출력하는 데 시간이 많이 걸리지만 단단하게 출력된다. 하지만 너무 채우지 않으면 출력물이 약해지므로 쉽게 파손될 수도 있다.

3. Speed and Temperature

(1) Print speed(mm/s)

프린트하는 속도를 조절하는 옵션이다. 속도를 빠르게 할수록 품질은 저하된다.

3 G코드 생성

1. G코드

가공 경로를 생성하고 나면 이제 3D 프린터의 각종 모터와 부속 기구를 직접 움직이기 위한 CAM 정보를 생성한다. 대부분의 경우 가공 파일은 NC 가공 기계에서 사용하는 G-code와 유사하며, 일부 G-code로 출력되는 경우도 있다. G-code에서 지령의 한 줄을 블록(Block)이라 한다. 블록의 해석에서 주석이 먼저 제거된다. 주석은 기계에 대한 직접적인 명령은 없으나 사용자가 코드를 읽기 쉽도록 해석해 주는 문장으로 세미콜론 ';'과 괄호 '( )'가 사용된다.
세미콜론은 해당 블록에서 이 기호 이후의 모든 문자가 주석임을 뜻한다. 괄호는 괄호를 포함한 괄호 내의 모든 문자가 주석임을 뜻한다. 어드레스는 준비기능 'G', 보조기능 'M', 기타 기능으로 'F', 'S', 'T' 그리고 좌표어로 'X', 'Y', 'Z', 'I', 'J', 'K', 'A', 'B', 'C', 'D', 'E', 'R', 'C', 'P' 등이 있다. 데이터는 숫자인데, 정수 또는 실수가 사용된다. 정수와 실수를 동시에 주는 경우 소수점의 유무에 따라 단위가 달라진다.

2. G코드 일람표

코드	그룹	기능	용도
G00	01	위치결정	공구의 급속 이송
G01		직선 보간	직선 가공
G02		원호 보간	시계 방향으로 원호 가공
G03		원호 보간	반시계 방향으로 원호 가공
G04	00	드웰	지령 시간 동안 절삭 이송 일시정지
G09		정위치 정지	블록 종점에서 정위치 정지
G10		데이터 설정	데이터 등록

Part 4 3D 프린터 SW 설정

코드	그룹	기능	용도
G11		데이터 설정 취소	데이터 입력 취소
G15	17	극좌표 지령 취소	G16 기능 취소
G16		극좌표 지령	각도 값의 극좌표 지령
G17	02	평면 지정	X-Y 평면 지정
G18		평면 지정	Z-X 평면 지정
G19		평면 지정	Y-Z 평면 지정
G20	06	Inch 데이터 입력	좌표값 단위를 Inch로 지정
G21		mm 데이터 입력	좌표값 단위를 mm로 지정
G22	09	행정제한 영역 설정	안전을 위해 일정 영역 침입 금지
G23		행정제한 영역 off	G22 기능 취소
G27	00	원점 복귀 점검	기계 원점으로 복귀 후 점검
G28		자동 원점 복귀	기계 원점으로 복귀
G30		제2 원점 복귀	제2 원점 복귀(공구 교환점)
G31		Skip 기능	블록의 가공 도중 다음 블록 실행
G33	01	나사가공	헬리컬 절삭으로 나사 가공
G37	00	자동 공구 길이 측정	자동으로 공구의 길이를 측정
G40	07	공구경 보정 취소	공구경 보정 해제
G41		공구경 좌측 보정	좌측 방향으로 공구 진행 방향 보정
G42		공구경 우측 보정	우측 방향으로 공구 진행 방향 보정
G43	08	공구 길이 보정 +	공구 길이 보정이 Z축 방향으로 +
G44		공구 길이 보정 -	공구 길이 보정이 Z축 방향으로 -
G45	00	공구 위치 오프셋 신장	이동 지령을 정량만큼 신장
G46		공구 위치 오프셋 축소	이동 지령을 정량만큼 축소
G47		공구 위치 2배 신장	이동 지령을 정량의 2배 신장
G48		공구 위치 2배 축소	이동 지령을 정량의 2배 축소
G49	08	공구 길이 보정 취소	공구 길이 보정 모드 취소
G50	11	스케일링 취소	크기 확대, 축소
G51		스케일링	스케일링 및 미러 이미지 지령
G52	00	로컬 좌표계 설정	절대 좌표계에서 다른 좌표계 설정
G53		기계 좌표계 설정	기계 원점을 기준으로 좌표계 설정
G54	14	공작물 좌표계 1 선택	원점으로 공작물 기준을 설정하여 좌표계를 6개까지 설정 가능
G55		공작물 좌표계 2 선택	
G56		공작물 좌표계 3 선택	
G57		공작물 좌표계 4 선택	

코드	그룹	기능	용도
G58		공작물 좌표계 5 선택	
G59		공작물 좌표계 6 선택	
G60	00	한 방향 위치 결정	공정밀도 위한 한 방향 위치 결정
G61		정위치 정지 모드	정위치에 정지 확인 후 다음 가공
G62	15	자동 코너 오버라이드	공구 원주부의 이송도 차이 보정
G63		tapping 모드	이송속도 고정, tapping가공
G64		연속 절삭 모드	연결된 교점 부분을 가공
G65	00	매크로 호출	지령된 블록에서 단순 호출
G66	12	매크로 모달 호출	각 블록에서 호출
G67		매크로 모달 취소	매크로 해제
G68	16	좌표 회전	기울어진 형상 회전
G69		좌표 회전 취소	좌표 회전 취소
G73		고속 심공 드릴 사이클	고속 드릴링 사이클
G74		왼나사 태핑 사이클	왼나사 가공
G76		정밀 보링 사이클	공구 바닥에서 공구 시프트하는 사이클
G80		고정 사이클 취소	고정 사이클 해제
G81		드릴링 사이클	드릴 또는 센터드릴 가공 사이클
G82		카운터 보링 사이클	구멍바닥에서 공구 시프트하는 사이클
G83	09	심공 드릴 사이클	가공 고정 사이클
G84		태핑 사이클	탭 나사 가공 고정 사이클
G85		보링 사이클	절입 및 복귀 시 왕복 절삭 가능
G86		보링 사이클	황삭 보링 작업용 고정 사이클
G87		백 보링 사이클	구멍 바닥면 보링 시 사용
G88		보링 사이클	수동 이송이 가능한 보링 사이클
G89		보링 사이클	구멍이 난 바닥에서 드웰을 하는 사이클
G90	03	절대 지령	절대 지령 선택
G91		증분 지령	증분 지령 선택
G92	00	좌표 설정	공작물 좌표계 설정
G94	05	분당 이송	1분 동안 공구 이송량 지정
G95		회전당 이송	회전당 공구 이송량 지정
G96	13	주속 일정 제어	공구와 공작물의 운동속도를 일정하게 제어
G97		주축 회전수 일정 제어	분당 RPM 일정
G98	10	고정 사이클 초기점 복귀	종료 후 초기점으로 복귀
G99		고정 사이클 R점 복귀	종료 후 R점으로 복귀

3. 준비기능 G코드

① 준비기능(G: Preparation function)은 로마자 G 다음에 2자리 숫자(G00~G99)를 붙여 지령한다.
② 제어장치의 기능을 동작하기 전 준비하는 기능으로 준비기능(G코드)이라 부른다.
③ 준비기능들은 17개의 모달그룹(Modal group)으로 분류되어 있다.

(1) 원샷(One-shot) 명령

① 0번으로 분류된 명령들은 한 번만 유효한 원샷(One-shot) 명령이다.
② 원샷 명령은 이후의 코드에 영향을 미치지 않는 것으로 좌표계의 설정이나 기계원점으로의 복귀 등 주로 기계 장치의 초기 설정에 관한 것이다.
③ 1번부터의 모달(Modal) 그룹의 명령은 같은 그룹의 명령이 다시 실행되지 않는 한 지속적으로 유효하다

4. 좌표 지령 방법

좌표어에서 좌표를 지령의 방법에는 절대(Absolute) 지령과 증분(Incremental) 지령이 있다. 절대 지령은 "G90"을 사용하며, 증분 지령은 "G91"을 사용한다.

(1) 절대 지령

① 좌표를 지정된 원점으로부터의 거리로 나타내는 방식이다.
② 좌표 값으로 부터 현재 가공할 위치가 어디인지 알 수 있어 코드를 읽기 쉽다.

(2) 증분 지령

① 현재 헤드가 있는 위치를 기준으로 해당 축 방향으로의 이동량으로 위치를 나타낸다.
② 기계의 이동량을 나타내게 되어 기계가 해석하기에는 유리한 방식이지만, 코드를 보고 현재 어느 위치인지 알기가 어려운 단점이 있다.

5. 헤드 이송 명령(보간 기능)

(1) G00

급속 이송으로 설정된 장비 이송의 최대 속도로 첨가 가공 없이 헤드를 이동시키는 명령이다. 이 명령은 현 위치에서 X축, Y축, Z축 등의 좌표어로 주어진 목표 위치까지 이송하는 것을 목표로 하는데, 여러 축이 동시에 이동할 경우에는 장치나 설정에 따라 직선으로 이동할 수도 있지만 각 축별 최대이송 속도로 축별 이송 거리만큼 이동하여 직선이 아닌 여러 마디의 굽은 선으로 이송될 수도 있다.

(2) G01

'F' 어드레스로 설정된 이송 속도에 따라 'X', 'Y', 'Z', 'E' 등의 좌표어로 주어지는 위치까지 소재를 첨가하면서 직선으로 이동한다. 이 명령은 여러 축이 움직여도 항상 직선의 경로로 이동하도록 한다. 또한 경로상에서의 이송 속도는 설정에 따라 계단, 램프, S자의 속도 분포를 갖는다.

6. 기타 준비기능

(1) G04

기계가 특정 시간 동안 대기해야 할 경우 사용한다. 대기지령은 동일한 블록에 'X'나 'P'로 대기 시간을 지정해야 한다.

(2) G28

원점 복귀를 위한 명령이다. 대부분의 프린터는 G-code를 직접 입력하는 것이 아니라 장치의 운용기능으로 원점복귀를 할 수 있도록 설계되어 있다. 또한 대분의 경우 급속 이송으로 기계 원점까지 자동 복귀한다.

(3) G92

공작물좌표계(Workpiece coordinate)를 설정하는 명령이다. 해당 블록에 존재하는 좌표어의 좌표를 주어진 데이터로 설정해 준다.

7. M코드

M코드는 기계를 제어 및 조정해 주는 보조 기능의 코드이며, 프로그램을 제어하거나 기계의 보조 장치들을 ON/OFF 해주는 역할을 한다.

(1) 3D 프린팅에서 자주 사용되는 M코드 명령어

- M00: 3D 프린터의 동작을 정지한다.
- M01: 3D 프린터의 옵션 정지 기능이다.
- M02: 3D 프린터의 프로그램 종료 기능이다.
- M17: 스테핑 모터를 활성화(전원 공급)한다.
- M18: 스테핑 모터를 비활성화(전원 차단)한다.
- M73: 장치의 제작 진행률 표시창에 현재까지 제작이 진행된 정도를 백분율로 표시하는 기능이다.
- M101: 압출기 전원을 켠다.
- M102: 압출기 전원을 끈다.
- M103: 압출기 전원을 끄고, 후진한다.
- M104: 헤드의 온도를 지정하는 명령이다.
- M106: 냉각 팬의 전원을 켜고, 작동시킨다.
- M107: 냉각 팬의 전원을 끄고 작동을 정지시킨다.
- M109: ME 방식의 헤드에서 소재를 녹이는 열선의 온도를 지정하고, 해당 조건에 도달할 때까지 가열 혹은 냉각을 하면서 대기하는 명령이다.
- M126: 헤드에 부착된 부가 장치를 켠다.
- M127: 헤드에 부착된 부가 장치를 끈다.
- M133: 특정 헤드를 M109로 설정한 온도로 다시 가열하도록 하는 기능이다.
- M135: 헤드의 온도 조작을 위한 PID 제어의 온도 측정 및 출력 값 설정 시간 간격을 지정하는 명령이다.
- M190: 조형을 하는 플랫폼을 가열하는 기능이다.

▶ 출제 예상문제

1. 슬라이서 소프트웨어 설정 중 내부 채우기의 정도를 뜻하는 것으로 0~100%까지 채우기가 가능하며, 채우기 정도가 높아질수록 출력 시간이 오래 걸리는 단점이 있는 것은?
   ① Infill
   ② Raft
   ③ Support
   ④ Resolution

   해설 출력물의 내부 채우기 값은 Infill 값으로 정해진다.

2. 다음 설명에 해당하는 코드는?

   - 기계를 제어 및 조정해 주는 코드
   - 보조 기능의 코드
   - 프로그램을 제어하거나 기계의 보조 장치들을 ON/OFF해주는 역할

   ① G코드
   ② M코드
   ③ C코드
   ④ QR코드

   해설 M코드는 기계를 제어 및 조정해주는 보조 기능의 코드이며, 프로그램을 제어하거나 기계의 보조 장치들을 ON/OFF해주는 역할이다.

3. 노즐에서 재료를 토출하면서 가로 100mm, 세로 200mm 위치로 이동하라는 G코드 명령어에 해당하는 것은?
   ① G1 X100 Y200
   ② G0 X100 Y200
   ③ G1 A100 B200
   ④ G2 X100 Y200

   해설 G코드에 대한 문제로 G1은 지정된 위치로 이동시키는 명령어이다.

4. 다음 중 3D 프린터 출력물의 외형 강도에 가장 크게 영향을 미치는 설정값은?
   ① Raft
   ② Brim
   ③ Speed
   ④ Number of shells

   해설 출력물의 Shell이 두꺼우면 강도가 높아진다. 보조적으로 Infill 값을 이용할 수 있다.

5. FDM 방식 3D 프린터를 사용하여 한 변의 길이가 50mm인 정육면체 형상을 출력하기 위해 한 층의 높이 값을 0.25mm로 설정하여 슬라이싱하였다. 이때 생성된 전체 layer의 층수는?
   ① 40개
   ② 80개
   ③ 120개
   ④ 200개

   해설 0.25mm Later Height는 1mm를 4분할 한 것이므로, 50mm 높이는 50×4=200, 즉 Later는 200개가 생성된다.

6. 3D 모델링을 다음 그림과 같이 배치하여 출력할 때 안정적인 출력을 위해 가장 기본적으로 필요한 것은? (단, FDM 방식 3D 프린터에서 출력한다고 가정한다.)

   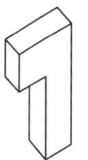

   ① 서포터
   ② 브림
   ③ 루프
   ④ 스커트

   해설 제품 출력 시 적층 바닥과 제품이 떨어져 있는 모델의 경우 이를 보조해주는 지지대가 필요한데 이를 형상 보조물, 서포터라고 한다.

Part 4 3D 프린터 SW 설정

7. G코드 중에서 홈(원점)으로 이동하는 명령어는?
① G28   ② G92
③ M106 ④ M133

> 해설
> | G28 | 출력부를 자동 원점 인식 위치로 이동 |
> | --- | --- |
> | G92 | 공작물의 좌표계를 설정 |
> | M106 | 냉각 팬의 전원을 켜고, 작동시킨다. |
> | M133 | 특정 헤드를 M109로 설정한 온도로 다시 가열하도록 하는 기능 |
> | M109 | ME 방식의 헤드에서 소재를 녹이는 열선의 온도를 지정하며, 해당 조건에 도달할 때까지 가열 혹은 냉각을 하면서 대기하는 명령어 |

8. 출력 보조물인 지지대(Support)에 대한 효과로 볼 수 없는 것은?
① 출력 오차를 줄일 수 있다.
② 지지대를 많이 사용할 시 후가공 시간이 단축된다.
③ 지지대는 출력물의 수축에 의한 뒤틀림이나 변형을 방지할 수 있다.
④ 진동이나 충격이 가해졌을 때 출력물의 이동이나 붕괴를 방지할 수 있다.

> 해설 지지대(Support)가 많아지면 후가공 시간이 늘어난다.

9. M코드 중에서 3D 프린터의 동작을 정지하는 명령어는?
① M00   ② M01
③ M101 ④ M102

> 해설 M00: 3D 프린터 동작 정지
> M01: 3D 프린터 옵션 정지
> M101: 압출기 전원을 켠다.
> M102: 압출기 전원을 끈다.

10. 3D 프린터에서 출력물의 붕괴, 처짐 등을 방지하기 위한 것은?
① 히팅 베드
② 지지대(Support)
③ 스테핑 모터
④ 압출기

> 해설 출력 보조물인 지지대(Support)는 출력 오차를 줄여주며, 출력물의 수축에 의한 뒤틀림, 변형, 이동, 붕괴를 방지한다.

11. 지지대(Support) 생성 이유에 대한 설명으로 알맞은 것은?
① 지지대를 생성하면 출력 시간을 단축시킬 수 있다.
② 형상의 오차 및 처짐 등을 방지한다.
③ 재료를 절약하기 위해 생성한다.
④ 노즐 온도를 높이기 위해 생성한다.

> 해설 지지대(Support) 제작 이유
> ① FDM 방식에서 구조물을 제작할 때 제품의 아랫면이 크거나 뒤틀림이 존재할 때에는 지지대를 이용하여 제품을 제작하면 제품의 뒤틀림과 오차를 줄일 수 있다.
> ② SLA 방식으로 제품을 제작할 때 지지대 유무에 따라 형상의 오차 및 처짐 등이 발생할 수 있다. 따라서 제품에 따른 지지대 유무에 따라 더 나은 품질의 제품을 제작할 수 있다.

12. 지지대(Support)를 사용하는 경우가 아닌 것은?
① 생성되는 층이 받쳐지지 않는 경우
② 출력 도중 자중에 의해 스스로 붕괴하는 경우
③ 이전 단면과 연결되지 않는 단면을 생성하는 경우
④ SLS 방식으로 출력물이 분말 속에 있는 경우

170　3D프린터운용기능사 필기

해설 지지대(Support) 사용의 예
① 생성되는 층이 받쳐지지 않아 아래로 휘게 되는 경우
② 양단이 지지되는 경우도 이를 받치는 기둥의 간격이 크면 가운데 부분에서 처짐이 발생하게 된다.
③ 이전 단면과는 연결되지 않는 단면이 새로 등장하는 경우
④ 특별히 지지대가 필요한 면은 없지만, 성형 도중에 자중에 의해 스스로 붕괴하게 되는 경우
⑤ 기초 지지대로 성형 중 진동이나 충격이 가해졌을 경우 성형품의 이동이나 붕괴를 방지하기 위한 지지대
⑥ 성형플랫폼에 처음으로 만들어지는 구조물로서 성형 중에는 플랫폼에 대한 강한 접착력을 제공하고, 성형 후에는 부품의 손상 없이 플랫폼에 분리하기 위한 지지대

13. Infill에 대한 설명으로 틀린 것은?
① 내부 채우기 정도를 뜻한다.
② 외벽 두께를 뜻한다.
③ 0~100%까지 설정이 가능하다.
④ 설정값이 높을수록 출력 시간이 늘어난다.

해설 Infill은 내부 채우기 정도를 뜻하는 것으로 0~100%까지 채우기가 가능하다. 하지만 채우기 정도가 높아질수록 출력시간이 오래 소모되며 출력물의 무게가 무거워지는 단점이 있다.

14. Infill 옵션과 관련이 없는 것은?
① Solid infill top 상단 면을 자동으로 채움을 설정한다.
② Solid infill bottom: 하단 면을 자동으로 채움을 설정한다.
③ Minimum travel: 노즐의 최소 이동 거리를 설정한다.
④ Infill overlap: 채움 시 중첩량을 설

정한다.

해설 Minimum travel은 Retraction(원료 배출을 철회하는 기능) 옵션에 있는 노즐의 최소 이동 거리를 설정하는 값이다.

15. 슬라이서 프로그램에서 모델 하단부에 기초를 생성하는 옵션은?
① Infill   ② Skirt
③ Retraction ④ Raft

해설 ① infill: 채움 정도 설정
② Skirt: 원료 배출 상태 확인
③ Retraction: 원료 배출을 철회하는 기능
④ Raft: 모델 하단부 기초 생성

16. 슬라이서 프로그램에서 모델 주위에 보강대를 생성하는 옵션은?
① Brim
② Layer height
③ Shell thickness
④ Print speed

해설 ① Brim: 모델 주위 보강대 생성
② Layer height: 적층 높이를 설정하는 기능
③ Shell thickness: 외벽의 두께 지정
④ Print speed: 스테핑 모터 속도 지정

17. 형상 설계에 대한 설명으로 거리가 먼 것은?
① 형상을 설계할 때 설계자의 방식에 따라 제품의 품질이 결정된다.
② 3D 프린터에 종류, 방식에 따른 형상 설계오류를 고려하지 않아도 된다.
③ FDM 방식의 프린터는 최대 정밀도가 0.1mm 정도로 정밀도가 좋지 않아 정밀도보다 작은 치수를 표현하는 것은

불가능하다.
④ SLA 방식은 광경화 방식으로 최대 정밀도가 1~5㎛로 정밀하게 제품을 만들 수 있지만 광경화성 수지의 특징 및 성질을 이해하지 않고 제품의 형상 설계를 하면 제품의 뒤틀림 오차 등이 생길 수 있다.

해설 3D 프린터 방식에 따른 특징이 모두 다르기 때문에 제품제작을 하고자 할 때 3D 프린터에 따른 형상 설계오류를 고려해야 한다.

18. 구조물의 간격에 대한 설명으로 잘못된 것은?
① 3D 프린터를 이용하여 한 개 이상의 출력물을 한 번에 출력할 때에는 구조물 간의 간격을 조정해줘야 한다.
② 출력물이 접촉되어 있을 경우 구조물 제작이 쉬워진다.
③ 모서리 부분이나 한쪽 면이 접촉되어 있을 경우 하나의 구조물로 제작이 된다.
④ 하나 이상의 출력물을 출력할 경우는 모델 사이에 0.1mm 이상의 공간을 두어야 한다.

해설 출력물이 접촉되어 있을 경우에 구조물을 제작하기 어려워진다.

19. 3D 프린터 출력 시 고려해야 할 사항으로 거리가 먼 것은?
① Surface 출력 두께
② 3D 프린터의 출력 범위
③ 구조물의 안정성
④ 사용하는 소재의 색깔

해설 소재의 색깔은 프린팅이 되지 않는 등의 오류는 발생하지 않으므로 고려 사항으로는 거리가 멀다.

20. 슬라이서 프로그램에서 적층하는 3D 모델의 외형을 구성하는 외벽의 두께를 지정하는 옵션은?
① Shell thickness
② Printing temperature
③ Support type
④ Platform adhesion type

해설 Shell thickness: 적층하는 3D 모델의 외형을 구성하는 외벽의 두께를 지정

21. 슬라이서 프로그램에서 적층 높이를 설정하는 옵션은?
① Infill
② Bed temperature
③ Layer height
④ Initial layer line width

해설 Layer height: 적층 높이를 설정하는 기능으로 설정값이 낮을수록 가공시간은 증가하며 품질은 향상된다.

22. 가상 적층에 대한 설명으로 거리가 먼 것은?
① 프린터의 정밀도를 알아볼 수 있다.
② 출력물과 플랫폼 사이에 브림이나 라프트 등의 모양을 미리 알 수 있다.
③ 3D 프린터의 헤드가 움직이는 경로를 미리 볼 수 있다.
④ 생성되는 서포터를 미리 볼 수 있다.

해설 재료를 적층하기 전에 슬라이싱 소프트웨어를 통해 출력될 모델을 볼 수 있다. 가상 적층을 통해 서포터 종류와 출력물과 플랫폼 사이에 브림이나 라프트 등의 모양을 미리 알 수 있기 때문에 출력 후 원하는 모델 형상이 나오지 않아서 재출력할 일이 줄어든다.

23. G코드에 대한 설명으로 잘못된 것은?
① 가공 파일은 NC 가공 기계에서 사용하는 G-code와 유사하며, 일부 G-code로 출력되는 경우도 있다.
② 기계를 제어 및 조정해주는 보조 기능의 코드이며, 프로그램을 제어하거나 기계의 보조 장치들을 ON/OFF 해주는 역할을 한다.
③ G-code에서 지령의 한 줄을 블록(Block)이라 한다.
④ 블록의 해석에서 주석이 먼저 제거되며, 주석은 기계에 대한 직접적인 명령은 없으나 사용자가 코드를 읽기 쉽도록 해석해 주는 문장으로 세미콜론 ';'과 괄호 '( )'가 사용된다.

> 해설 ②는 M코드에 대한 설명이다.

24. 3D 프린팅에서 자주 사용되는 M코드에 대한 설명으로 잘못된 것은?
① M0: 3D 프린터의 동작을 정지한다.
② M17: 스테핑 모터를 활성화한다.
③ M101: 압출기 전원을 끈다.
④ M104: 헤드의 온도를 지정하는 명령이다.

> 해설 M101은 압출기의 전원을 켜는 코드이다.

25. 원샷(One-shot) 명령에 대한 설명이 아닌 것은?
① 3D 프린터의 각종 모터와 부속 기구를 움직이기 위한 명령이다.
② 0번으로 분류된 명령들은 한 번만 유효한 원샷(One-shot) 명령이다.
③ 원샷 명령은 이후의 코드에 영향을 미치지 않는 것으로 좌표계의 설정이나 기계원점으로의 복귀 등 주로 기계 장치의 초기 설정에 관한 것이다.
④ 1번부터의 모달(Modal) 그룹의 명령은 같은 그룹의 명령이 다시 실행되지 않는 한 지속적으로 유효하다

> 해설 ①은 G코드 생성에 대한 설명으로서, 가공 경로를 생성한 후 프린터의 각종 모터와 부속 기구를 움직이기 위한 CAM 정보를 생성한다.

정답 1. ① 2. ② 3. ① 4. ④ 5. ④ 6. ① 7. ① 8. ② 9. ① 10. ② 11. ② 12. ④ 13. ② 14. ③ 15. ④ 16. ① 17. ② 18. ② 19. ④ 20. ① 21. ③ 22. ① 23. ② 24. ③ 25. ①

PART 5
3D 프린터 HW 설정

01 소재 준비

02 데이터 준비

03 장비출력 설정

Chapter 01 소재 준비

1 3D 프린터 사용 소재

1. FDM 방식 3D 프린터 소개 및 재료

저가용 3D 프린터로 실생활에서 가장 많이 사용되고 있는 FDM 방식의 3D 프린터 방식은 플라스틱을 사용하여 출력물을 출력한다.
 ① FDM 방식에서 가장 흔히 사용되는 재료의 소재로는 PLA 소재와 ABS 소재가 있다.
 ② 재료를 압출하여 사용하기 때문에 FDM 방식에서 사용되는 재료는 열가소성 수지가 필라멘트 형태로 압출되어야 하며, 출력된 제품의 강도, 내구성 등이 적절해야 FDM 방식의 소재로 사용된다.

(1) FDM 방식 소재
 ① PLA 소재 플라스틱

❋ PLA 소재

 ㉠ 옥수수 전분을 이용해 만든 재료로서 무독성의 친환경적 재료이다.
 ㉡ 열 변형에 의한 수축이 적어 다른 FDM 방식 재료에 비해 정밀한 출력이 가능하다.

ⓒ 경도가 다른 플라스틱 소재에 비해 강한 편이며, 쉽게 부서지지 않는다.
ⓔ 표면에 광택이 있고 히팅베드 없이 출력이 가능하며, 출력 시 유해 물질의 발생이 적은 편이지만 서포터 발생 시 서포터 제거가 어렵고 표면이 거칠다.

② ABS 소재 플라스틱
ⓐ 유독 가스를 제거한 석유 추출물을 이용해 만든 재료이며, 강하고 오래 가면서 열에도 상대적으로 강한 편이다.
ⓑ 플라스틱의 소재이기 때문에 가전제품, 자동차 부품, 파이프, 안전장치, 장난감 등 사용 범위가 넓다.
ⓒ 가격이 PLA에 비해 저렴한 편이지만 출력 시 휨 현상이 있으므로 설계 시에는 유의해서 사용해야 한다.
ⓓ 가열할 때 냄새가 나기 때문에 3D 프린터 출력 시 환기가 필요하다.
ⓔ 전기 절연성, 치수 안정성이 좋고 내충격성도 뛰어난 편이라 전기 부품 제작에 가장 많이 사용되는 재료이다.
ⓕ 일회성으로 강한 충격을 받는 제품에 주로 쓰인다.

❋ ABS 소재

③ 나일론 소재
ⓐ 주로 사용되는 ABS나 PLA보다 강도가 높은 재질이라, 기계 부품이나 RC 부품 등 강도와 마모도가 높은 특성의 제품을 제작할 때 주로 사용된다.
ⓑ 충격 내구성이 강하고 특유의 유연성과 질긴 소재의 특징 때문에 휴대폰 케이스나 의류, 신발 등을 출력하는 데 사용된다.
ⓒ 출력했을 때 인쇄물의 표면이 깔끔하고 수축률이 낮다.

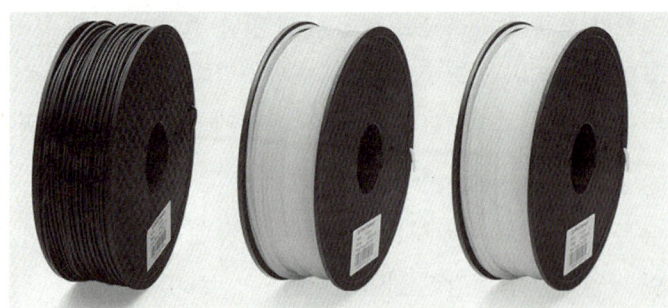

❈ 나일론 소재

④ PC(Polycarbonate) 소재
- ㉠ 전기 절연성, 치수 안정성이 좋고 내충격성도 뛰어난 편이라 전기 부품 제작에 가장 많이 사용되는 재료이다.
- ㉡ 연속적인 힘이 가해지는 부품에는 부적당하지만 일회성으로 강한 충격을 받는 제품에도 주로 쓰인다.
- ㉢ 인쇄 시 발생하는 냄새를 맡을 경우 해로울 수 있으므로 출력 시 실내 환기는 필수적이다.
- ㉣ 인쇄 속도에 따라 압출 온도 설정을 다르게 해야 하므로 다소 까다롭다.

❈ PC 소재

⑤ PVA(Polyvinyl Alcohol) 소재
- ㉠ 고분자 화합물로 폴리아세트산비닐을 가수 분해하여 얻어지는 무색 가루이다.
- ㉡ 물에는 녹고 일반 유기용매에는 녹지 않기 때문에 PVA 소재는 주로 서포터에 이용된다.
- ㉢ PVA 소재를 서포터로 사용 시 FDM 방식의 3D 프린터에는 노즐이 두 개인 듀얼 방식을 사용한다.
- ㉣ 출력 후 출력물을 물에 담그게 되면 PVA 소재의 서포터가 녹아 원하는 형상만 남아 다양한 형상 제작이 용이해진다.

ⓑ 한쪽에는 실제 모델링에 제작될 소재의 필라멘트를 장착하고, 다른 한 쪽에는 서포터 소재인 PVA 소재의 필라멘트를 장착한 후 PVA 소재를 서포터 제작 사용에 설정하게 되면 출력물을 출력할 때 서포터는 PVA 소재, 실제 형상에는 원하는 소재의 출력물이 출력된다.

❋ PVA 소재

⑥ HIPS(High-Impact Polystyrene) 소재
  ㉠ HIPS 소재의 재료는 주로 쓰이는 재료인 ABS와 PLA의 중간 정도의 강도를 지닌다.
  ㉡ 신장률이 뛰어나 3D 프린터로 출력 시 끊어지지 않고 적층이 잘되며, 고유의 접착성을 가지고 있어서 히팅베드 면에 접착이 우수하다.
  ㉢ 리모넨(Limonene)이라는 용액에 녹기 때문에 PVA 소재와 마찬가지로 서포터 용도로 많이 쓰인다.

❋ HIPS 소재

⑦ 나무(Wood) 소재
  ㉠ 나무(톱밥)와 수지의 혼합물로 나무와 비슷한 냄새와 촉감을 지니고 있다.
  ㉡ 출력물이 목각의 느낌을 주기 때문에 인테리어 분야에 주로 사용된다.
  ㉢ 소재 특성상 노즐의 직경이 작으면 출력 도중 막히는 경우가 있으므로, 노즐 직경 0.5mm 이상의 3D 프린터에서 사용하도록 권장한다.

❋ 나무 소재

⑧ TPU(Thermoplastic polyurethane) 소재
  ㉠ 열가소성 폴리우레탄 탄성체 수지인 TPU 소재는 내마모성이 우수한 고무와 플라스틱의 특징을 고루 갖추고 있어 탄성, 투과성이 우수하며 마모에 강하다.
  ㉡ 탄성이 뛰어나 휘어짐이 필요한 부품 제작에 주로 사용되나 가격이 비싼 편이다.

❋ TPU 소재

⑨ 그 외 기타 소재

위에 나온 소재들 외에도 Bendlay, Soft-PLA, PVC 등이 있다. 건물을 짓는 데 사용되는 FDM 방식 3D 프린터에서는 시멘트, 푸드 프린터에서는 각종 원료나 소스들이 소재로도 사용된다.

(2) 소재에 따른 노즐 온도

적정 온도를 지키지 않고 노즐 온도를 설정할 때 노즐 막힘 현상, 필라멘트 끊김 현상이 일어날 수 있으니, 출력 시 노즐 온도 설정을 소재에 맞게 적정 온도로 설정하여야 한다.

❋ 소재별 노즐의 온도

소재	노즐 온도
나무	175~250℃
PLA	180~230℃
TPU(Thermoplastic Polyurethane)	210~230℃
HIPS(High-impact Polystyrene)	215~250℃
PVA(Polyvinyl Alcohol)	220~230℃
ABS	220~250℃
나일론	240~260℃
PC(Polycarbonate)	250~305℃

2. SLA 방식 3D 프린터의 소개 및 재료

SLA 방식은 FDM 방식과는 달리 출력물 재료로 액체 상태의 광경화성 수지를 이용한다. 용기에 담긴 액체 상태의 광경화성 수지를 빛으로 경화시켜 출력물을 만드는 방식이다.

❋ SLA 방식 소재

(1) SLA 방식 소재

① UV 레진
  ㉠ UV 광선을 쏘이게 되면 경화가 되는 UV 레진은 SLA 방식 3D 프린터에서 가장 많이 사용되는 재료이다.
  ㉡ UV 광경화성 레진은 355~365nm의 빛의 파장대에 경화되는 레진이다. 이는 구조물을 제작할 때 실내의 빛에 노출된다 하여도 경화가 되지 않는다.
  ㉢ 정밀도가 높은 편이지만 강도가 낮은 편이라 시제품을 생산하는 데 주로 사용된다.

② 가시광선 레진
  ㉠ 가시광선(일상생활에 노출되는 광)을 레진에 쏘이게 되면 경화되는 레진으로 파장대는 UV 파장대를 제외한 빛의 파장에 경화된다.
  ㉡ 구조물을 제작할 때 별도의 암막이나 빛 차단장치를 해 주어야 구조물의 제작이 가능하다.

3. SLS 방식 3D 프린터의 소개 및 재료

SLS 방식은 고체 분말을 재료로 출력물을 제작하는 방식이다. 작은 입자의 분말들을 레이저로 녹여 한 층씩 적층시켜 조형한다.
분말 속에서 출력물을 제작하기 때문에 별도의 서포터가 필요하지는 않지만 후처리 과정이 번거롭다.

✽ SLS 방식 소재

(1) SLS 방식 소재

① 플라스틱 분말
  ㉠ 플라스틱 분말은 SLS 방식에서 가장 흔히 사용되는 소재이다.
  ㉡ 나일론 계열의 폴리아미드가 SLS 방식 플라스틱 분말로 사용된다.
  ㉢ 의류, 패션, 액세서리, 핸드폰 케이스 등 직접 만들어서 착용이나 사용이 가능한 제품을 프린트할 수 있다.
  ㉣ 플라스틱 분말은 염색성이 좋아서 다양한 색깔을 낼 수가 있다.

② 세라믹 분말
  ㉠ 금속과 비금속 원소의 조합으로 이루어져 있다.
  ㉡ 보통 산소와 금속이 결합된 산화물, 질소와 금속이 결합된 질화물 그리고 탄화물 등이 있다.
  ㉢ 플라스틱에 비해 강도가 강하며, 내열성이나 내화성이 탁월하다. 하지만 그만큼 세라믹을 용융시키기 위해선 고온의 열이 필요하다는 단점이 있다.

③ 금속 분말
  ㉠ 금속 분말은 철, 알루미늄, 구리 등 하나 이상의 금속 원소로 구성된 재료이다.
  ㉡ 3D 프린터에서는 주로 알루미늄, 티타늄, 스테인리스 등이 SLS 방식의 금속 분말로 사용되고 있다.
  ㉢ 자동차 부품과 같이 기계 부품제작 등에 많이 사용된다.
  ㉣ 소결되거나 용융된 금속에서 빠르게 열을 분산시키고, 열에 의한 뒤틀림을 방지하기 위해서 서포터가 필요하다.

4. MJM 방식 3D 프린터의 소개 및 재료

MJ 방식은 정밀도가 매우 높기 때문에 많이 사용되는 방식이다. 사용하는 재료는 액체 상태의 광경화성 수지와 지지대 역할을 해주는 왁스(Wax)가 있다.

(1) MJM 방식 소재

① 광경화성 수지(아크릴 계열 플라스틱)
  MJ 방식은 광경화성 수지가 플랫폼에 토출되면 액상을 굳혀 주는 자외선으로 경화시키며 한 층씩 성형하는 방식이다. 그렇기 때문에 자외선에 경화가 잘되는 재료가 사용되어야 하며, 경화되면 아크릴 계열의 플라스틱 재질이 된다.

❋ 광경화성 수지

2　3D 프린터 소재 장착

1. FDM 방식 3D 프린터

① 프린터 작동이 중지된 상태에서 교체한다.
② 재료가 모두 소진되기 전에 교체한다.
③ 프린터가 정지한 상태에서 익스트루더의 온도를 소재별 적정 온도로 유지한 후 교체한다.
④ 3D 프린터 뒤나 옆쪽에 위치하여 필라멘트의 선을 튜브에 삽입하여 장착하는 방식이다.
⑤ 재료를 토출 헤드에 직접 장착하는 방식으로, 토출 헤드의 구동 모터에 의해 재료가 노즐에 도달해 일정 온도에 용융되어 재료가 토출되는 방식이다.
⑥ FDM 방식의 재료는 보관이 용이하고 상온에서 보관할 수 있는 장점이 있다.

2. SLA 방식 3D 프린터

① SLA 방식의 3D 프린터는 팩으로 포장된 재료를 프린터에 삽입하여 구조물을 제작한다.
② 광경화성 수지는 빛의 영향을 많이 받기 때문에 암막 및 빛 차단 장치를 가지고 있는 팩이나 케이스에 장착되어 광경화성 수지가 공급된다.

③ 광경화성 재료를 보관할 때에는 빛을 차단하는 장치가 있거나 광개시제와 혼합하지 않고 보관한다.
④ 온도에 영향을 받을 수 있으므로 온도 유지 장치에 보관하는 것이 좋다.
⑤ SLA 방식의 재료는 팩이나 케이스에 재료 공급 투입구를 통해 재료가 투입된다. 이렇게 투입된 재료는 프린터의 수조에 나오게 되고 수조에 담긴 재료에 광을 주사시켜 구조물을 제작한다.

3. SLS 방식 3D 프린터

① SLS 방식은 분말을 이용하여 한 층씩 모델링하면서 분말을 쌓아 가며 모델링하는 형식이다.
② SLS 방식 3D 프린터 내에 별도의 분말 저장 공간이 있기 때문에 일정량을 부어 사용한다.

4. MJ 방식 3D 프린터

① SLA 방식처럼 광경화성 수지를 이용하기 때문에 별도의 팩이나 용기를 직접 3D 프린터에 꽂아서 사용한다.
② 재료를 넣는 곳의 문을 열고 재료 카트리지를 넣으면 소재 장착이 완료된다.
③ 파트 제작에 쓰이는 재료와 서포터에 쓰이는 재료를 설치하는 곳이 다르기 때문에 재료 장착 전에 확인하고 장착한다.

3 소재 정상 출력 확인

1. FDM 방식 3D 프린터

3D 프린터는 별도의 LCD 화면이 장착되어 있다. 그래서 LCD 화면과 버튼으로 출력 시작, 필라멘트 교체, 영점 조정 등이 가능하다. 소재의 장착 후 출력 확인도 LCD 화면을 통해 가능하다.

Part 5 3D 프린터 HW 설정

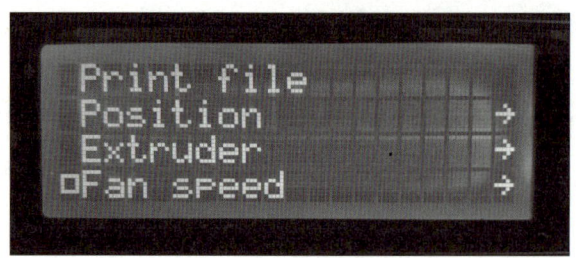

❋ 3D 프린터의 LCD 화면

(1) 노즐의 수평 설정

노즐의 수평이 히팅베드와 맞지 않을 때 출력 오류가 일어난다. 노즐이 히팅베드에 너무 붙거나 너무 떨어지게 되면 필라멘트가 제대로 나오지 못하거나, 소재가 베드에 붙지 못하고 출력물이 무너질 수 있다. 그러므로 적정 높이로 세팅해 주어야 한다.

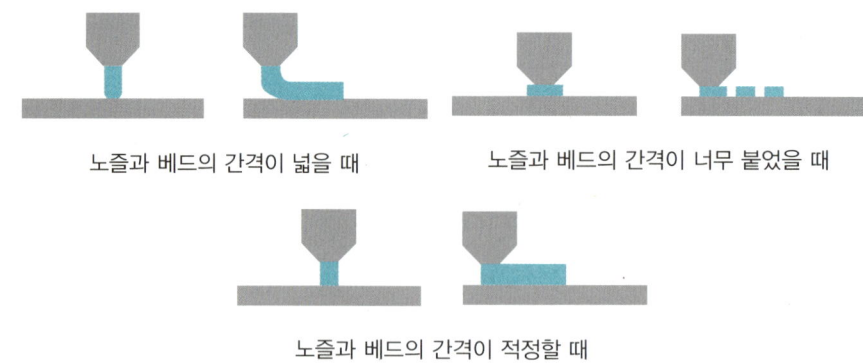

❋ 노즐 수평

보통 베드의 높낮이 수평을 조절할 때 베드 사각 모서리 아래에 높낮이를 조절하는 장치가 있다. 노즐과 베드가 너무 붙어 있거나, 떨어져 있으면 적정 높이로 조절한다.

❋ 플랫폼 수평 조절 나사

(2) 노즐의 막힘 현상 방지 대책

① 제품 출력 전에 노즐 온도를 올려 노즐 안에 있는 필라멘트를 빼낸 뒤 출력을 하거나 필라멘트를 교체한다.
② 외부에 고착되어 있는 찌꺼기들을 노즐 온도를 올려 핀셋 등으로 제거한다.
③ 노즐을 해체하여 토치로 강하게 달궈 노즐 내부를 완전 연소시킨다.
④ 공업용 아세톤에 2시간가량 담가 두면 내부에 눌어붙은 필라멘트를 제거한다.

(3) 스테핑 모터 압력 부족 해결

① 장비 사용 중의 진동으로 인하여 모터를 고정하고 있는 블록이 조금씩 풀리기 때문에 나사를 조여 준다.

(4) 노즐 출력 두께 조정

① 노즐에서 출력되는 레이어의 두께에 따라 출력물의 품질이 결정된다.
② 노즐의 두께에 비해 출력되는 레이어 두께가 지나치게 얇으면 압출기에서 출력되는 필라멘트가 히팅베드에 잘 달라붙지 않고 층층이 쌓이게 되므로 품질이 깔끔하지 않다.
③ 레이어의 두께가 두꺼우면 출력물에 구멍이 보이는 현상이 생기며, 출력물이 깔끔하지 않다. 그러므로 적절한 두께를 유지해야 한다.

❋ 레이어 두께에 따른 출력물 표면

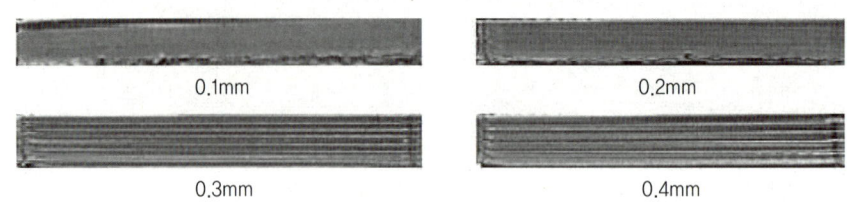

❋ 레이어 두께에 따른 출력물 적층 모습

2. SLA 방식 3D 프린터

SLA 방식은 FDM 방식과는 달리 별도의 노즐이 필요하지 않으며, 출력물을 출력하기 위해 별도의 물체 접촉이 없고 빛으로 광경화성 수지를 경화시켜 출력하기 때문에 FDM 방식보다 오류가 적다.

(1) 빛의 조절

① 빛으로 광경화성 수지를 경화시켜 물체를 만드는데, 빛의 경화가 너무 지나치면 과경화 현상이 일어난다.
② 과경화된 경우에는 경화 부분이 타거나 열을 받아 열 변형을 일으키며 출력물에 뒤틀림 현상이 일어난다.
③ 과경화 현상을 방지하기 위해 빛의 세기를 적절히 조절해야 한다.

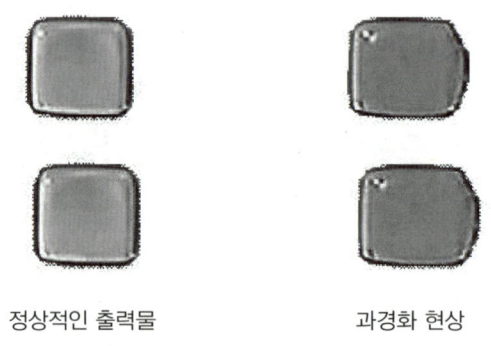

정상적인 출력물   과경화 현상

❋ 빛의 불균형으로 뒤틀림이 일어난 출력물

(2) 빛샘 현상(Light bleeding)

① SLA 방식은 광경화성 수지에 빛을 주사하는 방식이기 때문에 빛이 새어 나가게 되면 경화를 원하지 않는 부분까지 경화되는 현상이 발생한다.

② 빛샘 현상이 일어나게 되면 경화를 시키고자 하는 레이어 면 뒤의 광경화성 수지가 이 새어나온 빛에 함께 경화되어 출력물이 지저분해지게 된다.
③ 빛샘 현상은 광경화성 수지가 어느 정도의 투명도를 가지고 있으면 발생하게 된다.
④ 빛샘 현상을 줄이기 위해서는 레진의 구성 요소와 경화 시간을 적절히 맞추어 줘야 한다.

3. SLS 방식 3D 프린터

SLS 방식은 분말을 이용하기 때문에 분말에 대한 보관에 유의하여야 한다.
① 습한 곳에 분말을 보관하게 되면 뭉침 현상이 발생할 수 있다.
② SLA 방식의 빛샘 현상과 유사하며, 레이저의 파워가 강하면 분말의 융접이 과하게 되는 경우가 있으니 레이저 파워를 적정하게 조절한다.

Chapter 02 데이터 준비

1 데이터 업로드 방법

1. 데이터 업로드 방법

① 설계 프로그램으로 모델링 후 3D 프린터로 데이터를 전송하여 출력하는 방식이다.
② 데이터를 전송하는 방식에 있어서는 컴퓨터가 직접 3D 프린터에 연결되어 있거나 SD 카드 등을 이용하여 이동식 저장소에 저장하여 직접 3D 프린터에 데이터를 연결하는 방법이 있다.
③ 대부분의 설계 프로그램들은 STL 파일을 제공하기 때문에 3D 프린터로 출력하고자 하는 파일을 STL 파일 형식으로 저장한다.

2. 3D 프린터용 파일로 변환 과정

3D 프린팅은 CAD 시스템에서 모델링된 3차원 형상을 2차원 단면으로 분해해서 적층하여 다시 3차원적 형상을 얻는다.
① 슬라이싱에 의한 2차원 단면 데이터 생성 시 절단된 윤곽의 경계 데이터가 정확히 연결된 폐루프를 이루도록 하여야 하며, 생성된 폐루프끼리 교차되지 않아야 한다.
② 층 두께 사이에 놓이는 평평한 면에 대한 보정도 함께 이루어져야 한다.
③ 가변적인 층 두께에 의해 슬라이싱을 할 경우 층 두께에 따라 가공 속도, 형상 보정량 등의 공정인자가 달라져야 하므로, 대부분의 경우에 고정된 두께로 슬라이싱 된다.

2 G코드 파일 업로드

1. G코드

3D 프린터가 SD-card를 지원한다면 SD-card에 저장한 G코드 파일을 읽어 오기만 하면 된다. 그러나 컴퓨터에서 USB나 Serial port를 통하여 전송 시 컴퓨터에서 사용하는 3D 프린팅 프로그램이 필요하다. 보통 3D 프린터에서 지원하는 프로그램을 사용하거나, Printrun, CURA 등의 G코드 호스트웨어 프로그램을 사용한다. 이러한 프로그램들을 이용하여 수동으로 노즐/베드 등을 제어하고 G코드 파일을 프린터로 전달·출력을 할 수 있도록 역할을 하여야 한다.

STL 형식으로 변환된 파일을 3D 프린터가 인식 가능한 G코드 파일로 변환할 때 다음과 같은 내용들이 추가되어 3D 프린터로 업로드된다.

❋ LCD 화면 SD 카드

(1) G코드 파일변환 내용

① 인쇄 속도, 압출 온도 및 히팅베드 온도
② 3원료를 쌓기 위한 경로 및 속도, 적층 두께, 셀 두께, 내부 채움 비율
③ 리플렉터 적용 유무 및 적용 범위, 트래이블 속도, 냉각 팬 가동 유무
④ 필라멘트 직경, 압출량 비율, 노즐 직경
⑤ 서포터 적용 유무 및 적용 유형, 플랫폼 적용 유무 및 적용 유형

3 업로드 확인

3D 프린터에는 LCD화면이 장착되어 있다. 3D 프린터에 장착된 LCD 화면으로 3D 프린터의 제어가 가능하다. G코드 파일 정상적인 업로드 확인도 LCD 화면에서 확인 가능하다. 알맞은 파일이 업로드가 되었다면 3D 프린터가 인식을 하여 노즐과 히팅베드에 온도를 올리면서 작업을 시작한다.

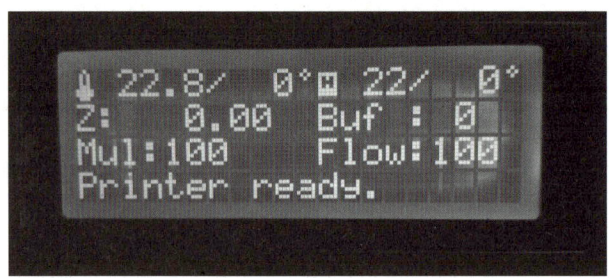

❋ 3D 프린터 LCD 화면

장비출력 설정

1 프린터별 출력 방법 확인

1. FDM 방식

FDM 방식의 원리는 가열된 노즐에 필라멘트 형태의 열가소성 수지를 투입하고, 투입된 재료들이 노즐 내부에서 가압되어 노즐 출구를 통해 토출되는 형식이다. 플라스틱 재료를 녹여 이를 노즐을 통해 압출하기 때문에 조형 공정 특성상 열가소성 재료를 사용한다.

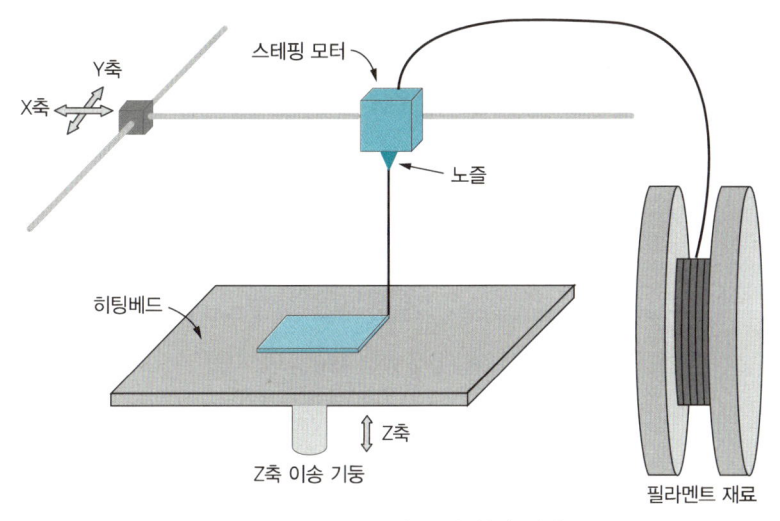

❋ FDM 방식 공정 원리 개략도

(1) 재료 압출 방법

재료들을 압출하는 노즐이나 재료에 압력을 가하는 장치는 사용되는 재료의 종류나 기계적·물리적 특성에 따라서 다양한 형태가 있다. FDM의 경우에는 가열된 노즐에 필라멘트 형태의 열가소성 수지를 투입하며, 투입된 재료들이 노즐 내부에서 가압되어 노즐 출구를 통해서 토출되는 방식이다.

① 필라멘트

필라멘트 형태로 재료가 공급되며, 카트리지나 롤에 감겨 있다. FDM 방식 3D 프린터의 내부나 외부에 장착된다.

② 스테핑 모터와 노즐

스테핑 모터의 회전에 의해 톱니가 회전하게 되면 여기에 물려 있는 필라멘트 재료가 노즐로 이송되고, 노즐 내부에서는 재료가 용융되어 압출되게 된다.

③ 히팅베드

베드는 Z축 방향으로 이송되며 노즐이 X-Y평면에서 이송되면서 단면 형상이 만들어 진다. 한 층의 단면이 만들어지면 층 높이만큼 플랫폼이 아래로 이송되거나 또는 헤드가 부착된 X-Y축이 위로 이송되면서 다음 층을 만든다.

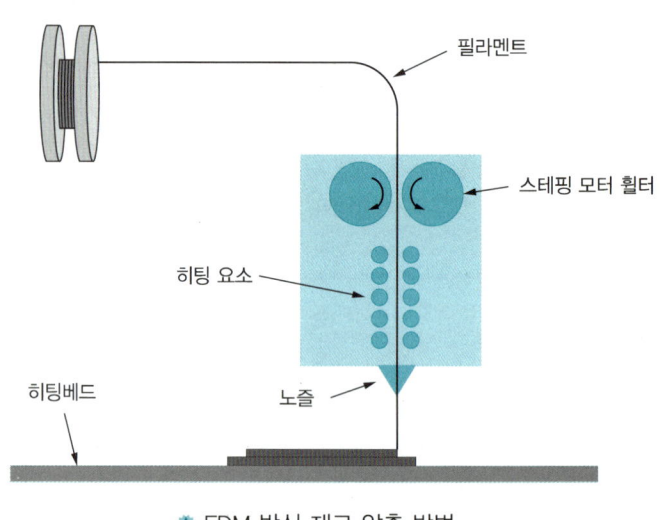

✸ FDM 방식 재료 압출 방법

(2) 후가공

제품이 출력되면 후가공(혹은 후처리)이 필요하다. FDM 방식은 3D 프린터 방식 중에서도 정밀도가 떨어지기 때문에 깔끔한 표면의 출력물을 원한다면 후가공은 필수적이다.

① 서포터 제거

후가공은 보통 서포터 제거부터 시작된다. 서포터가 없는 출력물도 있지만, 서포터가 있는 경우엔 서포터 제거부터 시작한다.

㉠ 비수용성 서포터: 비수용성 서포터는 손으로 뗄 수도 있지만 니퍼, 헤라, 커터 칼,

조각도, 아트 나이프 등 공구를 사용하여 떼어내며, 수용성 서포터 제거보다 시간도 오래 걸리고 표면 상태도 좋지 않다.

ⓒ 수용성 서포터: 수용성 서포터는 대표적으로 폴리비닐 알코올(PVA) 소재가 있다. 폴리비닐 알코올은 물에 용해되는 특성으로 저온 열가소성이다. 폴리비닐 알코올은 간단한 침수로 빠르게 녹는다. 수용성 섬유로 구성되어 있으므로 물에 녹으며, 단순한 물 세척만으로 쉽게 제거할 수 있고 독성이 없는 물질로 안전하게 사용할 수 있다.

② 사포

출력물의 표면을 다듬기 위해 사포도 사용된다. 번호가 낮은 사포인 거친 사포로 사용을 시작해서 번호가 높은 고운 사포로 점차 단계를 넘어가야 한다. 주로 스펀지 사포, 천 사포, 종이 사포가 사용되며 스펀지 사포는 부드러운 곡면을 다듬는 데 주로 사용된다. 천 사포는 질기기 때문에 오래 사용이 가능하다. 종이 사포는 구겨지고 접히는 특성 때문에 물체의 안쪽을 사포질할 때 좋다.

③ 아세톤 훈증

밀폐된 용기 안에 출력물을 넣고 아세톤을 기화시키면, 기화된 아세톤이 표면을 녹여 후처리하는 방법이며 매끈한 표면을 쉽게 얻을 수 있다.

㉠ 아세톤 훈증의 특징 및 장단점
- 산업용 아세톤을 이용하면 매끄러운 표면을 구현할 수 있다.
- 냄새가 많이 나고 디테일한 부분이나 꼭짓점 각이 뭉개지는 경우가 있다.
- 공기 중에 증발된 아세톤은 빠진 부분 없이 골고루 출력물의 표면을 녹여 준다.
- 실온에서 훈증하게 되면 시간이 오래 걸린다는 단점이 있지만, 3D 프린터 히팅베드의 열을 이용하여 아세톤 증발을 촉진시키면 시간을 단축할 수 있다.
- 휘발성 액체를 훈증시키고 히팅베드의 열을 이용한 작업이므로 환기가 잘되는 곳에서 작업하며, 실내라면 환기 시설이 있는 공간에서 작업을 실시한다.

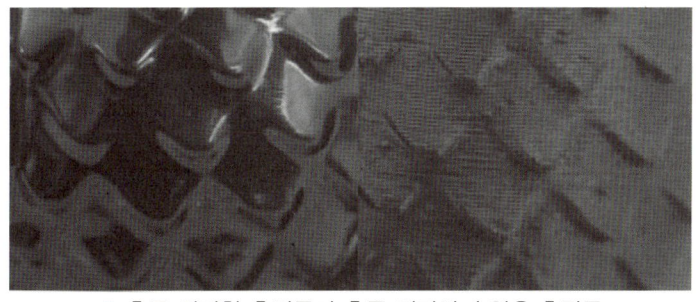

❋ 훈증 처리한 출력물과 훈증 처리하지 않은 출력물

2. SLA 방식

SLA 방식이란 용기 안에 담긴 액체 상태의 광경화성 수지에 적절한 파장을 갖는 빛을 주사하여 선택적으로 경화시키는 방식이다. 특정 파장의 빛에 의해 광경화성 수지를 단면형상으로 경화시켜 층을 형성하고 이를 반복하여 3차원 형상을 성형한다.

(1) 빛 경화 방법

SLA 방식은 빛을 이용하여 광경화성 수지를 굳혀 물체를 제작하는 방식이다. 빛이 레이저에서 나와서 렌즈를 지나 거울에 반사되어 광경화성 수지에 주사되면서 제품 형상이 만들어진다.

① 레이저

레이저는 파장이 짧은 빛일수록 광학계를 이용하면 더 작은 지름을 갖는 빛으로 만들 수 있기 때문에 자외선 레이저가 주로 사용된다. 하지만 경화되는 부피가 작기 때문에 큰 형상을 제작하기에는 많은 시간이 소요된다.

② 렌즈

렌즈는 레이저에서 나오는 빛을 매우 작은 지름을 갖도록 만들어 주는 역할이다.

③ 반사 거울

반사된 레이저 빛이 광경화성 수지 위에 주사되어 단면을 성형한다. 제품은 수조 내에 잠겨 플랫폼 위에 만들어진다.

④ 엘리베이터

플랫폼이 이송되기 위해선 Z축 방향 엘리베이터에 연결되어 동작을 해야 제품 제작이 가능하다.

⑤ 스윕 암

스윕 암은 플랫폼이 내려가면서 위로 광경화성 수지가 차오르는데 이것을 평탄하게 해 주는 역할이다. 광경화성 수지 표면의 평탄화 및 새로운 층을 위한 액체 광경화성 수지의 코팅을 한다. 날카로운 형태이며 내부에 광경화성 수지를 공급할 수 있는 장치를 가지고 있는 경우도 있다.

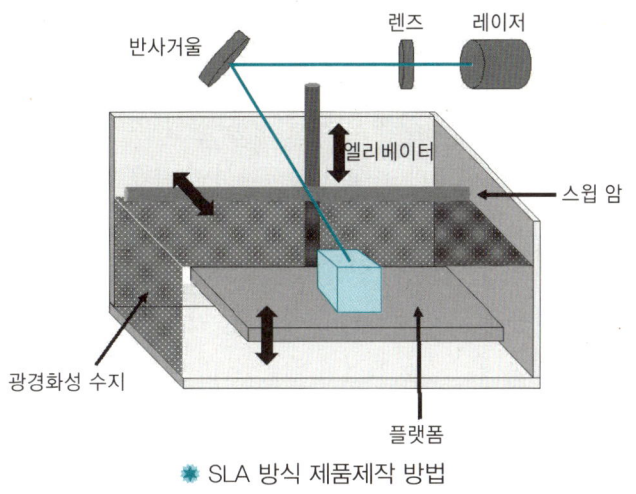

✳ SLA 방식 제품제작 방법

(2) 빛의 주사 조건에 따른 광경화 기술 분류

① 자유 액면 방식(Free surface method)
  ㉠ 자유 액면 방식은 광경화성 수지의 표면이 외부로 노출되어 있으며, 노출된 광경화성 수지의 표면에 빛을 주사(走査)하는 방식이다.
  ㉡ 한 층을 성형한 후 다음 층을 성형하기 위해서 구조물을 받치고 있는 플랫폼이 층 높이만큼 정밀하게 이송되거나, 정밀한 양의 광경화성 수지가 수조 내로 공급되어야 하기 때문에 광경화성 수지의 높이 제어가 어렵다.
  ㉢ 층 높이가 매우 얇은 경우 광경화성 수지의 점성에 의해서 이전 층 위에 덮인 광경화성 수지가 고르게 퍼지는 데 시간이 많이 소요되어 스위퍼 등의 장치를 이용해 광경화성 수지를 고르게 퍼지게 해줘야 한다.

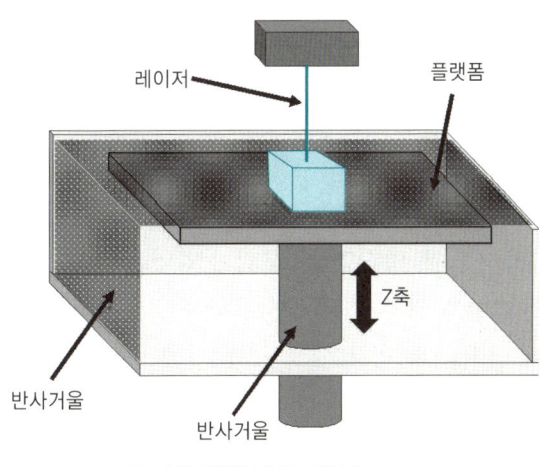

✳ 자유 액면 방식 개념도

② 규제 액면 방식(Constrained surface method)
㉠ 규제 액면 방식은 빛이 투명 창을 통해서 광경화성 수지에 조사(照射)된다.
㉡ 광경화성 수지의 점성에 크게 영향을 받지 않기 때문에, 이전에 성형된 층 위에 새로운 층을 성형하기 위해서 광경화성 수지를 채우는 데 매우 용이하다.
㉢ 새롭게 덮힌 광경화성 수지가 평탄하게 될 때까지 대기 시간이 필요하지 않다.
㉣ 광경화성 수지는 이전에 만들어진 층과 투명 유리 사이에서 경화되기 때문에 새롭게 경화된 층은 투명 유리에 접착이 될 가능성이 높다.
㉤ 주사되는 빛 에너지를 조절하거나, 투명 창 위에 특수한 필름을 붙여서 경화되는 수지가 접착되지 않도록 해 주어야 한다.

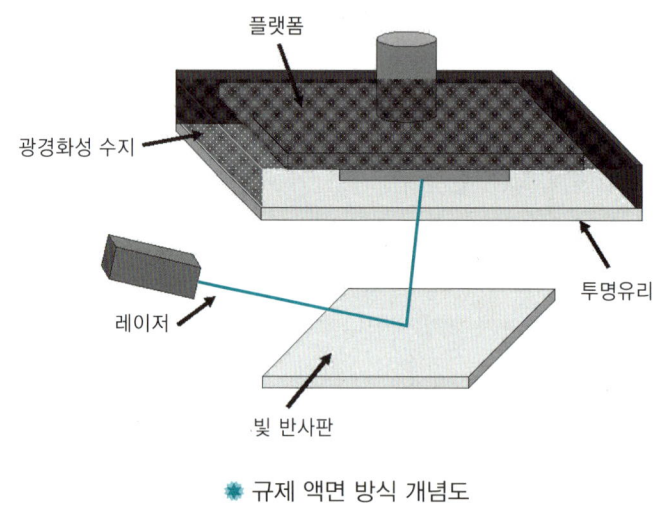

❋ 규제 액면 방식 개념도

3. SLS 방식

분말 융접 기술인 SLS 방식은 플라스틱 분말 위에 레이저를 스캐닝하여 플라스틱 시제품을 만들기 위해 개발되었다. SLS 방식은 금속이나 세라믹 분말을 이용한 제품의 성형, 다양한 열원의 사용, 다양한 형태의 분말 재료 융접 등이 가능한 형태로 발전하였다. SLS 방식은 서포터가 필요하지 않은 방식인데, 융접되지 않은 주변 분말들이 제품을 제작하면서 자연스럽게 서포터 역할을 하기 때문에 서포터가 필요하지 않다. 다만 금속 분말은 융접할 때 수축 등 변형이 일어날 수 있으므로 서포터가 필요하다.

(1) 분말 융접 방법

레이저를 쏘여 분말을 융접해 가면서 제품을 제작하는 방식이다. 레이저에서 나온 빛이 스캐닝 미러에 반사되어 파우더 베드의 분말들을 융접시키면서 한 층씩 성형된다.

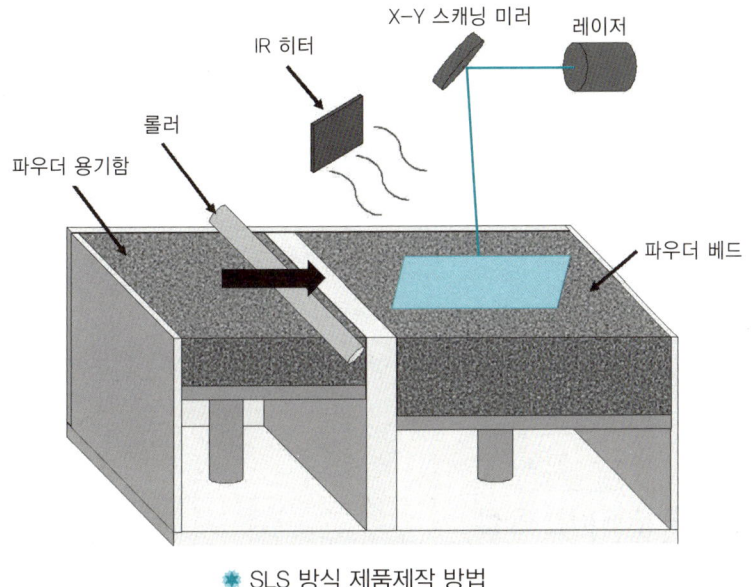

❋ SLS 방식 제품제작 방법

① 레이저

레이저는 분말들 사이에 융접을 발생시키기 위해서 하나 혹은 다수의 열원을 가진다. 좁은 범위에 집중적으로 열에너지를 가하며, CO_2 레이저 등과 같은 레이저 열원이 사용된다.

② X-Y 스캐닝 미러

레이저에서 나온 빛은 반사 거울을 거친다. 반사 거울은 각 층에서 원하는 부분에서 분말 융접이 발생하도록 제어하기 위한 장치이다.

③ IR 히터

레이저에 의해서 성형되는 분말 주위뿐만 아니라, 다음 층을 형성하기 위해서 준비된 분말이 채워진 카트리지의 온도를 높이고 유지하기 위해서 베드 위에 위치한 적외선 히터이다.

④ 회전 롤러

회전 롤러는 베드 위에 분말을 고르게 펴 주면서 일정한 높이를 갖도록 해주는 장치이다. 분말을 추가하거나 분말이 담긴 표면을 매끄럽게 해준다.

⑤ 플랫폼

하나의 단면이 만들어지면 플랫폼이 아래로 이동하고 그 위에 회전 롤러에 의해서 다음 층을 성형하기 위한 분말이 덮인다.

⑥ 파우더 용기함

파우더 베드에 들어가는 분말들을 보관하는 곳이다. 파우더 베드에서 한 층씩 성형되면 파우더 베드 플랫폼은 한 층씩 내려가고 파우더 용기함은 한 층씩 올라가면서 올라온 분말들이 회전 롤러에 의해 플랫폼으로 들어간다.

⑦ SLS 방식 3D 프린터 내부

플랫폼 안의 분말은 녹는점이나 유리 전이보다 약간 낮은 온도 정도의 고온으로 유지된다. 분말을 융접하기 위해 가해지는 레이저 빛의 에너지를 상대적으로 낮게 유지할 수 있을 뿐만 아니라, 고온 성형 공정에 기인한 불균일한 열팽창에 의한 성형품의 뒤틀림을 방지할 수 있다.

(2) 분말 종류에 따른 융접

SLS 방식에서 사용되는 분말은 비금속 분말, 금속 분말로 나누어진다.

① 비금속 분말 융접
  ㉠ 비금속 분말 융접에 사용되는 대표적인 재료는 플라스틱이며, 세라믹 유리 등이 사용된다.
  ㉡ 플라스틱과 같은 비금속 재료들은 레이저 등의 열원으로 분말의 표면만을 녹여 소결시키는 공정이 적용되는 것이 일반적이다.
  ㉢ 비금속 분말 융접기술은 금속 융접과 다르게 열에 의한 변형을 크게 고려하지 않아도 되기 때문에 별도의 서포터가 만들어지지 않는다.
  ㉣ 베드에 담긴 분말이 서포터 역할을 하기 때문에 서포터 제거 시 발생할 수 있는 제품의 손상에 대한 우려가 없고, 보다 복잡한 내부 형상을 갖는 제품의 제작이 가능하다.

② 금속 분말 융접
  ㉠ SLS 방식에서 사용할 수 있는 금속은 티타늄 합금, 인코넬 합금, 코발트 크롬, 알루미늄 합금, 스테인리스 스틸, 공구강 등 매우 다양한 금속들이 SLS 방식의 금속 분말로 사용된다.

ⓒ 금속 분말을 이용한 분말 융접에서는 소결되거나 용융된 금속에서 빠르게 열을 분산시키고, 열에 의한 뒤틀림을 방지하기 위해서 서포터가 필요하다
ⓒ 서포터가 제거된 후에는 금속의 기계적 물성을 높이거나 표면 거칠기를 개선하기 위해서 숏피닝(Shot peening), 연마, 절삭 가공 또는 열처리 등의 후처리가 필요하다.

2 3D 프린터의 출력을 위한 사전 준비

3D 프린터 출력을 위한 사전 준비로는 온도 조건, 베드 확인, 청결 상태 등을 확인하여 출력하기 용이한 상태로 맞춰 주는 작업이 있다.

1. 온도 조건 확인

3D 프린터에서 온도 조건은 매우 중요하다. FDM 방식 같은 경우에는 열가소성 수지를 녹이기 위한 온도 조건을 잘 살펴야 하고, 히팅베드의 온도도 적절한 온도가 필요하다. SLA 방식, SLS 방식 등에서도 온도 조건은 출력 전에 필수적으로 살펴봐야 한다.

(1) FDM 방식

FDM 방식은 열을 이용하여 출력물을 출력하는 방식이기 때문에 온도 조절이 필요하다. FDM 방식 3D 프린터에는 노즐 온도와 히팅베드 온도가 중요하다.

① 노즐 온도(p.205 표 참조)
  ㉠ ABS 재질과 PLA 재질의 필라멘트가 주로 사용되지만, 필라멘트의 재질의 종류는 굉장히 다양하기 때문에 재질에 맞게 노즐 온도를 달리 설정해야 하며, 재질에 따라 녹는점, 성형에 적합한 온도도 다르다.
  ㉡ 온도가 너무 낮다면 필라멘트가 제대로 용융되지 않아 노즐에서 잘 나오지 않는다.
  ㉢ 온도가 너무 높다면 필라멘트가 물처럼 흘러나오고 소재가 타버릴 수 있다.

② 히팅베드 온도
  ㉠ 노즐 온도와 마찬가지로 히팅베드의 온도도 소재별로 다르게 설정해야 하며, 소재별로 히팅베드가 필요 없는 경우도 있다.

ⓒ PLA 소재는 온도 변화에 의해 출력물의 변형이 작기 때문에 히팅베드를 사용하지 않아도 된다.

ⓒ ABS 소재는 온도에 따른 출력물 변형이 있기 때문에 히팅베드가 필요하다.

❋ 소재별 히팅베드의 온도

소재	히팅베드 온도
PLA, PVA 등	50℃ 이하
ABS, HIPS, PC 등	80℃ 이상

③ 베드 레벨링(수평 맞추기)

베드 수평이 맞지 않는다는 것은 어느 지점에서는 노즐과 베드의 거리가 가까워지고, 어느 지점에서는 노즐과 베드의 거리가 멀어진다는 의미이다. 노즐과 베드가 너무 가깝거나 너무 멀지 않아 소재가 베드에 잘 붙을 수 있는 거리를 맞춰주는 것이 필요하다.

㉠ 노즐과 베드의 사이가 너무 가까운 경우 노즐이 막힌 것처럼 소재가 제대로 나오지 못한다.

ⓒ 노즐과 베드 사이가 너무 먼 경우에는 소재가 베드에 붙지 못하고 출력물이 무너지게 된다.

(2) SLA 방식

SLA 방식은 레이저를 이용하여 제품을 제작하기 때문에 온도 조절의 필요성이 덜하지만 광경화성 수지가 적정 온도를 유지해야 출력물의 품질이 좋아지기 때문에 수지를 보관하는 플랫폼 용기의 온도(약 30℃)를 일정하게 유지한다.

(3) SLS 방식

SLS 방식은 분말을 열에너지를 이용하여 용융시켜서 융접하는 방식이다. 보통 CO_2 레이저 같은 레이저 열원이 많이 사용된다. 하지만 레이저의 온도가 너무 높으면 분말을 융접할 때 분말이 타는 경우가 생길 수 있으니 분말 소재에 맞는 적정 온도로 설정한다.

(4) 장비 외부의 주변 온도

3D 프린터의 내부 온도도 중요하지만 출력물이 정상적으로 출력되기 위해서는 외부 온도도 중요하다. 외부의 온도가 너무 낮거나 너무 높으면 출력물이 출력되는 데 방해가 되기 때문에 외부의 온도도 적절히 맞춰주어야 한다.

2. 청결 상태

3D 프린터로 출력 전에 프린터 내외부의 청결 상태도 출력물을 정상적으로 출력하는 데 꼭 필요한 확인 작업이다. 출력되는 3D 프린터 내부 공간이나 노즐 등에 이물질이 있거나 묻어있게 되면 출력에 방해가 되니 출력 전에 3D 프린터 내외부를 청소해 주어야 한다.

(1) 노즐

FDM 방식 같은 경우는 노즐에서 필라멘트가 나오기 때문에 노즐이 지저분하거나 전에 사용하던 필라멘트들이 붙어있는 경우, 출력물의 정밀도가 저하되고 출력 불량이 될 수도 있으니 출력 전에 노즐의 청결 유무를 확인해준다.

(2) 노즐 청소

① 노즐 바깥부분에 찌꺼기들이 묻었을 경우 Preheat기능으로 노즐의 온도를 올린 뒤 롱노즈 같은 도구로 떼어낸다.
② 노즐 온도를 올려 노즐 청소바늘로 구멍을 찌르면 막혔던 노즐이 뚫린다.
③ 노즐을 분해하여 토치로 노즐을 가열한 뒤 공업용 알코올에 담가 놓으면 노즐 안의 불순물들이 빠진다.
④ 노즐의 온도를 실제 사용 온도보다 좀 더 높여서 막힌 물질들을 모두 녹인다.

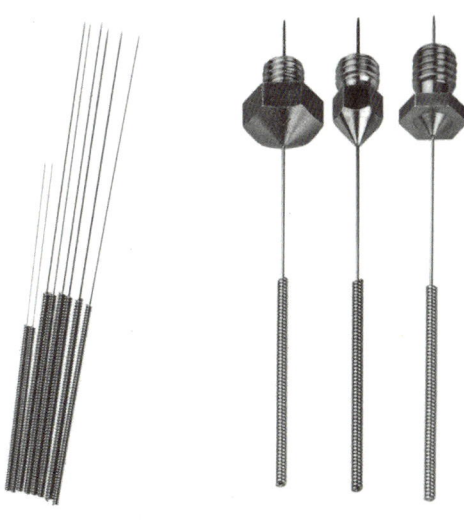

✱ 노즐 청소바늘

이외에도 다른 다양한 방법들이 있지만 바늘을 이용하는 경우엔 노즐 내부가 상하지 않게 조심하며, 바늘 이외에 다른 얇은 핀 같은 도구는 노즐이 상할 수 있기 때문에 자제한다.

노즐 청소 필라멘트도 있다. 해당 필라멘트를 FDM 방식으로 출력하면, 노즐 내부에서 녹아 노즐 안에 남아 있는 이물질과 결합하여 함께 출력되기 때문에 노즐 막힘 현상을 방지할 수도 있고 출력물에 대한 정밀도도 향상된다.

(3) 3D 프린터 내외부

3D 프린터 동작 중 3D 프린터 문이 열려 있거나, 위에 덮여 있는 뚜껑이 열려 있다면 출력 중인 3D 프린터 내부로 이물질이 들어가 출력에 방해가 되기 때문에 출력 중에는 문을 닫아 놓는다.

3 출력 조건 최종 확인

1. 정밀도 확인

3D 프린터는 레이어의 두께가 마이크로 단위까지 설정이 가능할 정도로 정밀도가 발전하고 있는 추세이며, 설계한 물체를 거의 오차가 없이 출력할 수 있다. 하지만 FDM 방식은 다른 3D 프린터 방식들에 비해 정밀도가 조금 떨어진다. 특히 조립 형태의 물체를 만들 경우 출력 공차를 줘야지만 조립이 가능하다. 공차를 주지 않고 물체의 사이즈를 딱 맞게 출력할 경우 조립이 되지 않는 경우가 발생한다. FDM 방식상 노즐이 재료를 토출하여도 노즐의 지름과 재료가 나와서 퍼짐의 정도에 따라 오차가 발생할 수 있다. 그래서 같은 형상의 출력물 여러 개를 출력하여 각각의 출력물을 측정한 후 측정오차 평균값을 구하는 방법이 있다.

2. 온도 확인

온도 설정은 3D 프린터를 동작하기 위해서 중요한 요소 중에 하나이다.
사용되는 재료별로 3D 프린터에서 적용이 되는 온도는 각각 다르기 때문에 소재별로 다른 온도를 적용한다.

❋ 소재별 노즐의 온도

소재	노즐 온도
나무	175~250℃
PLA	180~230℃
TPU(Thermoplastic Polyurethane)	210~230℃
HIPS(High-impact Polystyrene)	215~250℃
PVA(Polyvinyl Alcohol)	220~230℃
ABS	220~250℃
나일론	240~260℃
PC(Polycarbonate)	250~305℃

❋ 소재별 히팅베드의 온도

소재	히팅베드 온도
PLA, PVA 등	50℃ 이하
ABS, HIPS, PC 등	80℃ 이상

출제 예상문제

1. 3D 프린터의 종류와 사용 소재의 연결이 옳지 않은 것은?
① FDM → 열가소성 수지(고체)
② SLA → 광경화성 수지(액상)
③ SLS → 열가소성 수지(분말)
④ DLP → 열경화성 수지(분말)

> 해설 DLP 방식은 광경화성 수지(액상)를 사용한다.

2. FDM 방식 3D 프린터 출력 전 생성된 G 코드에 직접적으로 포함되지 않는 정보는?
① 헤드 이송 속도   ② 헤드 동작 시간
③ 헤드 온도   ④ 헤드 좌표

> 해설 3D 프린팅 시 동작 시간이 표기되기도 하지만 G코드에 직접적으로 표기되지는 않으며, 슬라이싱 SW가 연산한 값의 출력 파일 주석 등에 포함된다.

3. 내마모성이 우수하고, 고무와 플라스틱의 특징을 가지고 있어 휴대폰 케이스의 말랑한 소재나 장난감, 타이어 등으로 프린팅해서 바로 사용이 가능한 소재는?
① TPU   ② ABS
③ PVA   ④ PLA

> 해설 TPU 소재는 내마모성이 우수한 고무와 플라스틱의 특징을 갖추고 있어 탄성, 투과성이 우수하며 마모에 강하다.

4. FDM 방식 3D 프린터를 출력하기 위해 확인해야 할 점검사항으로 볼 수 없는 것은?

① 장비 매뉴얼을 숙지한다.
② 테스트용 형상을 출력하여 프린터 성능을 점검한다.
③ 프린터의 베드(Bed) 레벨링 상태를 확인 및 조정한다.
④ 진동·충격을 방지하기 위해 프린터가 연질매트 위에 설치되었는지 확인한다.

> 해설 3D 프린터는 진동, 충격에 취약하다. 연질매트 위에 올려놓으면 진동이 더 심해진다.

5. 다음 설명에 해당하는 소재는?

> • 전기 절연성, 치수 안정성이 좋고 내충격성도 뛰어난 편이라 전기 부품 제작에 가장 많이 사용되는 재료이다.
> • 연속적인 힘이 가해지는 부품에 부적당하지만 일회성으로 강한 충격을 받는 제품에 주로 쓰인다.

① ABS
② PLA
③ Nylon
④ PC

> 해설 PC(Polycarbonate) 소재
> ① 전기 절연성, 치수 안정성이 좋고 내충격성도 뛰어난 편이라 전기 부품 제작에 가장 많이 사용되는 재료이다.
> ② 연속적인 힘이 가해지는 부품에는 부적당하지만 일회성으로 강한 충격을 받는 제품에도 주로 쓰인다.
> ③ 인쇄 시 발생하는 냄새를 맡을 경우 해로울 수 있으므로 출력 시 실내 환기는 필수적이다.
> ④ 인쇄 속도에 따라 압출 온도 설정을 다르게 해야 하므로 다소 까다롭다.

6. FDM 방식 3D 프린팅을 위한 설정값 중 레이어(Layer) 두께에 대한 설명으로 틀린 것은?
① 레이어 두께는 프린팅 품질을 좌우하는 핵심적인 치수이다.
② 일반적으로 레이어 두께를 절반으로 줄이면 프린팅 시간은 2배로 늘어난다.
③ 레이어가 얇을수록 측면의 품질뿐만 아니라 사선부의 표면이나 둥근 부분의 품질도 좋아진다.
④ 맨 처음 적층되는 레이어는 베드에 잘 부착이 되도록 가능한 얇게 설정하는 것이 좋다.

해설 첫 번째 레이어를 너무 얇게 설정하면 소재 부족으로 접지력이 약해질 수 있다.

7. FDM 방식 3D 프린터에서 재료를 교체하는 방법으로 옳은 것은?
① 프린터가 작동 중인 상태에서 교체한다.
② 재료가 모두 소진되었을 때만 교체한다.
③ 프린터가 정지한 후 익스트루더가 완전히 식은 상태에서 교체한다.
④ 프린터가 정지한 상태에서 익스트루더의 온도를 소재별 적정 온도로 유지한 후 교체한다.

해설 3D 프린터의 소재를 교체하기 위해서는 3D 프린터 소재의 녹는점을 파악해야 한다.

8. PVA 소재에 대한 설명으로 바르게 설명한 것은?
① 장난감, 자동차 부품, 가전제품 등 사용 범위가 넓다.
② 3D 프린터 출력 시 환기가 필요하다.
③ 석유 추출물을 이용해 만든 재료이다.
④ 출력물을 물에 담그면 서포터가 녹아 원하는 형상만 남는다.

해설 ①, ②, ③은 ABS 소재에 대한 설명이다. 물에 녹아 서포터에 이용되는 소재는 PVA(Polyvinyl Alcohol) 소재이다.

9. HIPS 소재에 대한 설명으로 거리가 먼 것은?
① 신장률이 뛰어나 출력 도중 끊어짐이 없다.
② 고유의 접착성으로 베드 접착이 우수하다.
③ 후가공이 까다롭다.
④ HIPS 소재의 재료 강도는 ABS와 PLA의 중간 정도이다.

해설 리모넨이라는 용액에 쉽게 녹으므로 후가공이 필요 없고, PVA 소재처럼 서포터 용도로 많이 쓰인다.

10. 3D 프린터 정밀도에 대한 설명으로 거리가 먼 것은?
① 레이어의 두께는 마이크로 단위까지 설정이 가능하다.
② FDM 방식은 다른 방식들에 비해 정밀도가 떨어진다.
③ 조립 형태의 물체는 출력 공차를 고려하지 않아도 된다.
④ FDM 방식은 노즐이 재료를 토출하여도 노즐의 지름과 재료가 나와서 퍼짐의 정도에 따라 오차가 발생할 수 있다.

해설 조립 형태의 물체를 만들 경우 출력 공차를 주어야 조립이 가능하다.

11. FDM 방식의 노즐 청결에 대한 설명으로 잘못된 것은?
① 노즐이 지저분하거나 전에 사용하던 필라멘트들이 붙어있는 경우, 출력물의 정밀도가 저하되고 출력 불량이 될 수도 있다.
② 노즐이 막힌 경우 바늘이나 핀으로 강하게 찔러 뚫어준다.
③ 내부 공간이나 노즐 등에 이물질이 있거나 묻어있게 되면 출력에 방해가 되니 출력 전에 3D 프린터 내·외부를 청소해 준다.
④ 노즐 바깥 부분에 찌꺼기들이 묻었을 경우 Preheat 기능으로 노즐의 온도를 올린 뒤 롱노우즈 같은 도구로 떼어낸다.

해설 바늘을 이용하는 경우엔 노즐 내부가 상하지 않게 조심하며, 바늘 이외에 다른 얇은 핀 같은 도구는 노즐이 상할 수 있으므로 자제한다.

12. 3D 프린터 출력을 위한 사전 준비에서 가장 거리가 먼 것은?
① 온도 조건   ② 출력 공차
③ 청결 상태   ④ 베드 레벨링

해설 출력 공차는 모델링 과정에서 고려해야 할 사항이다.

13. 다음 설명에 해당하는 소재는?

- 옥수수 전분을 이용해 만든 친환경 재료이다.
- 열 변형에 의한 수축이 적다.
- 다른 플라스틱 소재에 비해 경도가 강한 편이다.
- 표면에 광택이 있으며, 히팅베드 없이 출력이 가능하다.

① ABS
② 나일론
③ PC
④ PLA

해설 PLA(Poly Lactic Acid) 소재
㉠ 옥수수 전분을 이용해 만든 재료로서 무독성 친환경적 재료이다.
㉡ 열 변형에 의한 수축이 적어 다른 FDM 방식 재료에 비해 정밀한 출력이 가능하다.
㉢ 경도가 다른 플라스틱 소재에 비해 강한 편이며 쉽게 부서지지 않는다.
㉣ 표면에 광택이 있고 히팅베드 없이 출력이 가능하며, 출력 시 유해물질 발생이 적은 편이지만 서포터 발생 시 서포터 제거가 어렵고 표면이 거칠다.

14. 전기 절연성, 치수 안정성이 좋고 내충격성도 뛰어난 소재로 전기 부품 제작에 많이 사용되는 재료는?
① PC
② ABS
③ PVA
④ HIPS

해설 PC(Polycarbonate) 소재
㉠ 전기 절연성, 치수 안정성이 좋고 내충격성도 뛰어난 편이라 전기 부품 제작에 가장 많이 사용되는 재료이다.
㉡ 연속적인 힘이 가해지는 부품에는 부적당하지만 일회성으로 강한 충격을 받는 제품에도 주로 쓰인다.
㉢ 인쇄 시 발생하는 냄새를 맡을 경우 해로울 수 있으므로 출력 시 실내 환기는 필수적이다.
㉣ 인쇄 속도에 따라 압출 온도 설정을 다르게 해야 하므로 다소 까다롭다.

15. 다음 설명에 해당하는 소재는?

> • 물에는 녹고 일반 유기용매에는 녹지 않기 때문에 서포터에 이용된다.
> • 서포터 용도로 사용 시 FDM 방식의 3D 프린터에는 노즐이 두 개인 듀얼 방식을 사용한다.
> • 출력 후 출력물을 물에 담그게 되면 소재가 녹아 원하는 형상만 남아 다양한 형상 제작이 용이해진다.

① HIPS ② 나일론
③ PVA ④ PC

해설 PVA(Polyvinyl Alcohol) 소재
㉠ 고분자 화합물로 폴리아세트산비닐을 가수 분해하여 얻어지는 무색 가루이다.
㉡ 물에는 녹고 일반 유기용매에는 녹지 않기 때문에 PVA 소재는 주로 서포터에 이용된다.
㉢ PVA 소재를 서포터로 사용 시 FDM 방식의 3D 프린터에는 노즐이 두 개인 듀얼 방식을 사용한다.
㉣ 출력 후 출력물을 물에 담그게 되면 PVA 소재의 서포터가 녹아 원하는 형상만 남아 다양한 형상 제작이 용이해진다.
㉤ 한쪽에는 실제 모델링에 제작될 소재의 필라멘트, 다른 한쪽에는 서포터 소재인 PVA 소재의 필라멘트를 장착하여 PVA 소재를 서포터 제작 사용에 설정하게 되면 출력물을 출력할 때 서포터는 PVA 소재, 실제 형상에는 원하는 소재로 출력된다.

16. 출력했을 때 출력물의 표면이 깔끔하고 수축률이 낮으며, 충격 내구성이 강하고 유연성과 질긴 소재의 특징 때문에 휴대폰 케이스나 의류, 신발 등에 사용되는 소재는?

① PLA ② PC
③ 나일론(Nylon) ④ ABS

해설 나일론(Nylon) 소재
㉠ 주로 사용되는 ABS나 PLA보다 강도가 높은 재질이라, 기계 부품이나 RC 부품 등 강도와 마모도가 높은 특성의 제품을 제작할 때 주로 사용된다.
㉡ 충격 내구성이 강하고 특유의 유연성과 질긴 소재의 특징 때문에 휴대폰 케이스나 의류, 신발 등을 출력하는 데 사용된다.
㉢ 출력했을 때 인쇄물의 표면이 깔끔하고 수축률이 낮다.

17. ABS 소재에 대한 설명으로 거리가 먼 것은?
① 유독 가스를 제거한 석유 추출물을 이용해 만든 재료이다.
② 가열할 때 냄새가 나지 않아 환기가 필요 없다.
③ 일회성으로 강한 충격을 받는 제품에 쓰인다.
④ 전기 절연성, 치수 안정성이 좋고 내충격성이 뛰어나 전기 부품 제작에 가장 많이 사용된다.

해설 ABS 소재는 가열할 때 냄새가 나기 때문에 3D 프린터 출력 시 환기가 필요하다.

18. 신장률이 뛰어나 출력 시 잘 끊어지지 않으며 리모넨(Limonene) 용액에 녹기 때문에 서포터 용도로 많이 쓰이는 소재는?
① HIPS ② PVA
③ ABS ④ PLA

해설 HIPS(High-Impact Polystyrene) 소재
㉠ HIPS 소재의 재료는 주로 쓰이는 재료인 ABS와 PLA의 중간 정도의 강도를 지닌다.
㉡ 신장률이 뛰어나 3D 프린터로 출력 시 끊어지지 않고 적층이 잘되며, 고유의 접착성을 가지고 있어서 히팅베드 면에 접착이 우수하다.
㉢ 리모넨(Limonene)이라는 용액에 녹기 때문에 PVA 소재와 마찬가지로 서포터 용도로 많이 쓰인다.

19. 나무(Wood) 소재에 대한 특징이 아닌 것은?
① 출력물이 목각의 느낌을 주기 때문에 인테리어 분야에 주로 사용된다.
② 소재 특성상 노즐의 직경이 작으면 출력 도중 막히는 경우가 있으므로, 노즐 직경 0.5mm 이상의 3D 프린터에서 사용하도록 권장한다.
③ 나무(톱밥)와 수지의 혼합물로 나무와 비슷한 냄새와 촉감을 지니고 있다.
④ 탄성이 뛰어나 휘어짐이 필요한 부품 제작에 주로 사용된다.

해설 나무(Wood) 소재는 탄성이 없고 휘어짐이 필요한 부품 제작에 사용할 수 없다.

20. SLA 방식에 사용되는 소재 UV 레진에 대한 설명이 아닌 것은?
① UV 광선을 쏘이게 되면 경화되는 소재이다.
② 구조물을 제작할 때 실내의 빛에 노출된다 하여도 경화되지 않는다.
③ 정밀도가 높은 편이지만 강도가 낮다.
④ 별도의 암막이나 빛 차단 장치를 해 주어야 한다.

해설 ④는 가시광선 레진에 대한 설명이다.

21. SLS 방식에 사용되는 소재인 플라스틱 분말에 대한 설명으로 틀린 것은?
① 플라스틱 분말은 염색성이 좋지 않아 다양한 색깔을 낼 수 없다.
② 플라스틱 분말은 SLS 방식에서 가장 흔히 사용되는 소재이다.
③ 나일론 계열의 폴리아미드가 SLS 방식 플라스틱 분말로 사용된다.
④ 의류, 패션, 액세서리, 핸드폰 케이스 등 직접 만들어서 착용이나 사용이 가능한 제품을 프린트할 수 있다.

해설 플라스틱 분말은 염색성이 좋아서 다양한 색깔을 낼 수가 있다.

22. SLS 방식에 사용되는 소재인 금속 분말에 대한 설명으로 틀린 것은?
① 자동차 부품과 같이 기계 부품제작 등에 많이 사용된다.
② 3D 프린터에서는 주로 알루미늄, 티타늄, 스테인리스 등이 SLS 방식의 금속 분말로 사용되고 있다.
③ 별도의 서포터가 필요 없다.
④ 금속 분말은 철, 알루미늄, 구리 등 하나 이상의 금속 원소로 구성된 재료이다.

해설 소결되거나 용융된 금속에서 빠르게 열을 분산시키고 열에 의한 뒤틀림을 방지하기 위해서 서포터가 필요하다.

23. FDM 방식의 3D 프린터 소재 장착에 관한 설명으로 잘못된 것은?
① 재료가 모두 소진되면 교체한다.
② 프린터 작동이 중지된 상태에서 교체한다.
③ 3D 프린터 뒤나 옆쪽에 위치하여 필라멘트의 선을 튜브에 삽입하여 장착하는 방식이다.
④ 재료를 토출 헤드에 직접 장착하는 방식으로, 토출 헤드의 구동 모터에 의해 재료가 노즐에 도달해 일정 온도에 용융되어 재료가 토출되는 방식이다.

해설 FDM 방식의 3D 프린터는 재료가 모두 소진되기 전에 교체한다.

210　3D프린터운용기능사 필기

24. SLA 방식의 3D 프린터 소재 보관 및 장착에 관한 설명으로 잘못된 것은?

① SLA 방식의 3D 프린터는 팩으로 포장된 재료를 프린터에 삽입하여 구조물을 제작한다.
② SLA 방식의 소재는 온도에 영향을 받지 않는다.
③ 광경화성 재료를 보관할 때에는 빛을 차단하는 장치가 있거나 광개시제와 혼합하지 않고 보관한다.
④ 광경화성 수지는 빛의 영향을 많이 받기 때문에 암막 및 빛 차단 장치를 가지고 있는 팩이나 케이스에 장착되어 광경화성 수지가 공급된다.

해설 온도에 영향을 받을 수 있으므로 온도 유지 장치에 보관하는 것이 좋다.

25. 노즐의 막힘 현상을 방지하기 위한 대책으로 옳은 것은?

① 외부에 고착되어 있는 찌꺼기들을 노즐 온도를 올려 핀셋 등으로 제거한다.
② 제품 출력 전에는 필라멘트를 교체하지 않는다.
③ 노즐을 해체하여 토치로 강하게 달궈 노즐 내부를 완전 연소시킨다.
④ 공업용 아세톤에 담가두어 내부에 눌어붙은 필라멘트를 제거한다.

해설 제품 출력 전에 노즐 온도를 올려 안에 있는 필라멘트를 빼낸 뒤 출력을 하거나 필라멘트를 교체한다.

정답 1. ④ 2. ② 3. ① 4. ④ 5. ④ 6. ④ 7. ④ 8. ④ 9. ③ 10. ③ 11. ② 12. ② 13. ④ 14. ① 15. ③ 16. ③ 17. ② 18. ① 19. ④ 20. ④ 21. ① 22. ④ 23. ① 24. ② 25. ②

3D PRINTER

PART 6

출력용 데이터 확정

01 문제점 파악

02 데이터 수정

03 수정데이터 재생성

Part 6 출력용 데이터 확정

Chapter 01 문제점 파악

1 오류 검출 프로그램 선정

1. 오류 검출 프로그램의 종류

(1) Netfabb(AUTODESK)

Netfabb은 적층 가공 및 3D 프린팅 작업 공정을 간소화하고, 빠르고 간편하게 3D 모델을 생성할 수 있는 적층 가공 전문 소프트웨어다.

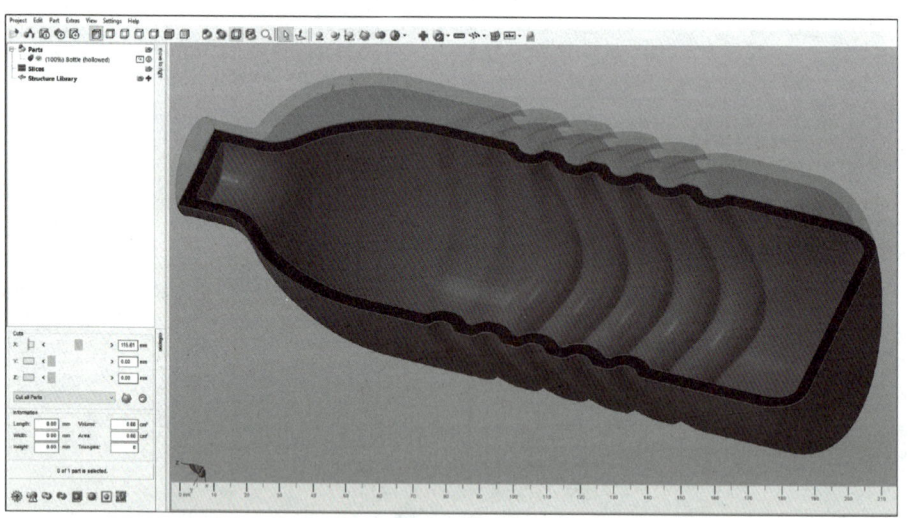

❋ AUTODESK Netfabb

① Netfabb 주요기능 및 특징
  ㉠ 거의 모든 CAD 포맷을 가져올 수 있고 다른 포맷으로 변환이 가능하다.
  ㉡ 자동 복구 도구를 이용해 모델의 구멍이나 교차점 및 기타 결함을 제거시킬 수 있다.

ⓒ 수동 복구 도구와 사용자 정의 복구 스크립트를 사용하면 오류를 잘라 메시를 편집하고 원본 파일과 수정된 메시를 비교할 수 있다.
ⓔ 구멍을 만들어 별도의 부품을 병합 또는 기능을 추출할 수 있고 그림과 텍스처에 텍스트를 추가할 수 있다.
ⓜ 3D 프린팅 전에 모델의 형상에 오프셋, 벽두께 등을 조정하고, 날카로운 모서리를 줄일 수 있으며, 메시 단순화 등 메시를 조정하여 메시의 수를 줄여 파일의 크기를 크게 줄일 수 있다.

(2) Meshmixer(AUTODESK)

Meshmixer는 매시 수정 소프트웨어다.

① 주요 기능 및 특징
ⓖ 메시를 부드럽게 하고 구멍이나 브릿지, 일그러진 경계면 등의 오류를 어느 부분에 어떤 오류가 있는지 알려주고 자동 복구시켜 준다.
ⓛ 수동으로 메시를 단순화시키거나 감소시킬 수 있는 툴을 제공한다.
ⓒ 모델의 표면에 형상을 만들거나 3D 프린팅을 위해 서포트를 조절할 수 있다.
ⓔ 3D 프린팅 시 자동으로 3D 프린터 베드에 알맞게 방향을 최적화해 주며, 평면을 자르거나 미러링시킬 수 있다.
ⓜ 분석도구로 3D 측정이나 안정성 및 두께 분석 등이 용이하다.

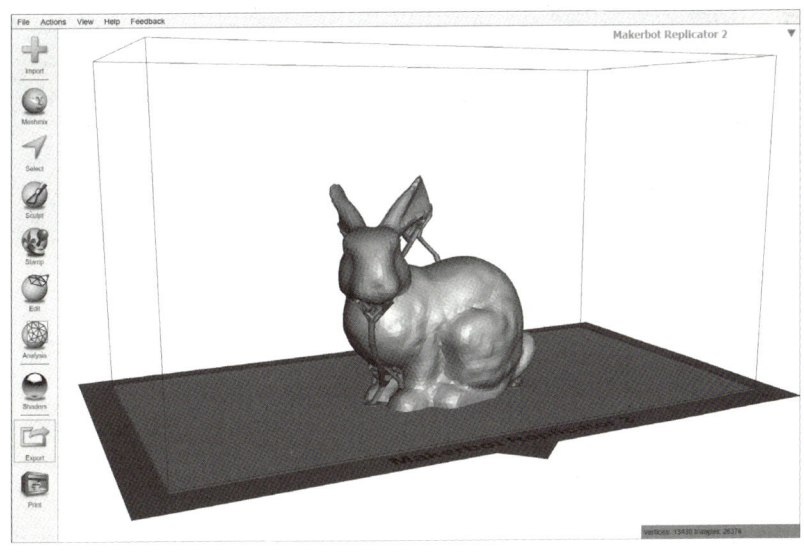

❋ AUTODESK Meshmixer

(3) MeshLab

MeshLab은 외부에서 모델링 데이터를 받거나, 스캔한 데이터 등 다양한 데이터를 프린팅하기 위해 검사 및 수정 소프트웨어이다.

① MeshLab 기능 및 특징
  ㉠ Meshlab은 VCG 라이브러리를 기반으로 윈도우, 맥, 리눅스에서 사용 가능하다.
  ㉡ 구조화되지 않은 큰 메시를 관리 및 처리하는 것을 목적으로 Healing, Cleaning, Editing, Inspecting, Rendering 도구를 제공하는 3D 메시 수정 소프트웨어이다.
  ㉢ 오토매틱 메시 클리닝 필터는 중복 제거, 참조되지 않은 정점, 아무 가치 없는 면, 다양하지 않은 모서리 등을 걸러내 준다.
  ㉣ 메시 도구는 2차의 에러 측정, 많은 종류의 세분화된 면, 두 표면 재구성 알고리즘에 기초하여 높은 품질의 단순화를 지원하고 표면에 일반적으로 존재하는 노이즈를 제거해 준다.
  ㉤ 곡률 분석 및 시각화를 위한 많은 종류의 필터와 도구를 제공한다.

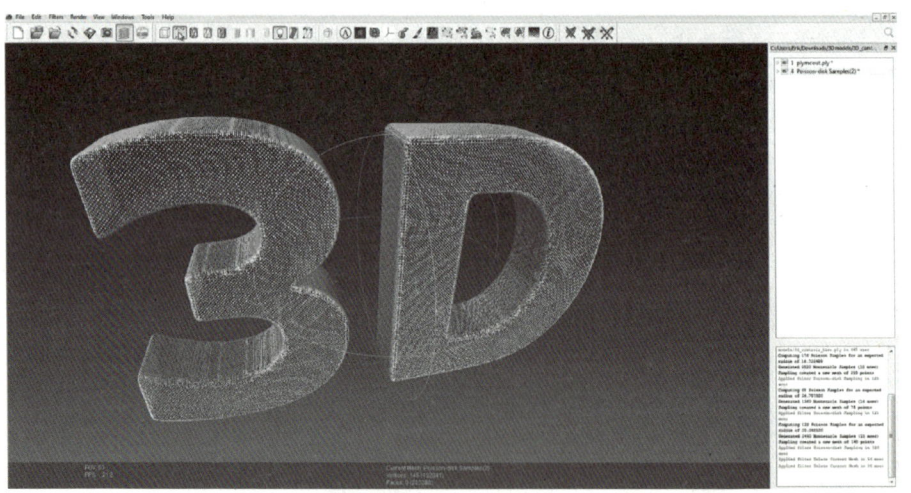

※ MeshLab

2. 출력용 파일 오류의 종류

(1) 비(非)매니폴드 형상

비(非)매니폴드 형상은 실제 존재할 수 없는 구조로 3D 프린팅, 부울 작업, 유체 분석 등에 오류가 생길 수 있다. 올바른 구조인 매니폴드 형상은 하나의 모서리를 2개의 면이 공유하지만 올바르지 못한 비(非)매니폴드 형상은 하나의 모서리를 3개 이상의 면이 공유하고 있는 경우와 모서리를 공유하고 있지 않은 서로 다른 면에 의해 공유되는 정점을 나타낸다.

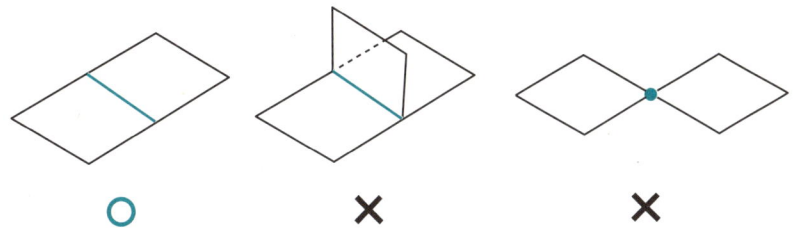

❋ 매니폴드 형상과 비(非)매니폴드 형상

(2) 단절된 메시

메시와 메시가 눈으로 구분하기 힘들 정도로 작게 떨어져 있는 경우가 있다. 이런 부분을 수정하지 않으면 3D 프린팅을 할 경우 오류가 날 수 있다.

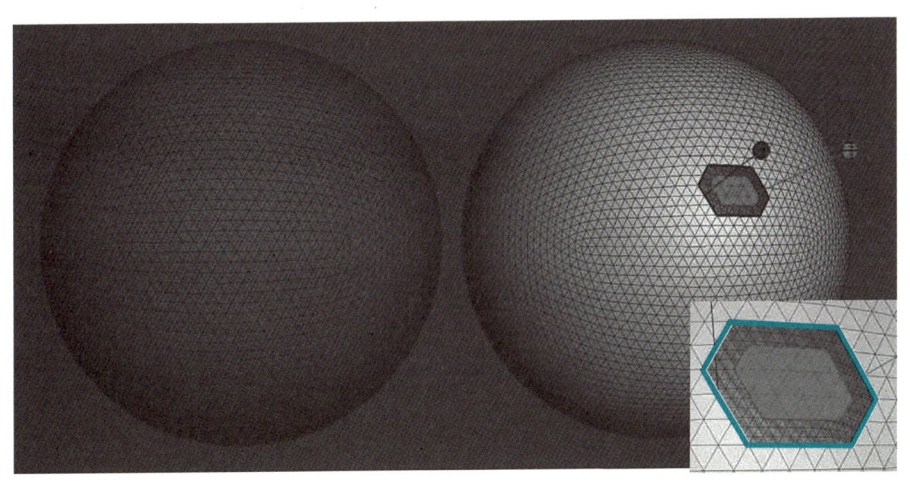

❋ 단절된 메시

(3) 클로즈 메시, 오픈 메시

출력용 파일로 변환된 모델에서 메시 사이에 한 면이 비어 있는 형상으로 변환되어 오픈 메시가 생기는 경우 모델링만 보는 것에는 큰 지장이 없지만, 3D 프린팅의 경우 출력된 모델이 달라질 수 있다.

① 클로즈 메시: 메시의 삼각형 면의 한 모서리가 2개의 면과 공유하는 것이다.
② 오픈 메시: 앞의 확대된 그림에서 파란 선으로 표현된 경계선처럼 메시의 삼각형 면의 한 모서리가 한 면에만 포함되는 것이다.

(4) 반전 면

노말 벡터가 반시계 방향으로 입력되어 인접된 면과 같은 방향이 되어야 하지만, 시계 방향으로 입력되어 인접된 면과 노말 벡터의 방향이 반대 방향일 경우 반전 면이 생긴다. 반전 면은 렌더링 및 시각화, 3D 프린팅을 하는 경우 문제가 발생한다.

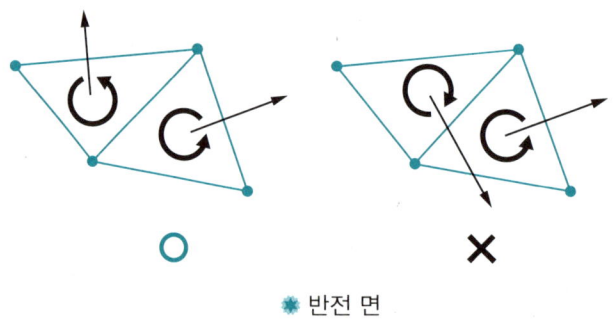

❋ 반전 면

(5) 오류수정을 하지 않을 경우

오류를 수정하지 않고 그대로 출력할 경우 심각한 오류 발생 위험이 있고, 작은 오류라도 3D 프린팅을 할 때 출력물의 품질이 떨어지거나 출력 시간이 오래 걸릴 수 있다.

2 문제점 리스트 작성

1. 문제점

3D 프린팅을 할 경우 출력용 파일의 오류뿐만 아니라 출력물의 여러 가지 요소가 문제점이 될 수 있다. 출력용 파일의 오류가 없더라도 그대로 출력한다면 수정과 출력 시간 등의 시간이 들기 때문에 오류가 없더라도 다른 요소들을 미리 생각하고, 오류들과 함께 문제점 리스트에 작성해 놓고 하나씩 수정한다면 출력하고자 하는 모델을 수정 없이 한 번에 출력할 수 있다.

(1) 크기

모델의 크기가 3D 프린터의 플랫폼의 크기보다 크다면 출력이 될 수 없기 때문에, 출력할 모델의 비율을 줄여서 출력하든지 3D 프로그램과 오류 검출 프로그램을 이용해 분할시켜 출력한다.

(2) 서포트

서포트가 필요한 모델이라면 출력할 때 서포트가 적게 생성되도록 모델의 방향을 정하여 출력해야 시간을 최소화시킬 수 있다. 서포트가 없도록 하는 경우가 가장 좋다.

(3) 공차

출력물이 어떤 다른 부품이나 다른 출력물과 결합 또는 조립되어야 한다면 공차를 생각해야 한다. 특히 FDM 형식의 3D 프린터의 경우, 결합 부분의 치수대로 만들더라도 만들어지는 과정에서 수축과 팽창으로 인해 치수가 달라질 수 있다. 같은 3D 프린터로 출력할 경우 수치가 달라지는 값이 일정하기 때문에 평소에 출력했던 출력물의 수치를 측정해 보면 수치가 달라지는 값을 알 수 있다.

(4) 채우기

출력물의 강도가 강해야 한다면 3D 프린팅을 할 경우에 출력물 내부에 많이 채우도록 하고, 출력물의 강도가 약해도 된다면 출력물 내부에 채우기를 조금만 해서 출력 시간을 줄이도록 한다.

2. 문제점 리스트 만들기

문제점 리스트를 작성할 경우 제일 먼저 출력할 모델에 오류가 있는지를 확인해야 한다. 오류가 있는지 없는지도 모르는 상태에서 크기, 서포트, 공차, 채우기 등을 먼저 설정했다가 나중에 오류가 있다면 오류를 제거하고 다시 설정을 해야 하는 경우가 생기기 때문이다. 오류가 있는지 없는지를 먼저 확인해서 어떤 오류가 얼마나 있는지를 작성한 뒤 수정 후 크기, 공차, 서포트, 채우기 순으로 설정한다.

Part 6 출력용 데이터 확정

❋ 문제점 리스트

문제점 리스트				
오류		오류 여부	O X	
	오류 종류	구멍		개
		비매니폴드 형상		개
		단절된 매시		개
		수정 가능	O X	
확인 사항	공차 부위 (mm)	크기(%)		%
		구멍		mm
		연결부		mm
		핀		mm
	서포트	회전축		축
		방향		쪽
		각도		°
		바닥과 닿는 면		면
		채우기(%)		%

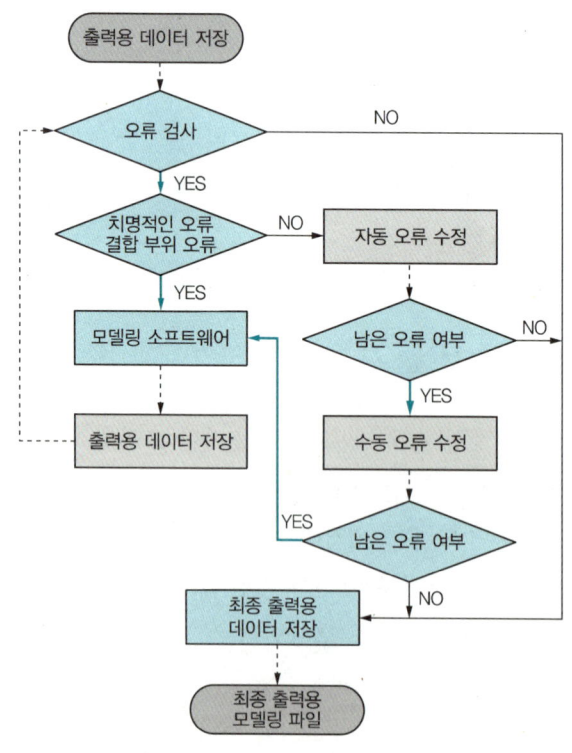

❋ 문제점 리스트 알고리즘

220   3D프린터운용기능사 필기

Chapter 02 데이터 수정

1 자동 수정 기능

1. 소프트웨어 자동 수정 기능

(1) 오류 보기

Analysis-Inspector를 누르면 자동으로 오류가 보이게 된다.

❋ 자동 오류 검사

(2) 자동 오류수정 설정

Inspector 설정 창에는 Hole fill mode와 Small Thresh가 있다.

① Hole fill mode

　　Hole fill mode는 구멍이 있는 곳을 어떻게 채울 것인지 설정하는 기능이며,

Minimal Fill, Flat Fill, Smooth Fill 등 세 가지가 있다.
㉠ Minimal Fill: 최소한의 메시로 구멍을 채운다.
㉡ Flat Fill: 많은 삼각형으로 채우지만, 구멍을 평평하게 채운다.
㉢ Smooth Fill: 모델의 곡면을 따라서 부드럽게 메시로 채운다.

② Small Thresh

값을 조정하면 허용 오차의 개념으로 어떤 값 미만, 이하의 오차는 구멍인 오류로 어떤 값 초과, 이상의 오차는 단절된 매시인 오류로 나타내어 준다. 하지만 단절된 메시를 Small Thresh 값을 바꿔 오류를 구멍으로 바꾼 뒤 자동 오류수정을 하면, 단절된 메시에서 구멍으로 바뀐 메시는 원래 모델과 이어지지 않고 혼자 남게 된다. 이런 경우에는 꼭 필요한 부분이 아니라면 단절된 메시로 놔두고 자동 오류수정을 해야 한다.

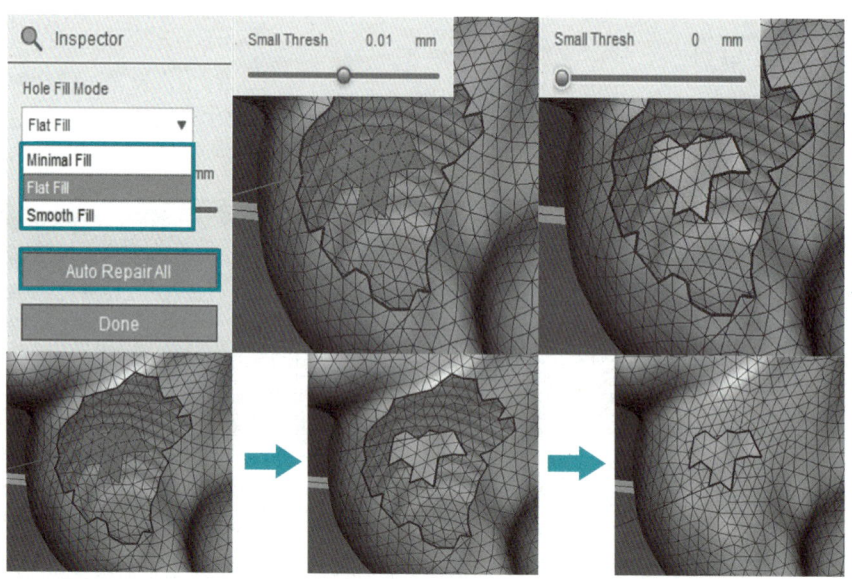

❋ 자동 오류수정 옵션

(3) 자동 오류수정

설정을 끝내고 Auto Repair All을 눌러 주면 오류수정이 된다.

2 수동 수정 기능

1. 소프트웨어 수동 오류수정

(1) 수동 오류수정 가능

자동 오류수정을 했지만 일부분 수정되지 않은 것이 있다. 일부분의 오류로 인해 수정되지 않은 부분은 수동 오류수정 기능을 사용하면 대부분의 모델을 수정 가능하다.

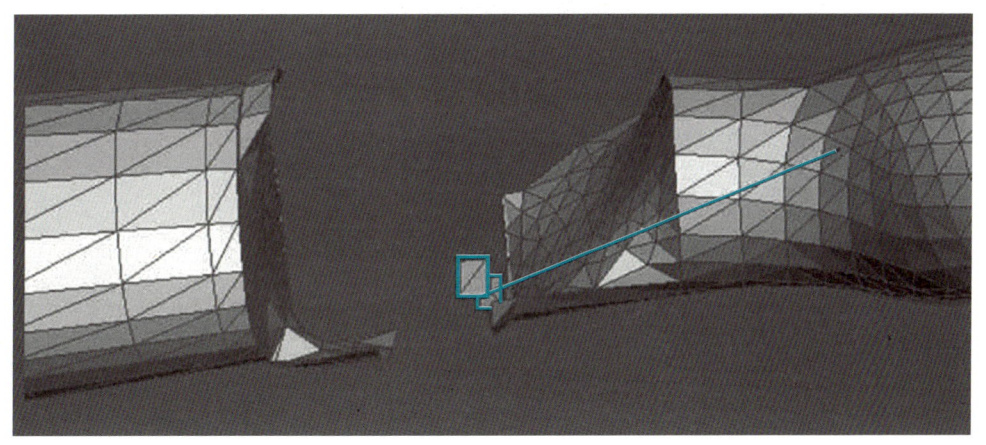

❋ 자동 오류수정으로 수정되지 않은 오류

(2) 수동 오류수정 불가능

① 수정 불가능한 모델은 다른 출력물과 결합이 필요한 모델이다. 결합 부분이 자동 오류수정으로 수정되지 않아 수동 오류수정으로 수정할 경우 정확한 치수를 줄 수 없기 때문에, 비슷한 모양으로는 가능할지 몰라도 결합은 힘들 수 있다.
② 모델 자체에 치명적인 오류가 있을 경우 수정할 수 없다.

2. 수동 오류수정을 위한 기능

(1) Meshmix

저장되어 있는 Open Part, Solid Part를 이용해 자신의 모델에 합성할 수 있는 기능이다. Open Part와 Solid Part를 Arms, Ears 등의 원하는 항목에 드래그하여 모델의 합성할 부분에 놓으면 된다.

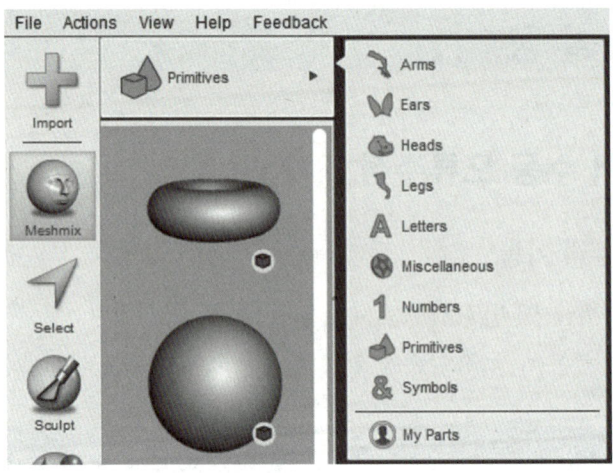

❋ Meshmix 기능

(2) Select

select 기능은 자신이 수정하고자 하는 메시 하나하나를 지정해서 수동으로 수정할 수 있는 기능이다.

① Edit

선택한 메시를 자르거나 재배치시키고 구멍을 채우는 등의 기본적인 기능이 있다. 이 기능들만으로도 대부분의 오류를 수동으로 수정할 수 있다.

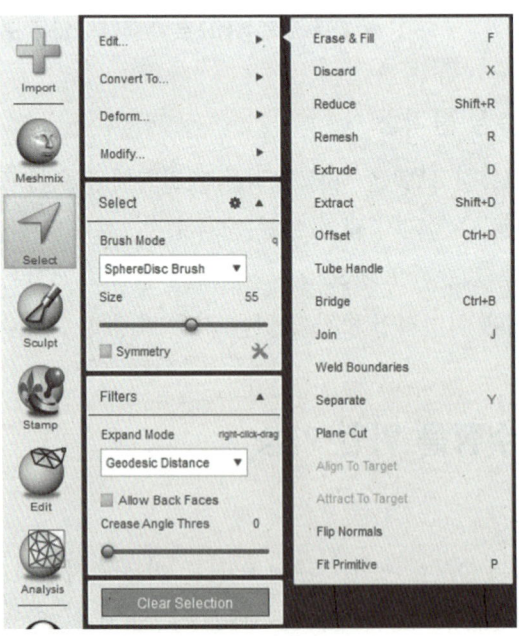

❋ Edit 기능

㉠ Erase & fill: 선택한 메시를 지우고 다시 채우거나 이미 구멍이 있는 부분을 채워 주는 기능이다.
　ⓐ Repalce/Fill Type
　　• Flat Minimal: 선택된 메시를 지우고 구멍을 최소한의 메시로 평평하게 채운다.
　　• Flat Remeshed: 선택된 메시를 지우고 구멍을 채울 메시의 양을 정한다. Refine 옵션으로 메시의 양을 조절할 수 있다.
　　• Smooth MVC: 모델의 곡면을 따라 구멍을 곡면으로 채워 주는 기능이다. Refine, Smooth, Scale, Bugle의 옵션으로 조정이 가능하다.

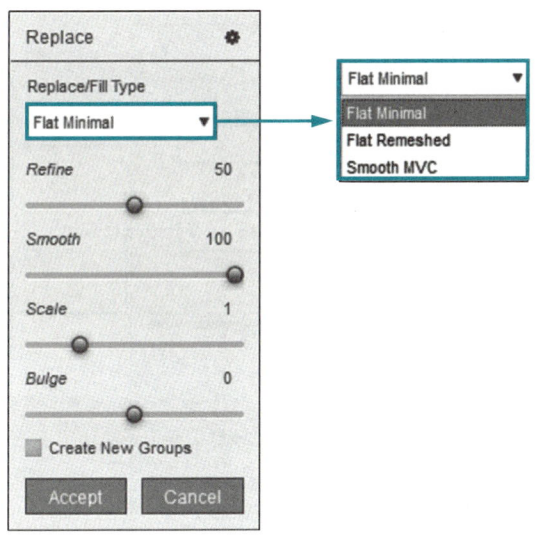

✽ Erase & fill 기능

㉡ Discard: 수정하기 위해 선택한 메시를 제거해 주는 기능이다.

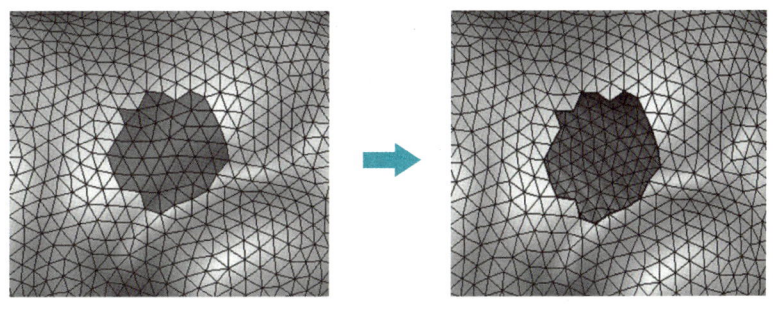

✽ Discard 기능으로 메시가 제거된 모습

ⓒ Reduce: 선택한 메시의 수를 줄여 주는 기능이다.
　ⓐ Reduce Target
　　• Percentage: 메시의 비율을 조절해 준다.
　　• Triangle Budget: Tri count 옵션을 이용해 삼각형의 개수를 조절하여 메시를 줄여 준다.
　　• Max Deviation: 최대 편차 이하의 메시로 만들어 메시를 줄여 준다.
　ⓑ Reduce Tupe
　　• Uniform: 메시의 수를 줄일 때 전체 메시가 균일하게 줄어들게 하는 모드다.
　　• Shape Preserving: 메시의 수를 줄일 때 원래 모델의 형상에 비슷하게 유지시키면서 줄어 들게 한다.

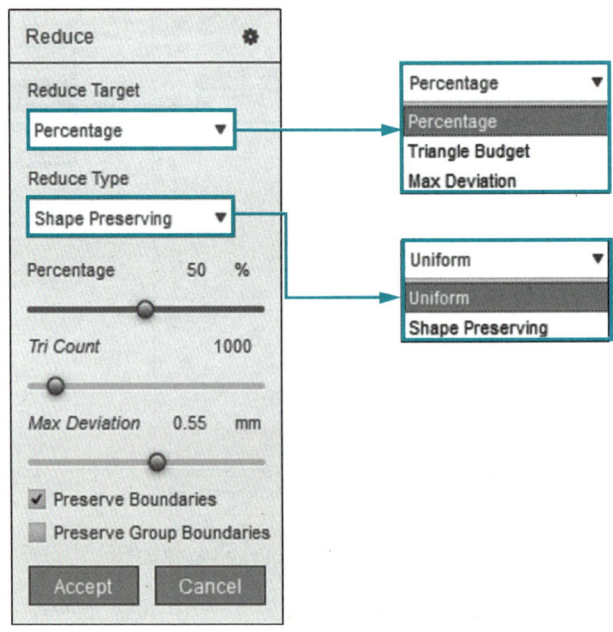

❋ Reduce 기능

ⓔ Remesh: 선택한 메시를 재배치시켜 주는 기능이다.
　ⓐ Remesh Mode
　　• Relative Density: Density, Regularity, Iterations, Transation 옵션을 조절하여 메시를 재배치 시켜준다.
　　　- Density: 메시의 밀도를 조절하는 옵션으로 값이 높을수록 메시가 촘촘해진다.
　　　- Regularity: 재배치된 메시가 한 곳에만 촘촘하지 않도록 규칙적으로 바꿔

준다.
- Transation: 재배치된 메시가 테두리로부터 일정 거리 떨어지도록 한다.
- Iterations: 옵션 값에 따라 재배치를 반복시켜 더 촘촘하게 만든다.

ⓑ Adaptive Density: Relative Density에서 Threshold 옵션이 추가 된다.
ⓒ Target Edge Length: Edge Length, Regularity, Iterations, Transation 옵션을 조절하여 메시를 재배치시켜 주는 기능이다.
- Edge Length: 메시의 모서리 길이를 조절하는 옵션이다.
- Linear Subdivision: Relative Density에서 Regularity옵션 값을 0으로 고정한 것이다.

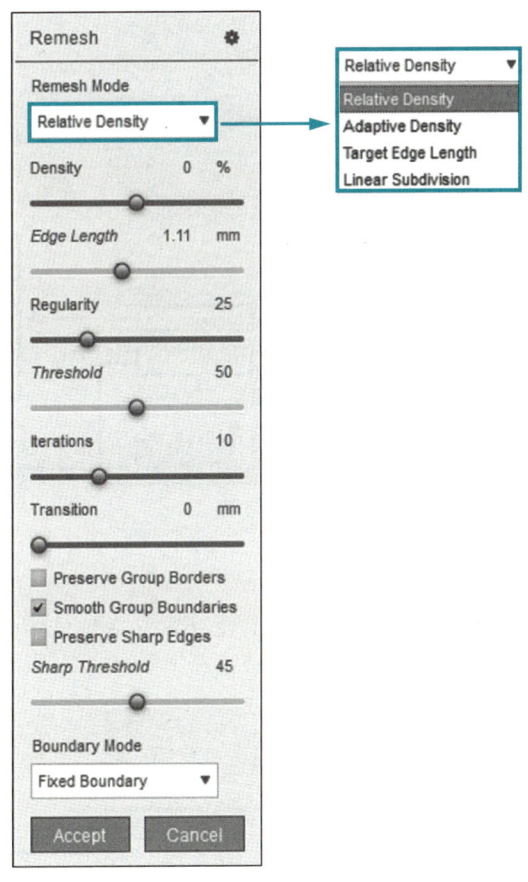

❋ Remesh 기능

ⓓ Extrud: 선택된 메시를 자신이 설정한 방향으로 오프셋 시키는 기능이다.
ⓐ Offset: 선택한 메시와 거리를 조절하는 옵션이다.
ⓑ Density: 처음 선택된 메시와 오프셋된 메시 사이의 메시의 밀도를 조절한다.

ⓒ Direction: 오프셋 되는 메시의 방향을 정한다.
- Nomal: 각 메시의 오른손 법칙에 의해 생성되는 노말 벡터 방향으로 오프셋 된다.
- Constant: 선택된 메시의 방향 그대로 오프셋 된다.
- X Axis, Y Axis, Z Axis: X, Y, Z 방향으로 오프셋 된다.

ⓓ End Type
- Offset: 선택된 메시의 형상을 유지한다.
- Flat: 선택된 메시의 형상을 평면으로 만든다.
    ※ 오프셋 방향이 Nomal이면 Flat은 적용되지 않는다.

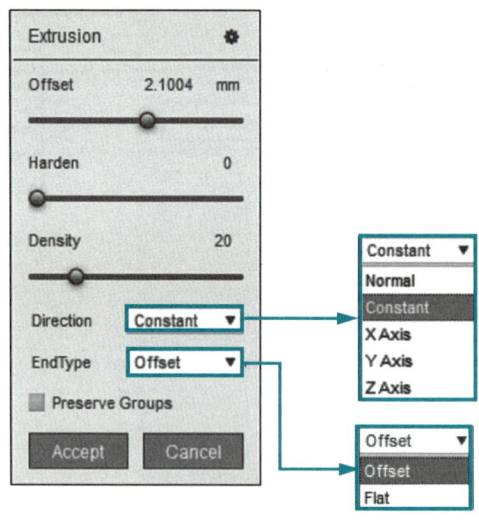

❋ Extrud 기능

ⓑ Extract: Extract는 선택한 메시를 오프셋시키는 기능이다.

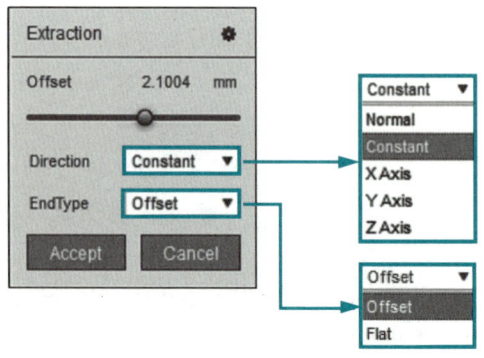

❋ Extract 기능과 결과

ⓈOffset: 선택한 메시를 노말 벡터 방향으로 오프셋 시켜주는 기능이다.
  ⓐ Distance: 선택된 메시와의 거리를 나타낸다.
  ⓑ Accuracy: 오프셋된 메시를 모델의 곡면을 따라가도록 메시의 밀도를 높여준다.
  ⓒ Regularity: 오프셋된 메시를 규칙적으로 만들어 준다.
  ⓓ Soft Transition: 구멍이 있는 부분으로 갈수록 오프셋이 줄어들도록 하는 기능이다.
  ⓔ Connected: Connected에 체크하면 Extrud의 Direction-Nomal로 옵션을 설정한 것과 같은 기능이다.

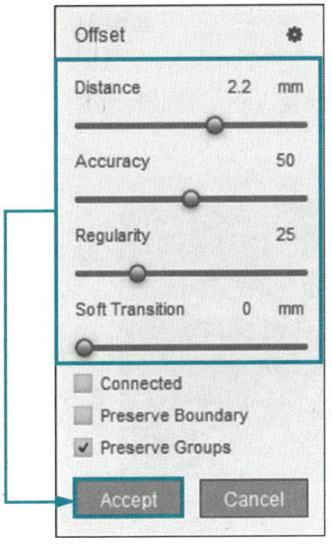

❋ Offset 기능

ⓄTube Handle: 서로 떨어져 있는 메시를 선택하면 선택한 메시를 연결 시켜주는 기능이다.
  ⓐ Refine: 메시의 수를 늘려 연결부를 부드럽게 해준다.
  ⓑ Flip Orientation: 연결 부분의 중간 두께를 얇게 만들어 준다.

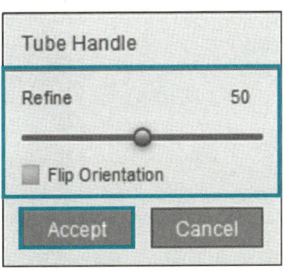

❋ Tube Handle 기능

ⓩ Bridge: 중복되지 않은 모서리를 가진 메시가 포함된 2개의 영역을 선택하면 중복되지 않은 모서리를 서로 연결시켜 준다.
　ⓐ Refine: 다른 영역의 메시를 연결해 주는 메시의 수를 늘려주는 옵션이다.

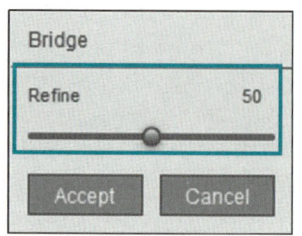

❋ Bridge 기능

ⓩ Join: 단절된 메시를 다른 메시와 연결시켜 주는 기능이다. 자동 오류수정에서 단절된 메시는 자동으로 제거되지만 Join 기능을 사용하면 서로 연결시킬 수 있다.

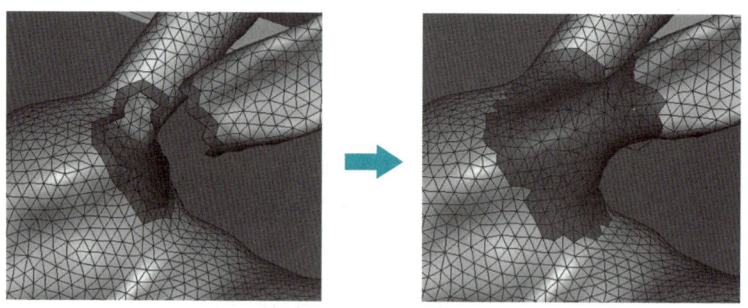

❋ Join 기능

㉠ Separate: 선택된 메시를 다른 오브젝트로 만들어 주는 기능이다. 본래 모델의 형상을 유지하면서 다른 오브젝트가 생기는 것이 아니라 선택된 메시 자체를 떼어내어 다른 오브젝트로 만들어진다.

❋ Separate 기능의 결과

ⓔ Plane Cut: 위치와 각도를 변경시킬 수 있는 평면의 위, 아래쪽 방향에 선택된 메시만 제거하는 기능이다.
  ⓐ Cut Type
    • Cut (Discard Half): 선택된 메시를 평면 기준으로 모두 제거하는 옵션이다.
    • Slice (Keep Both): 제거하는 것은 아니지만 원래 연결되어 있던 메시와의 연결을 끊는다.
    • Slice Groups: 연결되어 있지만 서로 다른 영역으로 만든다.
  ⓑ Fill Type
    • No Fill: 선택된 메시가 잘려 구멍이 생길 때 구멍을 채우지 않는 옵션이다.
    • Minimal Fill, Remeshed Fill, Fixed Fill: 각각 최소한의 메시로 채우고, 모델의 원래 메시의 밀도대로 구멍을 채우며 규칙적으로 메시를 채우는 기능이다.

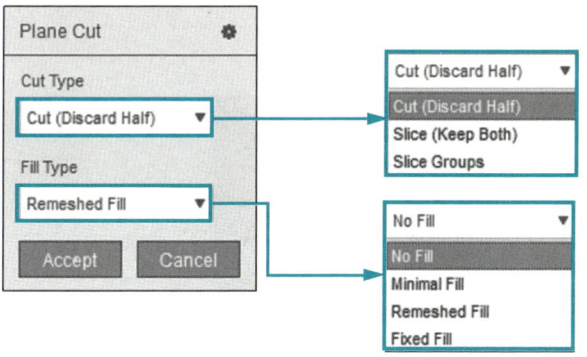

❋ Plane Cut 기능

ⓕ Flip Normals: 선택한 메시의 노말 벡터 방향을 반전시키는 기능이다.

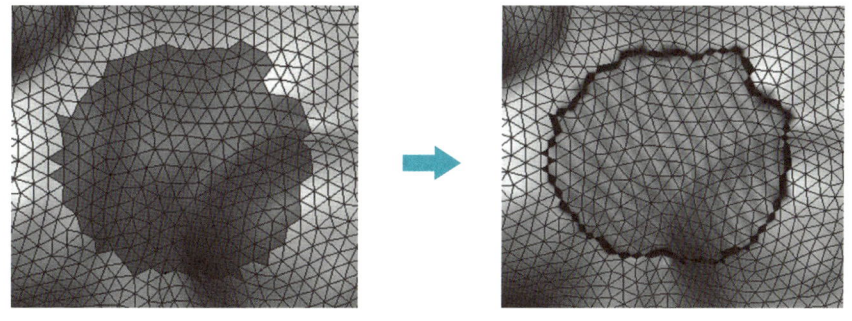

❋ Flip Normals 기능과 결과

② Convert to

선택한 메시를 Open Part, Solid Part, Stamp로 변환해 Meshmix-My Parts에 추가시킬 수 있다. 추가시킨 Parts를 기존 메시에 추가시켜 활용할 수 있다.

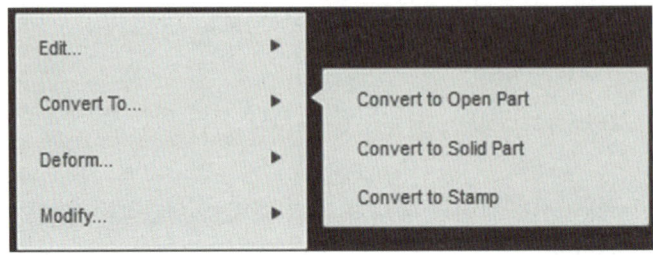

❋ Convert to 기능

㉠ Convert to Open Part: 선택한 메시를 Meshmix-My Parts에 추가하는 기능이다.

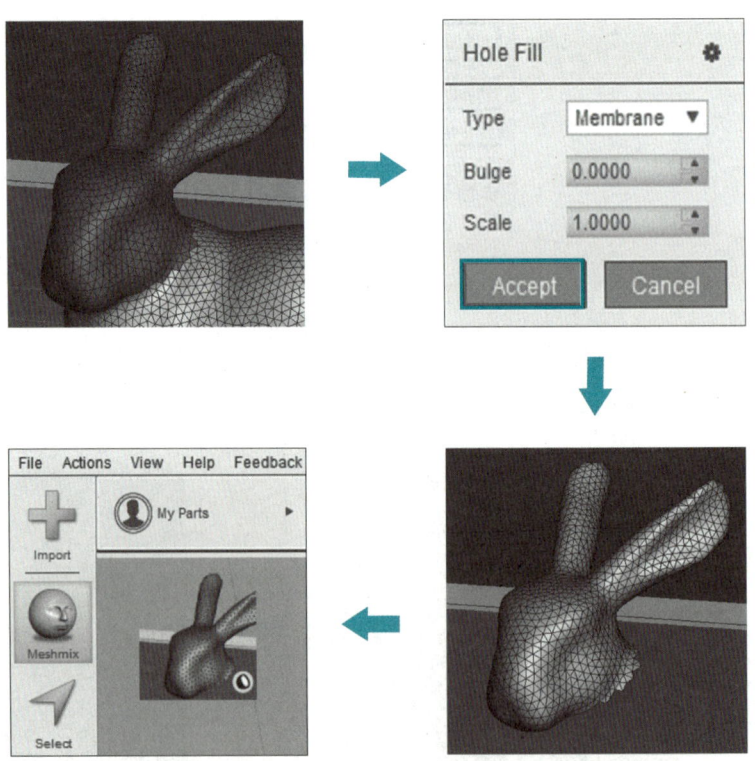

❋ My Parts에 저장된 선택된 메시

ⓒ Convert to Solid Part : 선택한 메시를 Meshmix-My Parts에 추가하는 기능이
며 닫힌 메시와 열린 메시 모두 추가 가능하다.

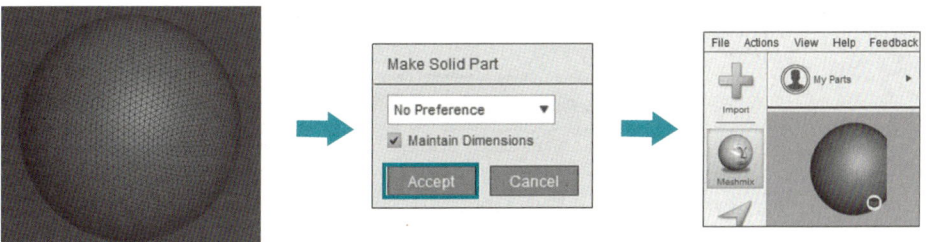

❋ My Parts에 저장된 선택된 메시

ⓒ Convert to Stamp : 선택한 메시를 Stamp에 추가하는 기능으로, 선택한 메시
안에 선택되지 않은 메시가 있으면 추가시킬 수 없고 3차원으로 선택할 경우, 추
가는 되지만 적용이 되지 않을 수 있다.

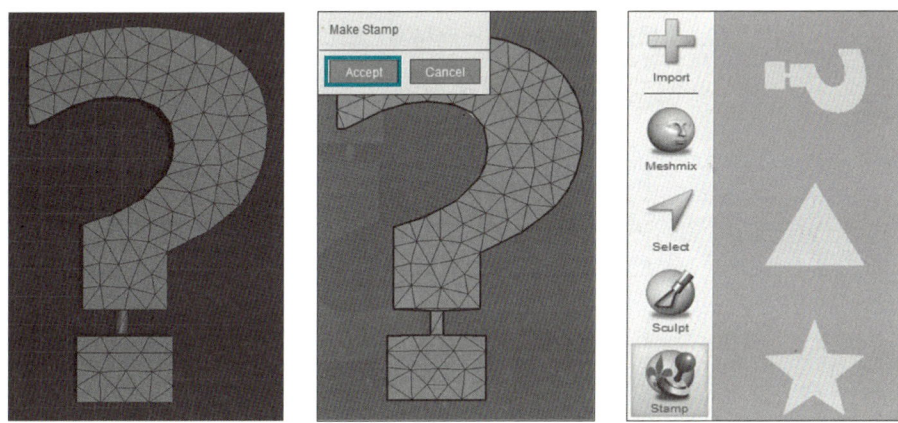

❋ Stamp에 저장된 선택된 메시

③ Deform

선택한 메시를 변형시키는 기능으로, 표면이 굴곡진 메시를 부드럽게 팽창시키거나
수축시킬 수 있고 휘거나 굽힐 수 있는 기능이다.

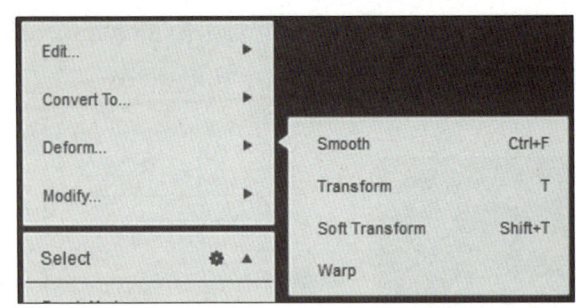

❋ Deform 기능

㉠ Smooth: 선택한 메시의 굴곡진 표면을 부드럽게 해 주는 기능이다. 반대로 더욱 굴곡지도록 만들 수도 있다.
　ⓐ Smoothing Type
　　• Shape Preserving: 모델의 모양을 유지하면서 부드럽게 만드는 옵션이다.
　　• Uniform Triangle: 부드럽게 만들 때 삼각형을 균일하게 분포시켜 준다.
　　• Max Smoothness: 굴곡진 부분을 최대로 부드럽게 만들어 주는 옵션이다.
　ⓑ Smoothing: 부드러움의 정도를 조절한다.
　ⓒ Smoothing Scale: 부드러움의 강도를 조절한다.
　ⓓ Constraint Rings: 제약 범위를 조절한다.

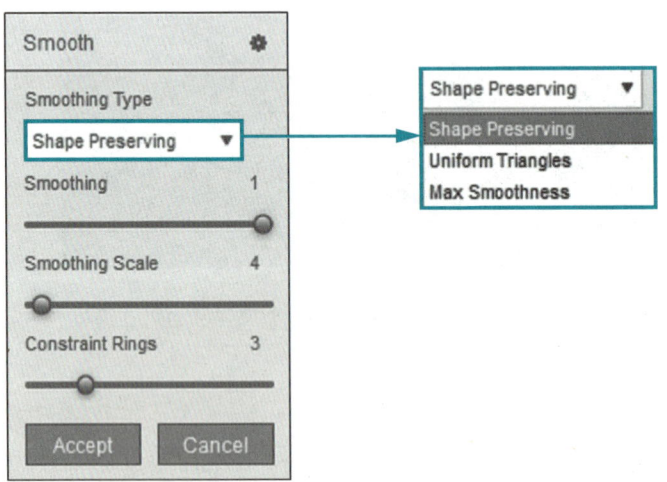

❋ Smooth 기능

ⓛ Transform: 선택한 메시를 모델과 오프셋시키거나 축에 대해 회전, 팽창, 수축
시킬 수 있는 기능이다.

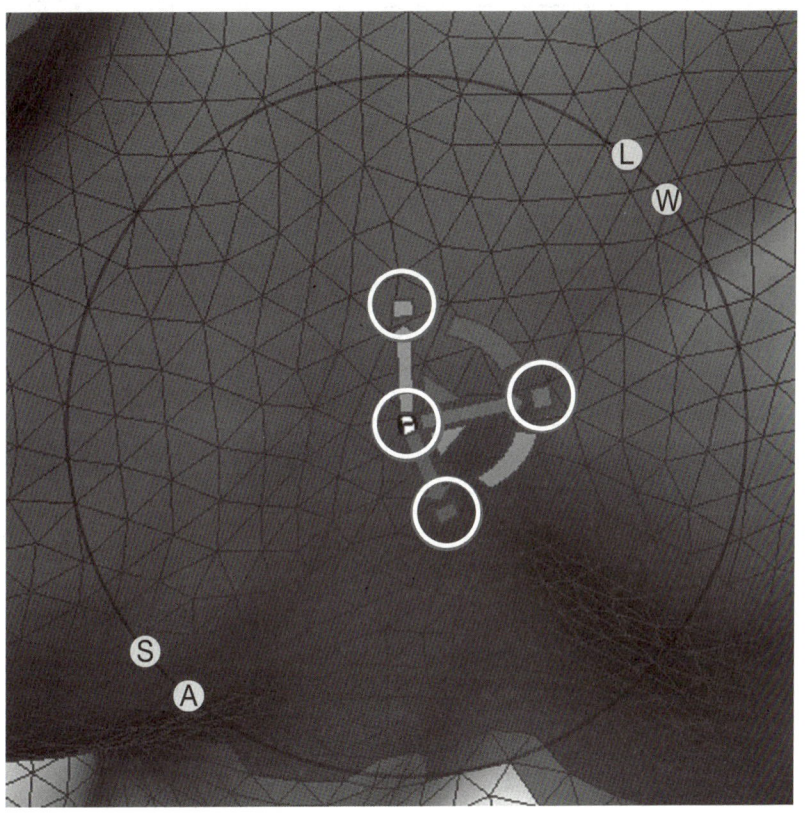

✱ Transform 설정 아이콘

ⓒ Soft Transform: Soft Transform은 선택한 메시와 경계의 메시가 함께 오프셋
되어 부드러운 형상을 가진다.

ⓐ Deformation Type
- Linear Deformation: 선형 변형
- Nonlinear Deformation: 비선형 변형
- Flat Transition: 선택한 메시와 경계의 메시가 평평하게 이어지도록 하는 옵션이다.
- Stretchy Transition: 오프셋 거리가 멀어질수록 가운데가 가늘어지는 기능이다.

ⓑ Refine Mesh: 오프셋 할수록 메시의 수가 늘어나도록 부드럽게 만들어 준다.
ⓒ Falloff: 경계의 메시 범위를 늘려주는 기능이다.

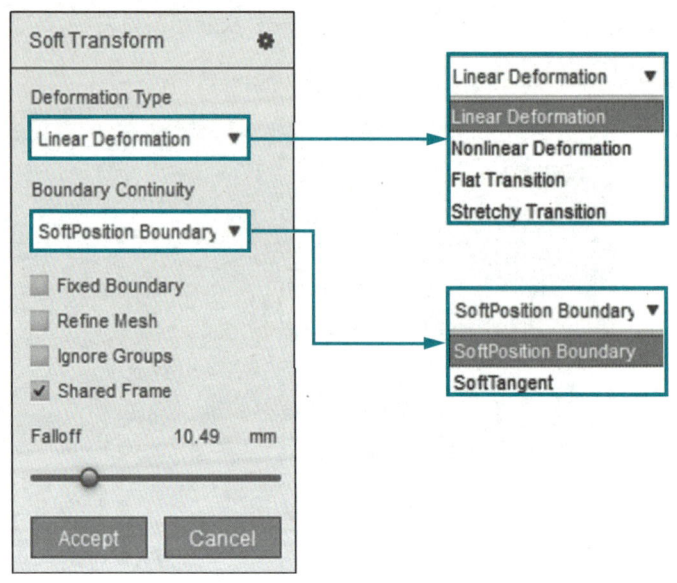

❋ Soft Transform 기능

ⓓ Warp: 선택한 메시를 휘거나 굽힐 수 있는 기능이다.

④ Modify

메시를 선택하는 기능으로, 선택한 메시를 다른 메시 그룹으로 바꿔 주거나 메시 그룹을 없앨 수 있다.

㉠ Select All: 불러낸 모델의 모든 메시를 선택하는 기능이다. 오브젝트가 다르면 선택되지 않는다.

㉡ Select Visible: 화면에 보이는 메시만을 선택하는 기능으로 오브젝트가 다르면 선택되지 않는다.

㉢ Expand Ring: 선택한 메시의 선택 영역을 원 형식으로 넓혀 주는 기능으로, 컨트롤+휠과 똑같은 기능이다.

㉣ Contact Ring: 선택한 메시의 선택 영역을 원 형식으로 좁혀 주는 기능으로, 컨트롤+휠과 똑같은 기능이다.

㉤ Expand to connected: 선택한 메시와 닿아 있는 모든 메시를 선택해 주는 기능으로, [Solid Parts]와 같이 겹쳐 있는 메시도 같이 선택된다.

㉥ Expand to groups: 선택한 메시와 같은 그룹에 속해 있는 메시를 선택해 주는 기능이다. 색은 같지만 떨어져 있는 그룹은 선택되지 않는다.

㉦ Invert: 선택한 메시 외의 모든 메시를 선택해 주는 기능이다.

㉧ Invert: 선택한 메시 외의 연결된 메시만 선택해 주는 기능이다.

ⓩ Optimize Boundary: 선택한 메시를 최적화시켜 주는 기능으로, 부드럽지 못한 곳을 채우거나 제거해 준다.
ⓩ Smooth Boundary: 선택한 메시의 테두리를 부드럽게 만들어 주는 기능이다. 부드럽게 만들어진 메시는 그룹화 된다.
ⓚ Create FaceGroup: 선택한 메시를 그룹화하는 기능이다.
ⓔ Clear FaceGroup: 그룹화되어 있는 메시의 그룹화를 제거해 준다.

Part 6 출력용 데이터 확정

Chapter 03 수정데이터 재생성

1 3차원 객체 수정

1. 수정 부분 파악하고 수정하기

(1) 수정 부분 파악하기

리스트를 통해 파악된 치명적인 오류, 결합 부위 오류, 수동 오류수정으로 수정되지 않는 오류는 모델링 소프트웨어를 통해 수정해야 한다.

(2) 출력용 모델링 파일과 모델링 파일

출력용 모델링 파일을 모델링 소프트웨어에서 수정하기 위해서는 출력용 모델링 파일로 저장 했었던 원본 모델링 파일이 필요하다. stl, obj 등의 출력용 모델링 파일은 메시로 이루어져 있기 때문에 메시 수정 소프트웨어가 아닌 모델링 프로그램에서는 수정이 불가능하다.

2 출력용 파일 저장

1. 수정된 모델링 파일을 출력용 모델링 파일로 저장

(1) 모델링 소프트웨어에서 출력용 모델링 파일로 저장

3D CAD 소프트웨어는 3D 프린터로 프린팅하기 위해 표준화되어 있는 stl 확장자만 지원하는 경우가 많다.

(2) 오류 검출 프로그램에서 출력용 모델링 파일로 저장

모델링 소프트웨어에서 원하는 확장자를 지원하지 않더라도 오류 검출 프로그램에서 출력용 모델링 파일을 열어 다른 출력용 모델링 데이터 확장자로 저장할 수 있기 때문에 모델링 소프트웨어에서 다른 출력용 모델링 파일로 저장해도 문제없다.

2. 출력용 모델링 파일을 자동 오류 검사를 실시하고 최종 모델링 파일로 저장

모델링 소프트웨어에서 수정된 출력용 모델링 파일을 자동 오류 검사를 통해 검사를 한다. 오류가 있다면, 문제점 리스트를 작성하는 데 사용했던 알고리즘을 바탕으로 오류 검사, 오류 종류, 수정 방법을 오류가 없어질 때까지 반복한다.

3. 최종 출력용 모델링 파일의 형태로 저장하기

3D 모델링 프로그램에서 모델링 후 오류 검출 프로그램을 이용해 검사를 했을 때 오류가 없는 경우도 있다. STL 파일을 지원하지 않는 프로그램은 없지만 AMF, OBJ 또는 자신이 원하는 파일 포맷이 아닐 경우 대다수의 오류 검출 프로그램에서는 출력용 모델링 파일포맷으로 변환을 지원한다.

(1) 프로그램별 지원 포맷

① Netfabb: 3MF, STL, STL(ASCII), ColorSTL, GTS, AMF, X3D, X3D8, 3DS, Compressed Mesh, OBJ, PLY, VRML, Slice
② Meshmixer: OBJ, DEA, PLY, STL(Binary), STL(ACSCII), AMF, WRL, smesh

4. 데이터 포맷

(1) STL(Stereo Lithography)

최초의 상업용 3D 프린터용으로 개발된 표면을 삼각형화 시켜서 저장하고 CAD 시스템으로부터 쉽게 생성되도록 매우 단순하게 설계 하였다.

① STL 포맷의 개념

STL 포맷은 삼각형의 세 꼭짓점이 나열된 순서에 따라 오른손 법칙(Right hand

rule)을 사용한다. 노말 벡터를 축으로 반시계 방향으로 꼭짓점이 입력되어야 하고, 각 꼭짓점은 인접한 모든 삼각형의 꼭짓점 이여야 한다는 규칙을 만족시켜야 한다.

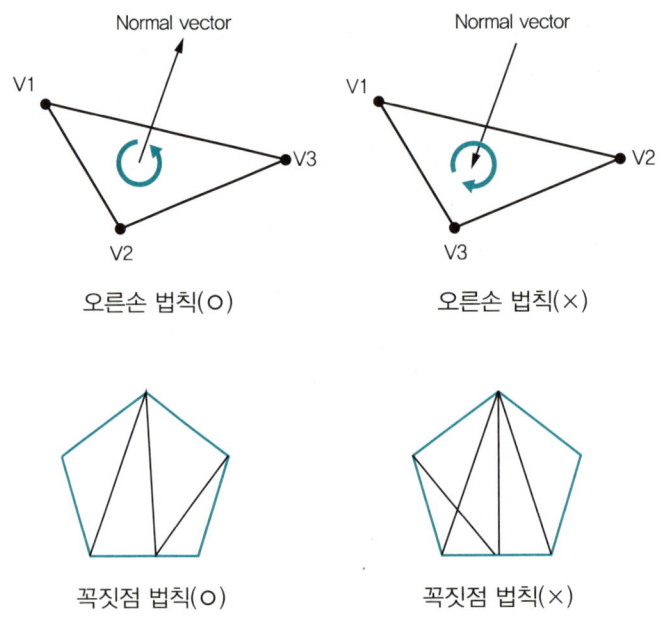

✿ 오른손 법칙과 꼭짓점 법칙

또한, 유한 요소 Mesh generation 방식을 사용하여 3D 모델을 삼각형들로 분할한 후 각각의 삼각형으로 출력하고 쉽게 STL 파일로 출력할 수 있기 때문에 특별한 해석 없이 사용이 가능하다.

② STL 포맷의 단점
  ㉠ STL 포맷은 동일한 꼭짓점이 반복된 법칙으로 인해 파일의 크기가 매우 커지게 되어 전송 시간이 길고 저장 공간을 많이 차지한다.
  ㉡ 삼각형과 삼각형 사이의 구멍이나 면들의 연결 존재 등의 위상 정보가 없고 관계에 대한 정보가 없어 특정 모양의 정보 처리도 매우 느리고 비효율적이다.

③ STL 포맷의 특징
  ㉠ ASCII와 Binary 두 가지 포맷이 있다.
  ㉡ 입체 형성에서 표준으로 사용된다.
  ㉢ 3차원 형상을 많은 3각형 면으로 구성하여 표현해 주는 폴리곤 포맷이기 때문에 삼각형의 크기가 작을수록 고품질의 출력물 표면을 얻을 수 있다.

ⓓ STL 포맷은 모델의 색상에 대한 정보는 저장하지 않으며 한 가지 색상만을 저장한다.

(2) AMF(Additive Manufacturing File)

AMF(Additive Manufacturing File) 포맷은 XML에 기반해 STL의 단점을 다소 보완한 파일 포맷이다.

① AMF 포맷의 특징
  ㉠ 색상, 질감과 표면 윤곽이 반영된 면을 포함해 STL 포맷에 비해 곡면을 잘 표현한다.
  ㉡ 색상 단계를 포함하여 각 재료 체적의 색과 메시의 각 삼각형의 색상을 지정할 수 있다.
  ㉢ 3D CAD 모델링을 할 때 모델의 단위를 계산할 필요가 없고, 같은 모델을 STL과 AMF로 변환했을 때 AMF의 용량이 매우 작다.

(3) 3MF(3D Manufacturing Format)

① 색상, 재질, 재료, 매시 등의 정보를 한 파일에 담을 수 있다.
② 매우 유연한 형식으로 필요한 데이터를 추가할 수 있다.

(4) PLY(Polygon file format)

① OBJ 포맷의 부족한 확장성으로 인한 성질과 요소에 개념을 종합하기 위해 고안되었다.
② 스탠포드삼각형 형식 또는 다각형 파일 형식으로, 주로 3D 스캐너를 이용해 물건이나 인물 등을 3D 스캔한 스캔 데이터를 저장하기 위해 설계되었다.
③ 표면의 법선 색상, 투명도 좌표 및 데이터를 포함하고, PLY 포맷은 STL 포맷과 비슷하게 ASCII 형식과 Binary 형식이 있다.

(5) OBJ(Object file)

① 색상, 텍스처, 캐드 모델 등을 한 번에 저장한다.
② DXF, IGES처럼 ASCII 형태(확장자 .obj)로 데이터를 저장할 수도 있고, Binary형식(확장자 .mod)으로 저장할 수도 있다.
③ ASCII 형태인 OBJ로 저장을 하더라도 DXF나 IGES만큼 데이터의 크기가 커지지 않는다.

(6) IGES(Initial Graphics Exchange Specification)

디지털 표현과 CAD/CAM 시스템 간의 정보 교환을 위한 ANSI 표준 형식이다.
① 최초의 3D 호환 표준 포맷이다.
② ASCII Text 형식을 취하고 있다.
③ 형상 데이터를 나타내는 엔티티(Entity)로 이루어져 있다.
④ 점, 선, 원, 자유곡선, 자유곡면 등 3차원 모델의 모든 정보를 포함한다.
⑤ 스플라인, 커브나 넙스 곡면을 사용할 수 있기 때문에 폴리곤 모델 데이터 외에도 넙스 모델 데이터의 호환에 사용된다.

3 오류수정

1. 치명적인 오류수정 방법

모델링 소프트웨어에서 모델링 파일을 만들어 출력용 모델링 파일로 저장하는 경우에 소프트웨어상에서 오류가 생기는 일이 많다. 이런 경우 모델링 파일을 출력용 모델링 파일로 다시 저장하면 대부분 해결되지만, 그래도 해결되지 않는다면 모델링을 다시 한다.

2. 결합 부위 오류수정 방법

자동 오류수정 후 메시 부분이 제거되면 수동 오류수정으로 수정해야 한다. 하지만 다른 부품과 결합된 부분이 제거된다면 메시 수정 소프트웨어로는 정확한 치수로 복구가 불가능하기 때문에 모델링 소프트웨어 프로그램으로 수정한다.

▶출제 예상문제

1. 3D 프린팅에 적합하지 않은 3D 데이터 포맷은?
① STL ② OBJ
③ MPEG ④ AMF

해설 MPEG 파일은 동영상 코덱이다.

2. 문제점 리스트를 작성하고 오류수정을 거쳐 출력용 데이터를 저장하는 과정이다. A, B, C에 들어갈 내용이 모두 옳은 것은?

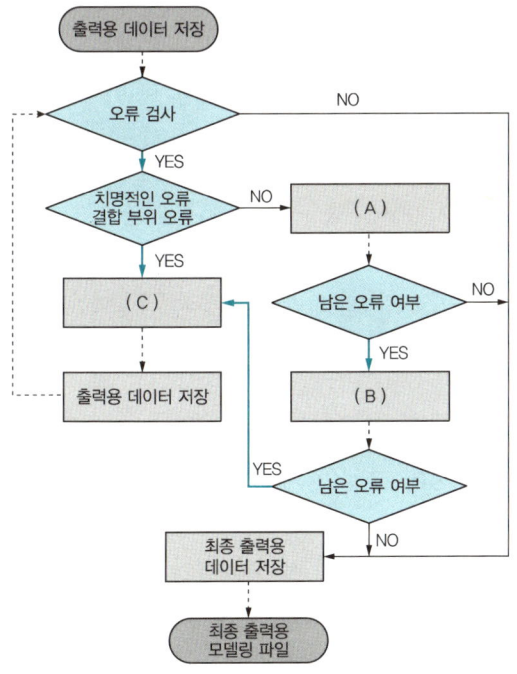

[보기]
ㄱ. 수동 오류수정
ㄴ. 자동 오류수정
ㄷ. 모델링 소프트웨어 수정

① A : ㄱ, B : ㄴ, C : ㄷ
② A : ㄴ, B : ㄱ, C : ㄷ
③ A : ㄴ, B : ㄷ, C : ㄱ
④ A : ㄷ, B : ㄴ, C : ㄱ

해설 자동 오류수정을 하고, 해결이 안 되는 경우 수동 오류수정을 한다. 그래도 해결이 안 된다면 모델링으로 부가 출력물을 생성시킨다.

3. 3D 프린터용 슬라이서 프로그램이 인식할 수 있는 파일의 종류로 올바르게 나열된 것은?
① STL, OBJ, IGES
② DWG, STL, AMF
③ STL, OBJ, AMF
④ DWG, IGES, STL

해설 3D 프린터가 인식할 수 있는 모델링 포맷에 대한 문제로 STL, AMF, PLY, VRM, OBJ 등 폴리곤 기반의 포맷이 있다.

4. 출력용 파일의 오류 종류 중 실제 존재할 수 없는 구조로 3D 프린팅, 부울 작업, 유체 분석 등에 오류가 생길 수 있는 것은?
① 반전 면
② 오픈 메시
③ 클로즈 메시
④ 비(非)매니폴드 형상

해설 비(非)매니폴드 형상은 3D 프린팅, 불 작업, 유체 분석 등에 오류가 생길 수 있는 것으로 실제 존재할 수 없는 구조이다.

243

Part 6 출력용 데이터 확정

5. 3D 프린터 출력을 하기 위한 오브젝트의 수정 및 오류검출에 관한 설명으로 옳지 않은 것은?
① 출력용 STL 파일의 사이즈는 슬라이서 프로그램에서 조정이 가능하다.
② 오브젝트의 위상을 바꾸어 출력하기 위해서는 반드시 모델링 프로그램에서 수정할 필요는 없다.
③ 같은 모양의 오브젝트를 멀티로 출력할 때는 반드시 모델링 프로그램에서 수량을 늘려주어야 한다.
④ 오브젝트의 위치를 바꾸기 위한 반전 및 회전은 슬라이서 프로그램에서 조정 가능하다.

해설 다량으로 제작할 경우 모델링 프로그램이 아니라 슬라이싱 프로그램에서 배치가 가능하다.

6. 비(非)매니폴드 형상에 대한 설명으로 틀린 것은?
① 비(非)매니폴드 형상은 실제 존재할 수 없는 구조이다.
② 3D 프린팅, 부울 작업, 유체 분석 등에 오류가 생길 수 있다.
③ 비(非)매니폴드 형상은 하나의 모서리를 3개 이상의 면이 공유하고 있는 경우와 모서리를 공유하고 있지 않은 서로 다른 면에 의해 공유되는 정점을 나타낸다.
④ 메시와 메시가 눈으로 구분하기 힘들 정도로 작게 떨어져 있는 경우를 말한다.

해설 ④는 단절된 메시를 설명한 것이며, 아무리 작게 떨어져 있어도 이런 부분을 수정하지 않으면 3D 프린팅을 할 경우 오류가 발생할 수 있다.

7. 오픈 메시에 대한 설명으로 알맞은 것은?
① 메시의 삼각형 면의 한 모서리가 한 면에만 포함되는 것이다.
② 메시의 삼각형 면의 한 모서리가 2개의 면과 공유하는 것이다.
③ 메시와 메시가 떨어져 있는 경우를 말한다.
④ 오픈 메시가 생기는 경우 모델링을 보는 것에 큰 지장이 생긴다.

해설 오픈 메시는 모델링만 보는 것에는 큰 지장이 없지만, 3D 프린팅의 경우 모델이 달라지는 문제가 생길 수 있으며, 메시의 삼각형 면의 한 모서리가 한 면에만 포함되는 것이다.

8. 오류 검출 프로그램에서 단절된 메시를 연결해 주는 기능은?
① Separate   ② Join
③ Erase & Fill   ④ Select

해설 Join : 단절된 메시를 다른 메시와 연결해 주는 기능이다. 자동 오류수정에서 단절된 메시는 자동으로 제거되지만, Join 기능을 사용하면 서로 연결할 수 있다.

9. STL 포맷의 개념에 대한 설명으로 알맞은 것은?
① 삼각형의 세 꼭짓점이 나열된 순서에 따라 오른손 법칙(Right hand rule)을 사용한다.
② 노말 벡터를 축으로 반 시계 방향으로 꼭짓점이 입력되어야 하고, 각 꼭짓점은 인접한 모든 삼각형의 꼭짓점이어야 한다는 규칙을 만족해야 한다.
③ 최초의 상업용 3D 프린터용으로 개발된 표면을 삼각형화 시켜서 저장하고

244 3D프린터운용기능사 필기

CAD 시스템으로부터 쉽게 생성되도록 매우 단순하게 설계하였다.
④ 전송 시간이 짧고 저장 공간을 적게 차지한다.

해설 STL 포맷은 동일한 꼭짓점이 반복된 법칙으로 인해 파일의 크기가 매우 커지게 되어 전송 시간이 길고 저장 공간을 많이 차지한다.

10. STL 포맷의 특징이 아닌 것은?
① 입체형성에서 표준으로 사용된다.
② STL 포맷은 모델의 색상에 대한 정보는 저장하지 않으며 한 가지 색상만을 저장한다.
③ STL 포맷은 특정 모양의 정보 처리가 매우 빠르고 효율적이다.
④ ASCII와 Binary 두 가지 포맷이 있다.

해설 삼각형과 삼각형 사이의 구멍이나 면들의 연결 존재 등의 위상 정보가 없고 관계에 대한 정보가 없어 특정 모양의 정보 처리도 매우 느리고 비효율적이다.

11. AMF 포맷에 대한 설명으로 옳은 것은?
① XML에 기반해 STL의 단점을 보완한 파일 포맷이다.
② STL 포맷에 비해 곡면을 잘 표현하지 못한다.
③ 색상 단계를 포함하여 각 재료 체적의 색과 메시의 각 삼각형의 색상을 지정할 수 없다.
④ 용량이 매우 크다.

해설 AMF(Additive Manufacturing File) 포맷
㉠ XML에 기반해 STL의 단점을 다소 보완한 파일 포맷이다.
㉡ 색상, 질감과 표면 윤곽이 반영된 면을 포함해 STL 포맷에 비해 곡면을 잘 표현한다.
㉢ 색상 단계를 포함하여 각 재료 체적의 색과 메시의 각 삼각형의 색상을 지정할 수 있다.
㉣ 3D CAD 모델링을 할 때 모델의 단위를 계산할 필요가 없고, 같은 모델을 STL과 AMF로 변환했을 때 AMF의 용량이 매우 작다.

12. OBJ 포맷의 특징이 아닌 것은?
① DXF, IGES처럼 ASCII 형태(확장자 .obj)로 데이터를 저장할 수도 있고, Binary 형식(확장자 .mod)으로 저장할 수도 있다.
② 최초의 3D 호환 표준 포맷이다.
③ 색상, 텍스처, 캐드 모델 등을 한 번에 저장한다.
④ ASCII 형태인 OBJ로 저장을 하더라도 DXF나 IGES만큼 데이터의 크기가 커지지 않는다.

해설 ②는 IGES 포맷에 대한 특징이다.

13. 다음 설명이 뜻하는 오류는?

> • 노말 벡터가 반 시계 방향으로 입력되어 인접된 면과 같은 방향이 되어야 하지만, 시계 방향으로 입력되어 인접된 면과 노말 벡터의 방향이 반대 방향일 경우 생긴다.
> • 렌더링 및 시각화, 3D 프린팅을 하는 경우 문제가 발생한다.

① 반전 면　　② 클로즈 메시
③ 오픈 메시　　④ 단절된 메시

해설 반전 면
노말 벡터가 반시계 방향으로 입력되어 인접된 면과 같은 방향이 되어야 하지만, 시계 방향으로 입력되어 인접된 면과 노말 벡터의 방향이 반대 방향일 경우 반전 면이 생긴다. 반전 면은 렌더링 및 시각화, 3D 프린팅을 하는 경우 문제가 발생한다.

14. 3mf 포맷에 대한 설명으로 옳은 것은?

① 필요한 데이터를 추가할 수 없다.
② OBJ 포맷의 부족한 확장성으로 인한 성질과 요소에 개념을 종합하기 위해 고안되었다.
③ 색상, 재질, 재료, 매시 등의 정보를 한 파일에 담을 수 있다.
④ 형상 데이터를 나타내는 엔티티(Entity)로 이루어져 있다.

> 해설 3MF(3D Manufacturing Format)
> ① 색상, 재질, 재료, 매시 등의 정보를 한 파일에 담을 수 있다.
> ② 매우 유연한 형식으로 필요한 데이터를 추가할 수 있다.

15. 다음 설명에 해당하는 포맷은?

> • 최초의 3D 호환 표준 포맷이다.
> • ASCII Text 형식을 취하고 있다.
> • 형상 데이터를 나타내는 엔티티(Entity)로 이루어져 있다.
> • 점, 선, 원, 자유곡선, 자유곡면 등 3차원 모델의 모든 정보를 포함한다.
> • 스플라인, 커브나 넙스 곡면을 사용할 수 있으므로 폴리곤 모델 데이터 외에도 넙스 모델 데이터의 호환에 사용된다.

① OBJ   ② STL
③ AMF   ④ IGES

> 해설 IGES(Initial Graphics Exchange Specification)
> 디지털 표현과 CAD/CAM 시스템 간의 정보 교환을 위한 ANSI 표준 형식이다.
> ① 최초의 3D 호환 표준 포맷이다.
> ② ASCII Text 형식을 취하고 있다.
> ③ 형상 데이터를 나타내는 엔티티(Entity)로 이루어져 있다.
> ④ 점, 선, 원, 자유곡선, 자유곡면 등 3차원 모델의 모든 정보를 포함한다.
> ⑤ 스플라인, 커브나 넙스 곡면을 사용할 수 있으므로 폴리곤 모델 데이터 외에도 넙스 모델 데이터의 호환에 사용된다.

정답 1. ③ 2. ② 3. ④ 4. ④ 5. ③ 6. ④ 7. ① 8. ② 9. ④ 10. ③ 11. ① 12. ② 13. ① 14. ③ 15. ④

3D PRINTER

PART 7

제품 출력

01 출력과정 확인

02 출력 오류 대처

03 출력물 회수

04 장비 교정

 Part 7 제품 출력

Chapter 01 출력과정 확인

1 3D 프린터 바닥 고정

1. 3D 프린팅의 플랫폼과 지지대

3D 프린팅에서 재료는 다양한 방법으로 플랫폼 위에 성형되어 출력물이 만들어진다. 그러므로 출력 도중에는 플랫폼에 재료가 견고하게 부착되어 있어야 하며, 출력이 종료되면 플랫폼에서 출력물을 쉽게 제거할 수 있어야 한다.

(1) 플랫폼에 출력물이 잘 고정되게 하는 방법
① 출력물의 바닥이 수축되지 않도록 베드를 적절한 온도로 가열한다.
② 출력물이 플랫폼과 잘 붙도록 출력물 바닥 주 면에 Brim을 설정해준다.
③ 열 수축현상이 많은 재료로 출력한다.
④ 출력물의 바닥이 평평하지 않을 때 Raft를 설정하여 출력한다.

2 출력보조물 판독

1. 3D 프린팅 공정별 출력 방향과 지지대의 형태

(1) 수조 광경화(Vat photopolymerization)
용기 안에 담긴 액체 상태의 광경화성 수지(Photopolymer)에 빛을 주사하여 경화시킨다.

① 출력물 성형 방향

빛은 위 또는 아래에서 주사되며, 빛이 주사되는 방향으로 플랫폼이 이송되어 층을 형성한다. 플랫폼의 이송 방향에 따라서 위쪽 또는 아래쪽에 출력물이 성형된다.

② 지지대

지지대는 출력물과 동일한 재료로 제거가 용이하도록 가늘게 만들어진다.

(2) 재료 분사(Material Jetting)

광경화성 수지나 왁스 등의 액체 재료를 미세한 방울(Droplet)로 만들고 이를 선택적으로 도포한다.

① 출력물 성형 방향

출력물 재료와 지지대 재료는 모두 위에서 아래로 도포되며, 플랫폼은 아래로 이송되면서 층을 성형한다. 따라서 출력물은 플랫폼 위에 만들어진다.

② 지지대

지지대는 출력물과 다른 재료로 만들어지며 손쉬운 제거를 위해 물에 녹거나 가열하면 녹는 재료로 만들어진다.

(3) 재료 압출(Material extrusion)

출력물 및 지지대 재료가 노즐이나 오리피스 등을 통해서 압출되어 적층하고 3차원 형상의 출력물이 만들어진다.

① 출력물이 성형되는 방향

출력물 및 지지대 재료는 모두 위에서 아래로 압출된다. 플랫폼은 아래로 이송되면서 그 위에 제품이 아래에서 위로 성형된다.

② 지지대

재료 압출 방식에서는 지지대와 출력물이 같은 재료인 경우와 서로 다른 재료인 경우의 두 가지 방식이 있다.
  ㉠ 싱글 노즐(노즐이 한 개인 경우) : 싱글 노즐인 경우 지지대와 출력물의 재료가 같아 후가공 시 지지대를 직접 물리적인 방법으로 제거한다.
  ㉡ 듀얼 노즐(노즐이 두 개인 경우) : 듀얼 노즐의 경우 보통 사용하는 싱글 노즐과 달리 PVA, HIPS 등의 재료로 지지대를 만들어 녹이는 방법으로 제거한다.

(4) 분말적층용융(Powder bed fusion)

분말 융접은 평평하게 놓인 분말 위에 열에너지를 선택적으로 가해서 분말을 녹여 소결하는 방식이다.

① 출력물이 성형되는 방향

플랫폼 위에 분말이 놓이게 되고, 여기에 위에서 아래쪽으로 열에너지가 가해지며, 출력물은 아래에서 위쪽으로 성형된다.

② 지지대

대부분의 경우 성형되지 않은 분말이 지지대 역할을 하게 되므로 별도의 지지대를 만들어 줄 필요가 없다. 하지만, 분말을 평평하게 만들어 주기 위해서 롤러 등을 이용해서 분말 위에 압력을 주는 경우도 있으며, 이때 출력물이 압력에 의해서 부서지거나 또는 분말 안에서 움직이지 않게 해 주기 위해서 플랫폼 위에 지지대가 만들어진다.

(5) 접착제 분사(Binder jetting)

베드 위에 놓인 분말을 이용하는 방식으로 분말 융접 기술과 유사하지만 접착제 분사에서는 열에너지 대신에 접착제를 분말에 선택적으로 분사하여 분말들을 결합시켜 단면을 성형한다.

① 출력물이 성형되는 방향

플랫폼 위에 분말이 놓이게 되고, 여기에 위에서 아래 방향으로 접착제가 분사되며 출력물은 아래에서 위쪽 방향으로 성형된다.

② 지지대

성형되지 않은 분말이 지지대 역할을 하게 되므로 별도의 지지대가 필요 없다.

(6) 고에너지 직접 조사(Directed energy deposition)

레이저, 전자빔과 같은 고에너지를 이용하여 분말 재료를 녹여 적층하고 형상을 만든다.

① 출력물이 성형되는 방향

대부분의 경우 플랫폼 위에 출력물이 성형되며 출력물은 아래에서 위쪽 방향으로 성형된다.

② 지지대

고에너지 직접 조사(照射)에서는 대부분의 경우 지지대가 필요하지 않다.

(7) 판재 적층(Sheet lamination)

얇은 판 형태의 재료를 단면 형상으로 자른 후 이를 서로 층층이 붙여 형상을 만드는 것이다.

① 출력물이 성형되는 방향

대부분의 경우 플랫폼 위에 출력물이 성형되며, 출력물은 아래에서 위쪽 방향으로 성형된다.

② 지지대

판재 적층에서는 출력물 형상이 되지 않는 나머지 판재 부분이 지지대의 역할을 한다.

3 G코드 판독

1. NC 공작기계와 G코드

(1) NC 공작기계에서 G코드

NC 공작기계는 공작기계에 수치 제어를 적용하여 제품의 정밀도를 유지하면서 자동화에 의한 생산성 향상의 목적으로 이용된다. 이때, G코드는 NC 공작기계의 움직임을 자동화하기 위해서 주로 사용된다.

2. 3D 프린터와 G코드

(1) 좌표계

① 직교 좌표계

3차원 공간에서 좌표계를 X, Y 및 Z축을 이용하여 직교 좌표계(Rectangular Coordinate System)로 정의한다. X, Y 및 Z축은 서로 90°의 각을 이루고 있으며,

각 축의 화살표 방향이 양(+)의 부호를 갖는다. 일반적으로는 X, Y축이 이루는 평면을 지면과 수평하게 놓는다.

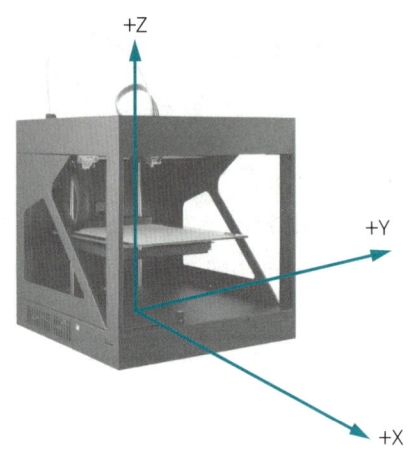

※ 재료 압출 방식 3D 프린터의 직교 좌표계

(2) 좌표계의 종류

사용되는 좌표계는 기계 좌표계(Machine coordinate system), 공작물 좌표계(Work coordinate system) 그리고 로컬 좌표계(Local coordinate system)가 있다.

① 기계 좌표계

3D 프린터는 고유의 기준점을 가지고 있다. 이 기준점은 많은 경우 3D 프린터가 처음 구동되거나 초기화될 때 헤드가 항상 일정한 위치로 복귀하게 되는 기준점이 된다. 이 기준점을 좌표축의 원점으로 사용하는 좌표계를 기계 좌표계라고 한다.

② 공작물 좌표계

공작물 좌표계는 3D 프린터의 제품이 만들어지는 공간 안에 임의의 점을 새로운 원점으로 설정하는 것이다. 공작물 좌표계를 설정하면 하나의 공간에 여러 개의 제품을 동시에 만들 때, 각 제품마다 공작물 좌표계를 각각 설정하여 사용할 수 있다. 이렇게 하면 하나의 플랫폼 위에서 각 제품 단면의 성형 시 제품이 바뀔 때마다 해당되는 제품의 공작물 좌표계를 호출하여 사용할 수 있다.

③ 로컬 좌표계

각 공작물 좌표계를 기준으로 설정되며 필요에 의해서 공작물 좌표계 내부에 또 다른 좌표계가 요구될 때 사용된다.

4. 위치 결정 방식

(1) 절대 좌표 방식(Absolute coordinate method)

움직이고자 하는 좌표를 지정해 주면 현재 설정된 좌표계의 원점을 기준으로 해서 지정된 좌표로 플랫폼 혹은 헤드를 이송한다.

(2) 증분 좌표 방식(Incremental coordinate method)

헤드 또는 플랫폼의 현재 위치를 기준으로 지정된 값만큼 이송한다.

5. 주요 G코드 명령어

(1) 3D 프린팅 G코드

원호 보간 G코드인 G02와 G03은 대부분의 3D 프린터에서 사용하지 않는다. 이는 3D 프린터에서 가장 널리 사용되는 파일 형식인 .STL이 입체 형상을 면으로만 표현하기 때문에, 단면의 외곽 형상은 모두 직선으로 되기 때문이다.
3D 프린터를 구동시키기 위해서 사용되는 G코드는 각 3D 프린터마다 조금씩 다르다.

(2) G코드 명령어

① Fnnn: 이송 속도
② Ennn: 압출 필라멘트의 길이
③ G00: 급속 이송
   예 G00 X40 → X=40mm인 지점으로 빠르게 이송
④ G01: 직선 보간
   현재 위치에서 지정된 위치까지 헤드나 플랫폼을 직선 이송한다.
   예 G01 F1200 → 이송 속도를 1200mm/min으로 설정
   　　G01 X70 Y15 E10 → 현재 위치에서 X=70, Y=15으로, 필라멘트를 현재 길이에서 10mm까지 압출하면 이송
⑤ G28: 원점 이송
   3D 프린터의 각 축을 원점으로 이송시킨다.

⑥ G04: 멈춤(Dwell)

3D 프린터의 모든 동작을 Pnnn에 의해 지정된 시간만큼 멈춘다.

예 G04 P200 → 3D 프린터의 동작을 200m/sec 동안 멈춘다.

⑦ G20, G21: 단위 변환

단위를 인치(Inch)로 변환한다. 'G21'은 단위를 밀리미터(mm)로 변환한다.

⑧ G90: 절대 좌표 설정

모든 좌표값을 현재 좌표계의 원점에 대한 좌표값으로 설정한다.

⑨ G91: 상대 좌표 설정

지정된 이후의 모든 좌표값은 현재 위치에 대한 상대값으로 설정된다.

⑩ G92: 좌표계 설정

'G92'에 의해서 지정된 값이 현재 값이 된다.

예 G92 Y10 E100 → 3D 프린터의 Y값을 Y=10mm로, 압출 필라멘트의 현재길이를 100mm 로 설정한다.

(3) M코드 명령어

① M01: 휴면

3D 프린터의 버퍼에 남아 있는 모든 움직임을 마치고 시스템을 종료시킨다.

>
> 3D 프린터에서 보조 기능 명령: 정지
> M00: 3D 프린터 동작 정지
> M01: 3D 프린터 옵션 정지
> M02: 3D 프린터 프로그램 종료

② M17: 모든 스테핑 모터에 전원 공급

3D 프린터의 동작을 담당하는 모든 스테핑 모터에 전원이 공급된다.

③ M18: 모든 스테핑 모터에 전원 차단

3D 프린터의 동작을 담당하는 모든 스테핑 모터에 전원이 차단된다.

④ M104: 압출기 온도 설정

지정된 온도로 압출기의 온도를 설정한다.

예 M104 S190 → 3D 프린터 압출기의 온도를 190°C로 설정한다.

⑤ M106: 팬 전원 켜기

지정된 값으로 냉각 팬의 회전 속도를 설정한다.

⑥ M107: 팬 전원 끄기

　냉각 팬의 전원을 끈다.

⑦ M117: 메시지 표시

　3D 프린터의 LCD 화면에 메시지를 표시한다.

⑧ M140: 플랫폼 온도 설정

　제품이 출력되는 플랫폼의 온도를 지정된 값으로 설정한다.

　　예 M140 S75 → 3D 프린터 플랫폼의 온도를 75°C로 설정한다.

⑨ M141: 챔버 온도 설정

　제품이 출력되는 공간인 챔버의 온도를 지정된 값으로 설정한다.

⑩ M300: 소리 재생

　출력이 종료되는 것을 알려 주는 등의 용도로 소리를 재생한다.

　　예 M300 S150 P50 → 150Hz의 소리를 50밀리초 동안 재생한다.

출력 오류 대처

1 3D 프린터 오류수정

1. 출력 오류들의 발생 원인과 대책

(1) 처음부터 재료가 압출되지 않는다.

① 압출기 내부에 재료가 채워져 있지 않을 경우
압출 노즐 내부에서 가열된 고온의 재료가 압출기 출구를 통해서 흘러내리면 압출 노즐 내부에는 빈 공간이 생기게 된다. 그러므로 출력 초기에 재료가 압출되지 않게 된다.

② 압출기 노즐과 플랫폼 사이의 거리가 너무 가까울 경우
압출기 노즐의 끝이 플랫폼과 너무 가까우면 압출기 노즐의 구멍이 플랫폼에 의해서 막히게 되어 녹은 플라스틱 재료가 제대로 압출되지 않는다.

③ 필라멘트 재료가 얇아졌을 경우
3D 프린터에서 필라멘트 재료를 압출 노즐로 정확하게 제어하면서 밀어 넣거나, 뒤로 빼 주기 위해서 이빨이 있는 기어를 사용한다. 기어 이빨에 의해서 필라멘트 재료가 많이 깎이게 되면 기어가 필라멘트 재료를 물지 못하게 되어 압출 노즐로 필라멘트 재료가 공급되지 못한다.

④ 회전하는 기어 톱니가 필라멘트를 밀어내지 못할 경우

⑤ 가열된 플라스틱 재료가 노즐 내부와 너무 오래 접촉하여 굳어 있을 경우

⑥ 압출 노즐이 막혀 있을 경우

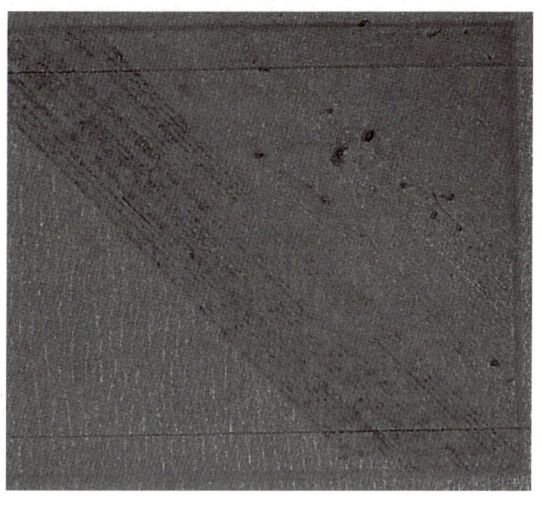

❋ 첫 레이어 출력이 안 될 때

(2) 출력 도중에 재료가 압출되지 않는다.

① 스풀에 더 이상 필라멘트가 없을 경우
② 필라멘트 재료가 얇아졌을 경우
③ 압출 노즐이 막혔을 경우
④ 압출 헤드의 모터가 과열되었을 경우

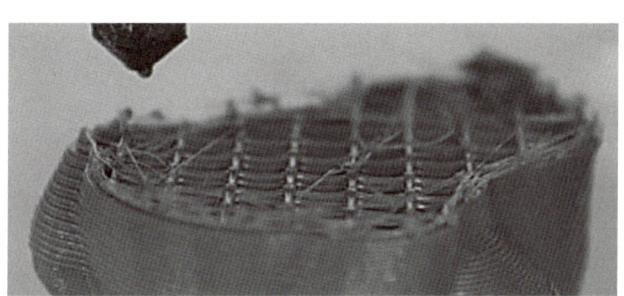

❋ 출력 도중 재료 압출이 안 되는 현상

(3) 재료가 플랫폼에 부착되지 않는다.

① 플랫폼의 수평이 맞지 않을 경우

플랫폼의 수평이 맞지 않으면 재료를 압출하는 노즐의 출구와 플랫폼 사이의 거리가 일정하지 않아 플랫폼의 한쪽은 압출 노즐에 너무 가깝게 되고, 다른 쪽은 압출 노즐에서 멀어지게 된다. 따라서 재료가 플랫폼에 부착되지 않는 현상이 발생한다.

② 노즐과 플랫폼 사이의 간격이 너무 클 경우

플랫폼의 수평이 적절히 조절되어 있더라도 노즐과 플랫폼 사이의 간격이 너무 크게 되면 압출되는 재료가 눌려서 퍼지지 않게 되어 플랫폼에 부착되지 않는다.

③ 첫 번째 층이 너무 빠르게 성형될 경우

플랫폼 위에 토출되는 재료는 첫 번째 층을 만들게 되며, 이때 첫 번째 층이 플랫폼에 견고하게 부착되어야 한다. 만약 첫 번째 층을 성형하는 재료가 너무 빠르게 토출되면 플라스틱 재료들이 플랫폼 위에 부착이 되지 않는다.

④ 온도 설정이 맞지 않은 경우

플랫폼은 온도 변화에 대한 수축률이 사용되는 재료보다 많이 낮기 때문에 재료가 고온으로 압출된 후 수축될 때 수축률의 차이에 의해서 층이 플랫폼에서 떨어지게 되는 경우가 있다. 하지만 압출되는 플라스틱 재료는 빠르게 굳게 해야 하므로 냉각 팬이 설치되어 있기도 하다.

⑤ 플랫폼 표면의 문제가 있는 경우

플랫폼 표면에 이물질이 있으면 재료가 잘 부착되지 않을 수 있다.

⑥ 출력물과 플랫폼 사이의 부착 면적이 작은 경우

❋ 재료가 플랫폼에 부착되지 않는 현상

(4) 재료의 압출량이 적다.

① 필라멘트 재료의 지름이 적절하지 않은 경우
② 압출량 설정이 적절하지 않은 경우

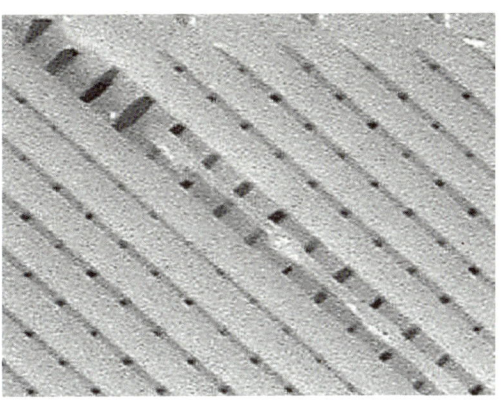

❋ 압출량 부족 현상

(5) 바닥이 말려 올라간다.

이런 현상은 주로 고온에서 사용되는 ABS와 같은 재료를 이용하고, 출력물의 크기가 매우 크거나 매우 긴 형상을 가질 때 발생한다. 고온으로 압출된 플라스틱 재료가 식으면서 수축되기 때문에 바닥이 말려 올라가게 된다.

❋ 출력물의 바닥이 들떠서 위로 말려 올라가는 현상

(6) 출력물 도중에 단면이 밀려서 성형된다.

① 헤드가 너무 빨리 움직일 경우

매우 고속으로 출력을 진행하면 3D 프린터의 모터가 이를 따라가지 못하는 경우가 생길 수 있다.

② 3D 프린터의 기계 혹은 전자 시스템에 문제가 발생할 경우

많은 재료 압출 방식의 3D 프린터는 타이밍벨트와 타이밍풀리를 헤드 구동에 사용한다. 타이밍벨트의 대부분은 고무 재질로 되어 있으며, 시간이 흐르면 벨트가 늘어나게 되고 헤드의 정렬에 영향을 주게 된다.

❋ 출력 도중 단면 밀림 현상

(7) 일부 층이 만들어지지 않는다.

출력 도중 일부 단면의 성형 시 일시적으로 3D 프린터의 압출 헤드에서 충분한 양의 재료가 공급되지 않는 경우 발생한다.

❋ 일부 층이 만들어지지 않고 출력되는 경우

(8) 갈라짐 현상

각 층 사이의 부착력이 낮으면, 층 사이가 뜨게 되어 갈라지게 된다.

① 층 높이가 너무 높은 경우

노즐로 토출되는 재료의 유량은 한계가 있으며, 이에 층 높이도 제한이 있다. 층 높이는 노즐 지름의 80% 이내가 적당하며, 층 높이가 너무 높게 되면 이전 층 혹은 플랫폼과 부착이 잘되지 않게 된다.

② 3D 프린터의 설정 온도가 너무 낮은 경우
토출된 플라스틱 재료가 잘 부착되어 있으려면 온도가 너무 낮지 않아야 한다.

❋ 출력물의 수직 벽이 갈라지는 경우

(9) 얇은 선이 생긴다.

출력물에 머리카락과 같은 얇은 선들이 남아 있는 경우가 있다. 이는 압출 노즐이 재료의 압출을 하지 않은 상태에서 다른 위치로 이동할 때 내부에 있는 녹은 상태의 플라스틱 재료가 조금씩 흘러나와서 발생한다. 이럴 경우 온도 설정을 변경한다.

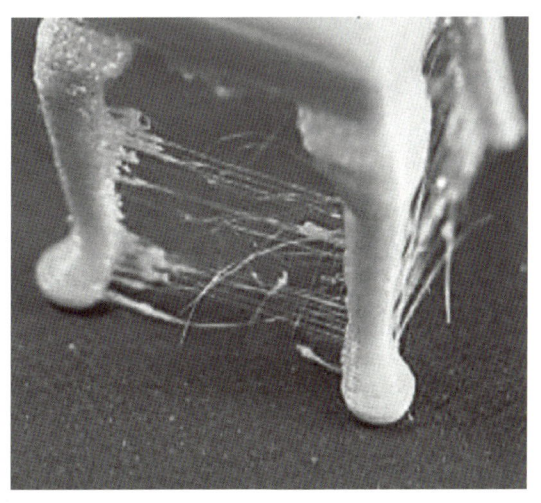

❋ 출력물에 얇은 선들이 만들어진 경우

(10) 윗부분에 구멍이 생긴다.

제품의 출력 시 재료를 절약하기 위해서 출력물 내부에 빈 공간을 만들어 준다. 재료 압출 방식의 3D 프린터도 빈 공간을 만들어 주기 위해서 단면을 격자 모양으로 일부만 채운다.

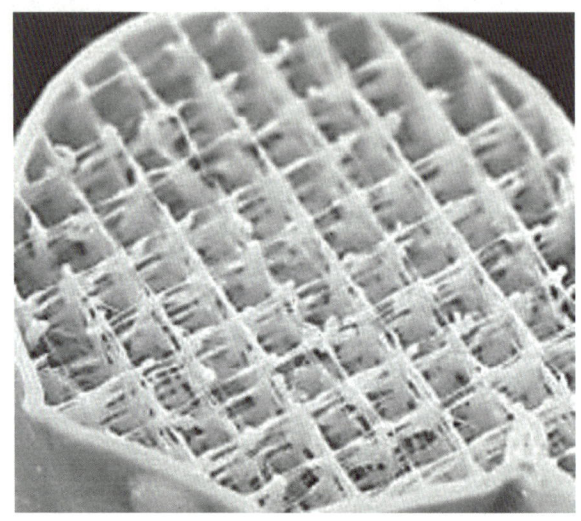

❋ 재료를 절약하기 위해서 단면에 만들어진 격자 모양과 빈 공간

① 단면의 빈 공간을 많이 주는 경우

재료를 절약하기 위해서 단면의 빈 공간을 너무 많이 주게 되면 출력물 윗면의 성형이 제대로 되지 않아 구멍이 생긴다.

② 윗면의 두께가 너무 얇은 경우

단면을 격자 모양으로 적절히 채워 주더라도 윗면의 두께가 너무 얇게 만들어져도 구멍이 발생한다.

③ 재료의 압출 양이 충분하지 않을 경우

압출 노즐을 통해서 재료가 압출될 때 그 양이 충분하지 않으면 적절한 성형이 이루어지지 않아 구멍이 만들어진다.

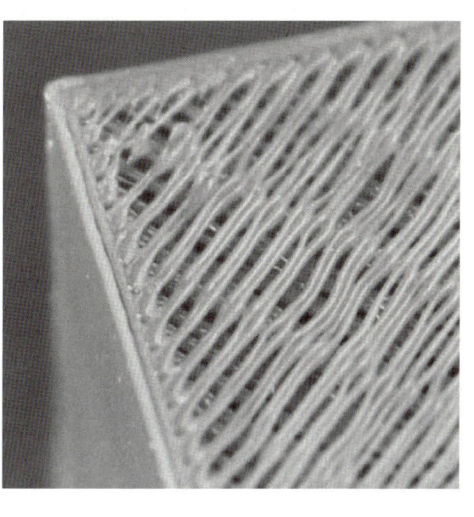

❋ 출력물 윗부분에 구멍이 생기는 경우

(11) 과열

① 냉각 부족

익스트루더에서 출력 및 상온 냉각, 냉각 팬으로 냉각이 충분치 않아 발생한다.

② 출력 온도가 너무 높을 때

③ 출력 속도가 너무 빠를 때

작은 물체를 출력할 때, 아래의 층이 굳기 전에 조형을 시작하면 형상이 틀어진다.

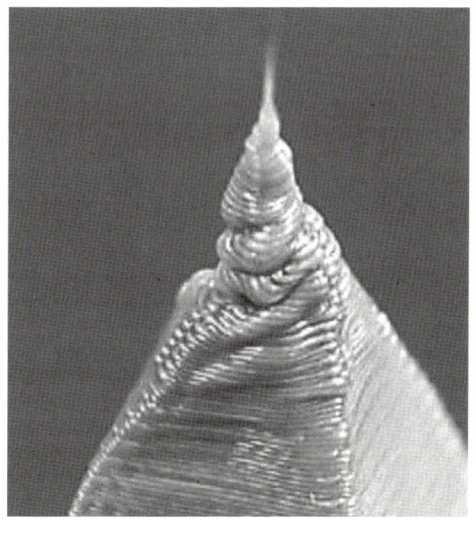

❋ 과열 현상

(12) 갈린 필라멘트

① 기어 이빨이 필라멘트 재료를 뒤로 빼 주는 리트렉션(Retraction) 속도가 너무 빠르거나 혹은 필라멘트 재료를 너무 많이 뒤로 빼 줄 때 발생한다.
② 압출 노즐의 온도가 너무 낮을 때 발생한다.
③ 출력 속도가 너무 높을 때 발생한다.
④ 노즐이 막혔을 때 발생한다.

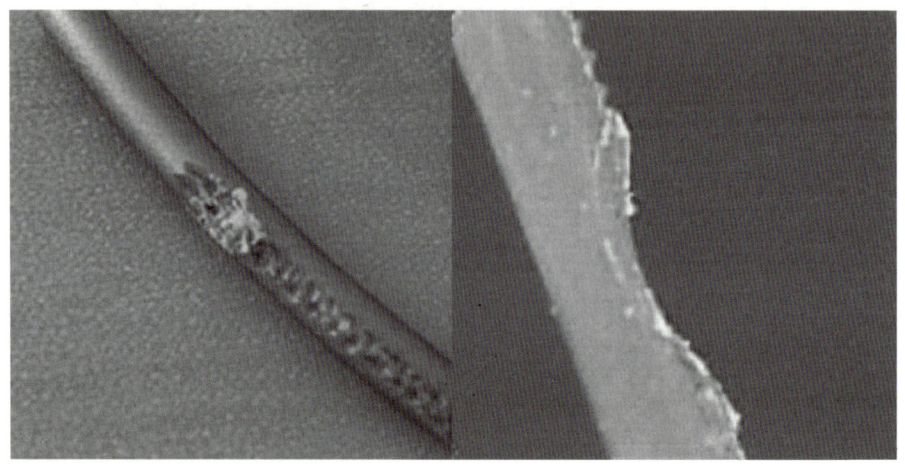

❋ 갈린 필라멘트

(13) 거친 코너, 말아 올라온 코너

① 출력 온도가 너무 높을 때 발생한다.
② 베드 온도가 너무 높을 때 발생한다.

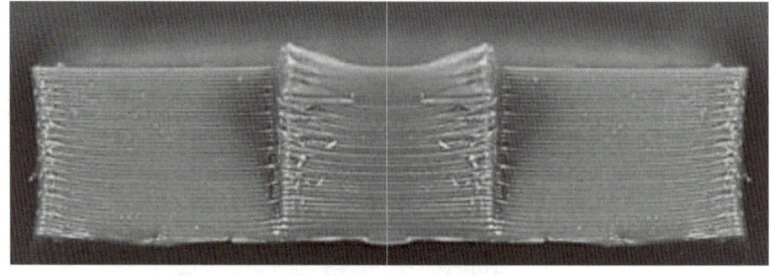

❋ 말아 올라온 코너

(14) 층간 선 현상

① 불규칙한 압출

필라멘트의 품질이 안 좋을 때 발생하므로 필라멘트를 교체한다.

② 온도 값의 변화

FDM 방식은 PID 컨트롤러로 온도 제어를 한다. PID 특성상 시간이 지남에 따라 값이 변하므로 출력을 모니터링하며 적정 온도로 변화시킨다.

③ 기계적 결함

Z축 나사, 프린팅 중 진동 현상, 노즐 정확도 저하, 스테핑 모터 결함 등 다양한 기계적 결함이 있다.

✽ 층간 선 현상

(15) 진동 현상

① 출력 속도가 너무 빠를 경우

채움 부족의 원인 중 하나는 출력 속도가 너무 빠를 경우이다. 출력 속도를 낮춰준다.

② 펌웨어 가속 문제

펌웨어에 설정된 가속 값을 낮춰 주어야 한다.

③ 기계적 결함

나사가 느슨하거나 과도한 진동 등의 결함이 있다.

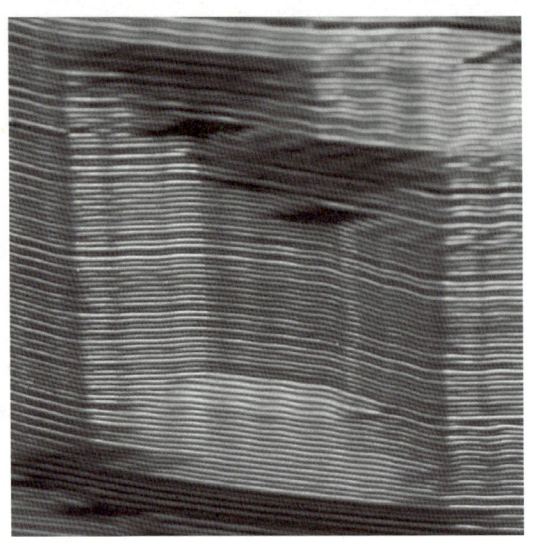

❋ 진동 현상

(16) 얇은 물체 출력 시 공백 현상

① 층간 두께가 두꺼울 경우 발생하므로 층간 두께를 얇게 하여 정밀하게 출력한다.

② 외벽, 채움 중첩 조절

외벽과 채움의 중첩이 낮으면 얇은 벽 출력 시 공백이 발생한다.

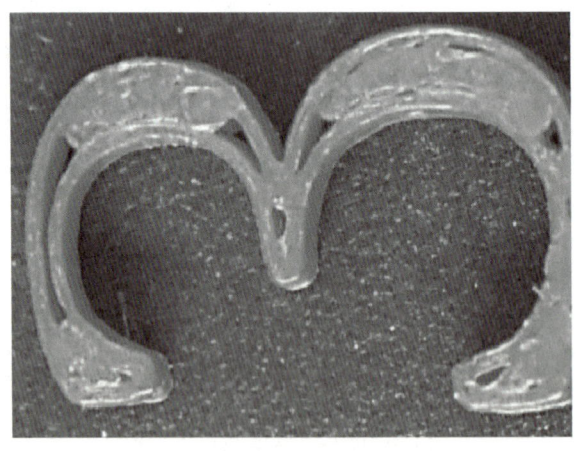

❋ 공백 현상

(17) 불규칙한 압출

① 필라멘트 문제

필라멘트가 얽혀있거나, 자유롭게 회전할 수 없거나, 두께가 일정하지 않거나, 절단 현상 등의 문제가 있으면 발생한다.

 필라멘트에 약간의 윤활유를 바르거나 필라멘트를 교체해야 한다.

② 너무 낮은 층간 두께

각각의 3D 프린터들이 지닌 층간 두께 허용 범위가 다르므로, 스펙 범위 내에서 출력해야 한다.

③ 잘못된 압출 두께

대부분의 FDM 방식은 스테핑 모터와 모터 풀리로 필라멘트를 로딩한다. 따라서 일정 값으로 두께를 정해야 한다.

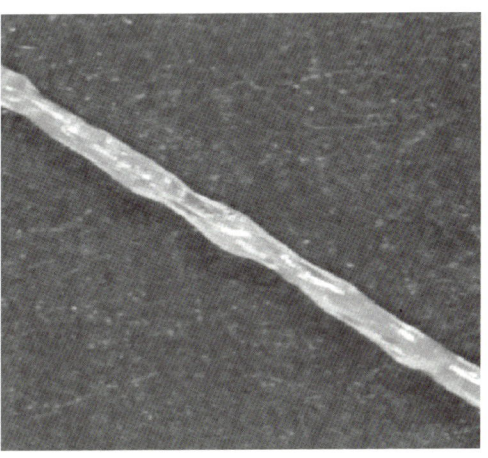

❋ 불규칙한 압출

Part 7 제품 출력

2 G코드 수정

1. Cura 소프트웨어 G코드 생성 및 수정

(1) 출력할 모델을 불러오면 G코드가 자동으로 생성된다.

❋ G코드 생성 중

(2) G코드 생성이 끝난 후 Save toolpath 아이콘을 누르면 G코드를 파일로 저장할 수 있다.

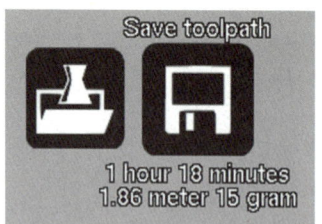

❋ 디스크 모양의 Save toolpath 아이콘

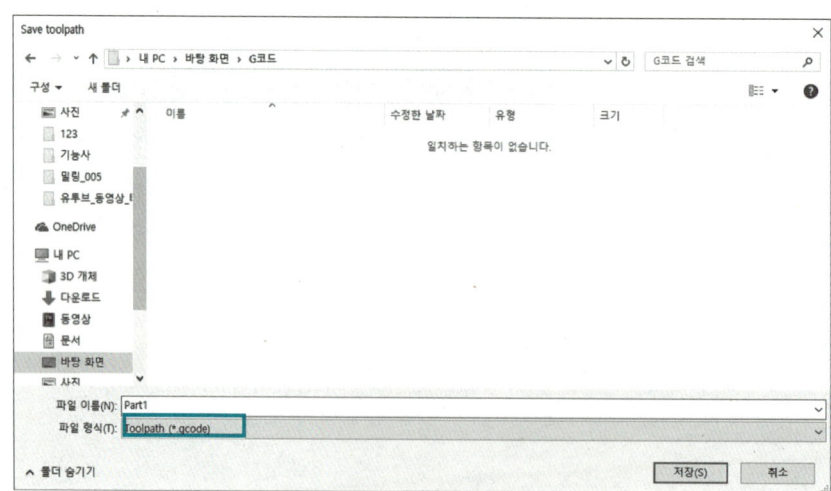

❋ G코드 파일 저장

268 3D프린터운용기능사 필기

(3) 출력 데이터의 형식을 변경한다.

출력된 G코드는 사용하는 3D 프린터에 따라서 확장자가 다를 수 있다. 대부분의 경우 텍스트 편집기로 읽을 수 있으며, 확장자를 *.txt로 데이터의 형식을 변환시키면 된다. 읽어 들인 G코드는 직접 수정할 수 있다.

✳ 3D 프린터로 출력하기 위한 G코드

2. Start/End-G코드 수정

(1) Start/End-GCode에서는 인쇄의 시작과 종료의 절차를 지정해 준다. 이 코드들은 인쇄의 시작과 끝에 영향을 주며, 직접 수정할 수 있다.

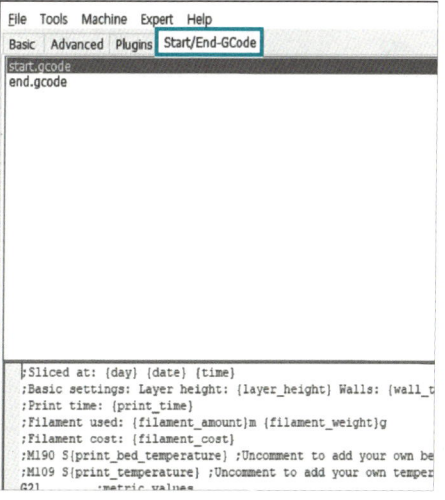

✳ Start/End-G코드

Chapter 03 출력물 회수

1 출력별 제품 회수

1. 고체 방식 3D 프린터의 출력물 회수

(1) 장비 및 공구

① 전용 공구
② 마스크
③ 장갑
④ 보안경

❋ 전용 공구

(2) 안전·유의사항

(가) 장비 내부가 뜨거울 수 있으므로 화상에 주의한다.
(나) 장갑 및 마스크, 보안경을 착용한다.
(다) 공구를 사용할 때는 상처를 입지 않도록 주의한다.
(라) 안전사고 발생 시 응급 처치를 하고 필요시 병원을 찾아간다.

2. 액체 방식 3D 프린터의 출력물 회수

(1) 장비 및 공구

① 자외선 경화기 혹은 자외선 램프
② 전용 공구
③ 마스크
④ 장갑
⑤ 보안경
⑥ 알코올(에틸알코올, 이소프로필알코올)
⑦ 니퍼

❋ 전용 공구

(2) 안전·유의사항

(가) 마스크, 장갑 및 보안경을 착용한다.
(나) 광경화성 수지가 피부에 닿았을 경우 물과 비누 등으로 씻어준다.
(다) 공구를 사용할 때는 상처를 입지 않도록 주의한다.
(라) 안전사고 발생 시 응급 처치를 하고 필요시 병원을 찾아간다.

Part 7 제품 출력

3. 분말 방식 3D 프린터의 출력물 회수

(1) 장비 및 공구

① 전용 공구
② 마스크
③ 장갑
④ 보안경

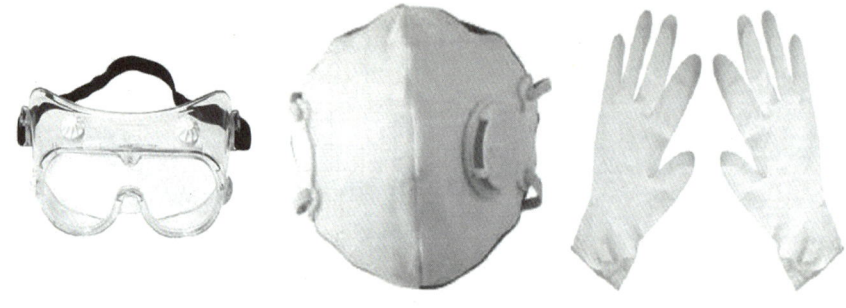

❈ 보안경, 마스크, 장갑

(2) 안전·유의사항

(가) 마스크, 장갑 및 보안경을 착용한다.
(나) 분말을 흡입하였을 경우, 즉시 의사의 진단을 받아야 한다.
(다) 피부에 분말이 묻었을 경우, 즉시 깨끗한 물로 씻는다.
(라) 안전사고 발생 시 응급 처치를 하고 필요시 병원을 찾아간다.

2 출력별 제품 회수 절차 수립

1. 고체 방식 3D 프린터의 출력물 회수 절차

(1) 보호 장구를 착용한다.

출력물을 제거할 때 이물질이 튀거나 상처를 입을 수 있다. 그러므로 장갑 및 마스크, 보안경을 착용한다.

(2) 3D 프린터가 동작을 멈췄는지 확인한다.

3D 프린터가 동작하는 도중 작업을 하면 위험하므로 3D 프린터가 동작을 완전히 멈춘 것을 확인한 후 작업해야 한다.

(3) 3D 프린터의 문을 연다.

대부분의 3D 프린터는 내부 온도를 유지하고 제품이 출력되는 공간을 외부로부터 보호하기 위해 문이 있는 경우가 있다. 3D 프린터가 출력을 완료한 것을 확인한 후 문을 연다. 사용자가 작업 도중 실수로 문을 여는 것을 방지하기 위해 잠금장치가 있는 프린터도 있으므로 잠금장치를 풀고 문을 열어 주어야 한다.

❋ 고체 방식 3D 프린터(Dimension 1200es 및 Cubicon single)의 문을 여는 장면

(4) 플랫폼을 3D 프린터에서 제거한다.

플랫폼이 3D 프린터에 장착된 상태로 힘을 주어 출력물을 제거하면 3D 프린터의 구동부가 손상될 수 있다. 그러므로 플랫폼을 3D 프린터에서 분리한 후 출력물을 플랫폼에서 분리해야 한다. 플랫폼을 견고하게 고정하기 위해 고정장치가 있는 경우가 있다. 이런 경우 플랫폼 고정 장치를 풀어준 후 플랫폼을 제거한다.

플랫폼이 3D 프린터에서 제거되지 않는 경우 플랫폼에서 바로 출력물을 제거하기 위해 다음 단계로 넘어간다.

❋ 제품이 출력되는 바닥 면인 플랫폼

플랫폼이 3D 프린터에서 분리되지 않는 3D 프린터의 경우에는 플랫폼에서 바로 출력물을 제거하기 위해서 다음 단계로 넘어간다.

(5) 플랫폼에서 출력물을 분리한다.

전용 공구를 사용해서 출력물을 플랫폼에서 분리한다. 이때 전용 공구로 플랫폼 표면을 긁지 않도록 주의한다. 또한 전용 공구가 날카로우므로 안전사고에 주의한다.

❋ 플랫폼에서 출력물 분리

(6) 플랫폼을 확인 후 다시 3D 프린터에 설치한다.

① 플랫폼이 분리되는 3D 프린터.

플랫폼이 분리되는 3D 프린터는 출력물을 플랫폼에서 분리한 후 플랫폼을 다시 3D 프린터에 설치해야 한다. 이때 플랫폼의 표면에 흠집이나 이물질이 남아 있는지 확인한 후 이물질이 발견되면 솔 등으로 플랫폼의 표면을 털어내 준다.
표면에 이상이 없는 것이 확인되면 다시 3D 프린터에 설치해준다.

② 플랫폼이 분리되지 않는 3D 프린터

플랫폼이 분리되지 않는 3D 프린터는 플랫폼이 장착된 상태에서 플랫폼의 표면에 흠집이나 이물질이 남아 있는지 확인한 후 이물질이 있을 경우 솔 등으로 플랫폼의 표면을 털어 낸다.

(7) 3D 프린터를 다시 대기 상태로 설정한다.

대부분의 3D 프린터는 플랫폼이 다시 설치되면 다음 제품을 출력하기 위해 자동으로 대기 상태가 되지만 그렇지 않다면 3D 프린터를 조작하여 대기 상태로 설정해 주어야 한다.

2. 액체 방식 3D 프린터의 출력물 회수 절차

(1) 보호 장구를 착용한다.

3D 프린터에서 출력물을 제거할 때 이물질이 튀거나 상처를 입을 수 있으므로 장갑 및 마스크, 보안경을 착용한다.

(2) 3D 프린터가 동작을 멈춘 것을 확인한다.

액체 방식 3D 프린터는 빛의 형태 및 제품 출력 시 플랫폼이 움직이는 방향에 따라 종류가 다양하지만 출력물 회수 방법은 대부분의 액체 방식 3D 프린터에서 유사하다.

(3) 3D 프린터의 문을 열 수 있다.

액체 방식 3D 프린터는 자외선으로부터 인체를 보호하고 광경화성 수지가 담긴 수조에 이물질이 들어가는 것을 방지하기 위해 문이 있다. 3D 프린터가 출력을 종료한 것을 확인한 후 문을 열고 육안으로 출력물에 이상이 없는지 확인한다.

❊ 문을 연 후 플랫폼에 부착되어 있는 출력물에 이상이 없는지 확인한다.

(4) 플랫폼을 3D 프린터에서 분리한다.

플랫폼이 3D 프린터에 장착된 상태로 힘을 주어 출력물을 제거하면 3D 프린터의 구동부가 손상될 수 있다. 또한 출력물이 플랫폼에 거꾸로 부착된 상태로 출력물을 분리하면 부스러기나 이물질 등이 광경화성 수지가 담긴 수조에 떨어져서 오염될 수 있다. 그러므로 플랫폼을 고정하고 있는 스크루를 풀어 플랫폼을 3D 프린터에서 분리한다. 이때 플랫폼 주변과 출력물에 묻어 있는 광경화성 수지가 피부에 닿지 않도록 주의한다.

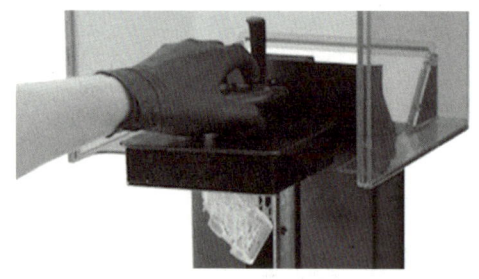 

❊ 플랫폼을 고정하고 있는 스크루를 풀어 준 후 플랫폼을 3D 프린터에서 분리한다.

(5) 플랫폼에서 출력물을 분리한다.

전용 공구를 사용해서 출력물을 플랫폼에서 분리한다. 이때 전용 공구로 플랫폼 표면을 긁지 않도록 주의한다. 또한 전용 공구가 날카로우므로 안전사고에 주의한다.
이때에도 광경화성 수지가 피부에 닿지 않도록 주의한다.

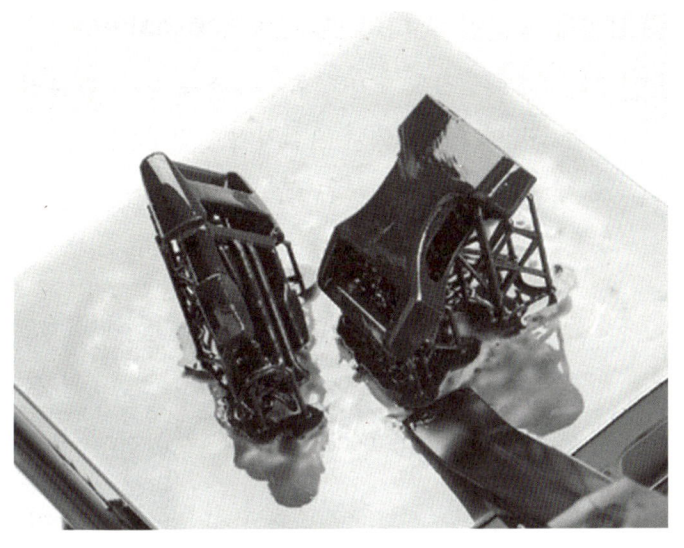

❋ 전용 공구를 플랫폼과 출력물 사이로 밀어 넣어 출력물을 플랫폼에서 분리

(6) 플랫폼 표면의 불순물을 제거할 수 있다.

출력물을 분리한 후 플랫폼과 전용 공구에 남아 있는 광경화성 수지와 서포트 부스러기 등과 같은 이물질을 제거해 주어야 한다. 케미컬 와이퍼 등으로 플랫폼과 전용 공구를 깨끗이 닦아 주어 이물질을 제거해 준다. 이때 3D 프린터와 재료 설명서를 참고하여 이소프로필알코올이나 에틸알코올 등을 케미컬 와이퍼에 묻혀 닦아주면 광경화성 수지가 좀 더 잘 닦인다.

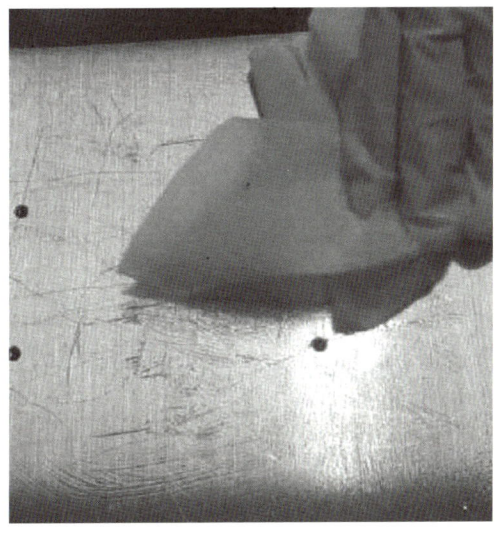

❋ 케미컬 와이퍼 등으로 플랫폼 표면을 깨끗이 닦아준다.

(7) 플랫폼 표면을 확인한 후 다시 3D 프린터에 설치한다.

출력물이 분리되고 이물질을 제거한 후 플랫폼을 다시 3D 프린터에 설치해 준다.
이때 플랫폼의 표면에 이물질이나 흠집이 있는지 확인 후 이상이 없다면 3D 프린터에 설치해 준다.

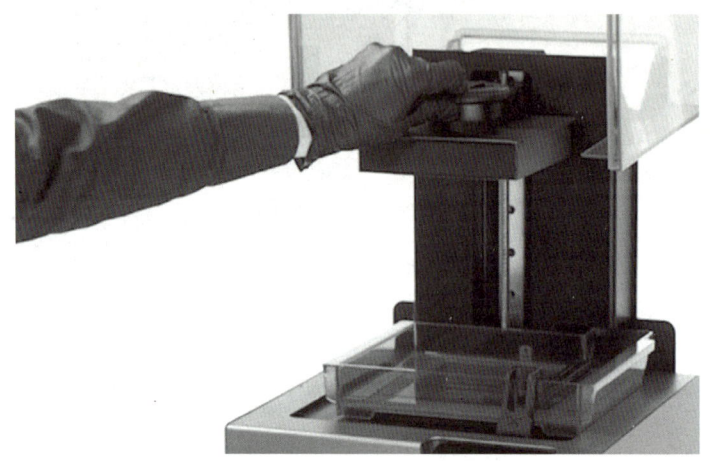

❋ 플랫폼을 다시 3D 프린터에 설치한다.

(8) 출력물에 묻어 있는 광경화성 수지를 제거할 수 있다.

분무기를 이용해서 이소프로필알코올이나 에틸알코올 등을 출력물에 뿌려 주어 출력물 표면에 남아 있는 광경화성 수지를 제거한다. 출력물의 표면이 복잡하거나 내부 구멍이 있는 등 분무기로 세척하기 어려운 경우에는 이소프로필알코올이나 에틸알코올이 담긴 용기에 출력물을 담가 광경화성 수지를 세척해 준다.

Chapter 03 출력물 회수

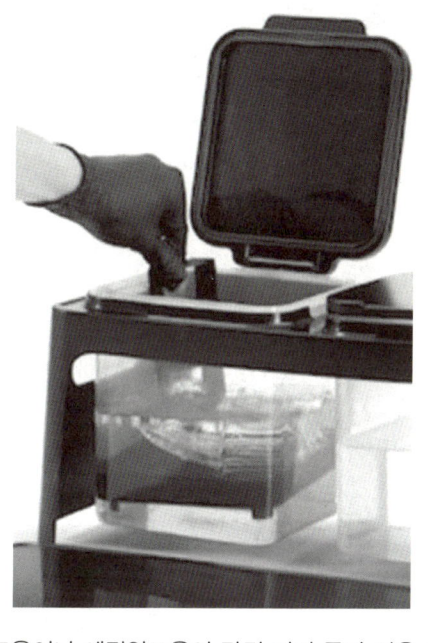

❋ 이소프로필알코올이나 에틸알코올이 담긴 비커 등과 같은 용기에 출력물을 담가 남아 있는 광경화성 수지를 세척해 준다.

(9) 서포트를 제거한다.

커터 칼이나 니퍼 등을 이용하여 출력물에서 서포트를 제거해 준다. 서포트를 제거할 때 출력물의 표면에 손상이 가지 않도록 주의해야 하며 서포트를 제거하기 전 출력물의 손상을 줄이기 위하여 CAD 모델을 검토하여 형상을 확인한 후 서포트를 제거한다.

❋ 니퍼와 커터 칼 등을 사용하여 출력물에서 서포트를 제거한다.

(10) 후경화를 할 수 있다.

자외선에 의해서 굳어진 광경화성 수지 내부에는 미세하게 경화되지 않은 광경화성 수지가 존재한다. 그리고 경화되지 않은 상태의 광경화성 수지는 서서히 경화되면서 출력물의 변형을 일으키는 원인이 된다. 따라서 서포트가 제거된 출력물을 자외선 경화기에 넣어 출력물 내부에 존재하는 경화되지 않은 광경화성 수지가 모두 굳어지도록 해 주어야 한다. 자외선 경화기가 없다면 자외선 램프를 이용해도 된다. 외부로 빛이 새어 나가지 않도록 밀폐된 통에 자외선 램프를 연결 후 통에 출력물을 넣고 램프를 켜 주면 출력물 내부에 있는 광경화 수지를 굳힐 수 있다. 이때 보안경을 착용하여 자외선 빛을 직접 보지 않도록 주의한다.

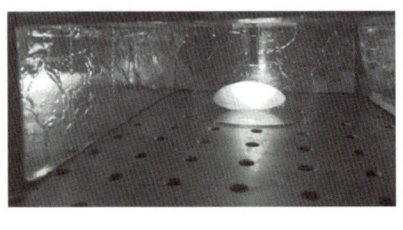

✽ 자외선 램프를 이용한 간이 경화기

3. 분말 방식 3D 프린터의 출력물 회수 절차 수립

(1) 보호 장구를 착용한다.

3D 프린터에서 출력물을 제거할 때 분말이 날리거나 이물질이 튈 수 있다. 따라서 마스크, 장갑 및 보안경을 착용한다.

(2) 3D 프린터가 동작을 멈춘 것을 확인한다.

분말 방식 3D 프린터는 분말 재료에 바인더를 분사하여 3차원 형상을 출력한다. 출력 작업이 끝나면 출력물을 꺼내지 않고 3D 프린터 내부에 둔 상태로 건조해야 한다. 출력물을 건조시키지 않고 3D 프린터에서 제품을 꺼내면 출력물이 부서질 위험이 있기 때문이다.

(3) 3D 프린터의 문을 연다.

분말 방식 3D 프린터는 매우 고운 분말 재료를 사용한다. 분말이 입이나 코로 흡입되지 않게 보호하고 출력 도중 3D 프린터에 이물질이 들어가는 것을 방지하기 위한 문이 있다. 3D 프린터의 건조 과정이 끝난 것을 확인 후 문을 연다. 출력물은 분말 속에 잠겨 있다.

❋ 3D 프린터의 문을 연다.

(4) 플랫폼에서 출력물을 회수한다.

분말에 잠겨 있는 출력물을 회수하기 위해서는 진공 흡입기를 이용해 출력물 주위의 분말들을 제거해야 한다. 이때 진공 흡입기에 솔을 장착하고 출력물 주위에 분말 가루를 흡입해야 한다. 솔을 장착하지 않은 상태로 분말 가루를 흡입기로 제거하면 출력물이 부서질 위험이 있다.

분말 가루들을 제거하여 출력물이 보이면 출력물에 붙어 있는 가루들도 진공 흡입기로 제거한다. 플랫폼에서 출력물을 회수하는 작업은 장갑과 마스크를 착용한 상태에서 진행해야 하며, 분말 가루가 날리지 않도록 주의한다.

❋ 플랫폼에서 출력물을 회수하고, 진공 흡입기로 출력물에 묻어 있는 분말가루를 흡입한다.

(4) 플랫폼 위에 남아 있는 분말 가루를 제거한다.

플랫폼에서 출력물을 회수하고 나면 플랫폼 위에는 성형에 사용되지 않은 분말 가루들이 남아 있다. 남은 분말 가루들을 진공 흡입기로 제거해야 하며 진공 흡입기로 회수된 분말 가루들은 재사용된다.

분말 방식 3D 프린터는 출력 과정에서 표면 평탄화 공정이 필수적이다. 따라서 평탄화 작업에 의해 발생한 분말 가루가 평탄화 장치에 남게 되므로 평탄화 장치를 3D 프린터에서 분리한 후 진공 흡입기를 이용해서 남아 있는 분말 가루를 흡입한다.

❋ 플랫폼에서 출력물을 분리하고, 진공 흡입기로 플랫폼에 남아 있는 분말 가루를 회수한다.

(5) 회수된 출력물에 묻어 있는 분말 가루를 완전히 제거한다.

출력물을 3D 프린터에서 회수한 후 출력물 표면에는 여전히 분말 가루가 남아 있다. 따라서 별도의 세척 공간에서 회수한 출력물의 남아 있는 분말 가루를 제거해 주는 작업을 진행한다.

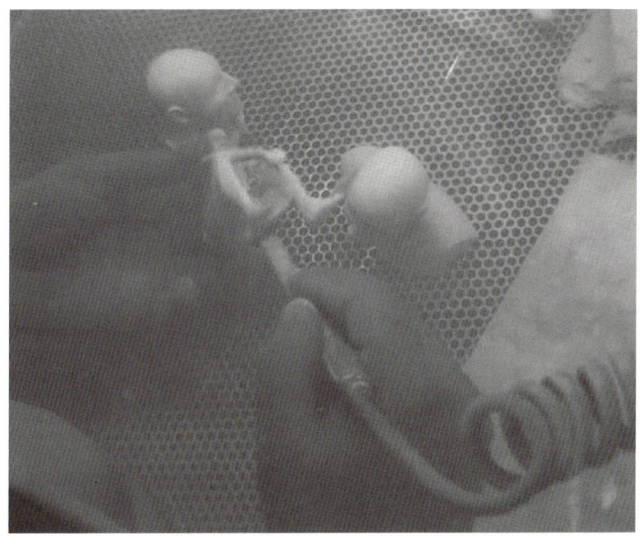

❋ 리코팅이 시작되는 부분의 남아 있는 분말 가루를 흡입한다.

1 장비 교정

1. 정밀도 확인

3D 프린터 출력에 있어서 정밀도는 각각 다르기 때문에 실제 사용하는 3D 프린터와는 결과값이 다를 수 있다.

(1) 수평 길이 정밀도

수평의 폭을 임의대로 설계하여 3D 프린터로 10개씩 출력하여 측정한 후 측정 평균값, 오차 평균값을 구한다. 실제 설계보다 길게 출력될 경우 원하는 길이보다 작은 길이로 출력하고, 작게 출력될 경우는 원하는 길이보다 길게 출력한다.

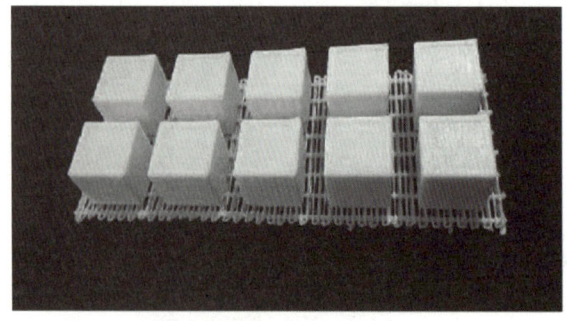

❋ 수평 길이 정밀도 측정을 위한 모델링

(2) 내부 폭 정밀도

3D 프린터로 출력물을 출력하여 조립을 하게 되면 볼트와 너트처럼 외부 길이와 내부의 길이의 공차를 유의해야 한다. 내부 폭을 임의대로 설계하여 10개씩 출력하여 측정한 후 측정 평균값, 오차 평균값을 구한다.

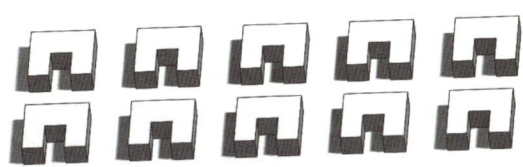

❋ 내부 폭 정밀도 측정을 위한 모델링

(3) 수직 구멍 정밀도

3차원 모델을 제작할 때, 원형 결합이나 나사를 체결할 때 치수가 맞지 않을 수 있기 때문에 구멍에 대한 정밀도를 측정한다. 직육면체에 수직으로 구멍이 뚫린 모델링을 출력하여 각 구멍별로 측정하여 오차 평균값을 구한다.

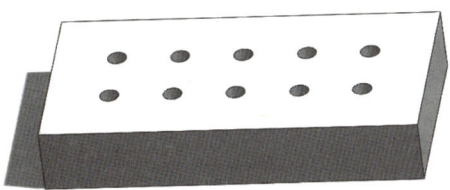

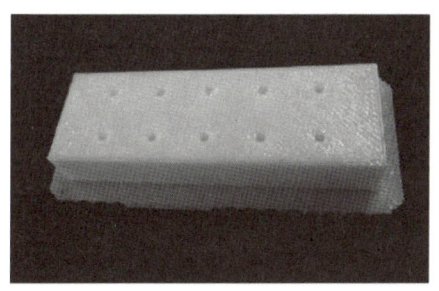

❋ 수직 구멍 정밀도 측정을 위한 모델링

(4) 수평 구멍 정밀도

3D 프린터는 Z축 방면으로 물체를 쌓아올리면서 물체를 제작하기 때문에 물체의 내부 구멍도 수직 방면의 구멍 크기와 수평 방면의 구멍 크기의 오차가 다르게 나온다. 수직 구멍와 마찬가지로 직육면체에 수평 방면으로 구멍이 뚫린 모델링을 출력하여 각 구멍 별로 측정하여 오차 평균값을 구한다.

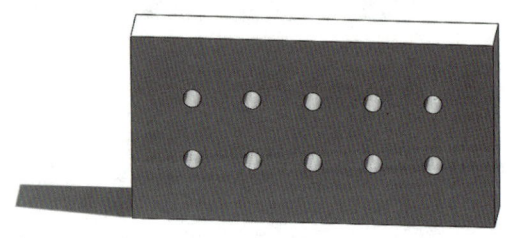
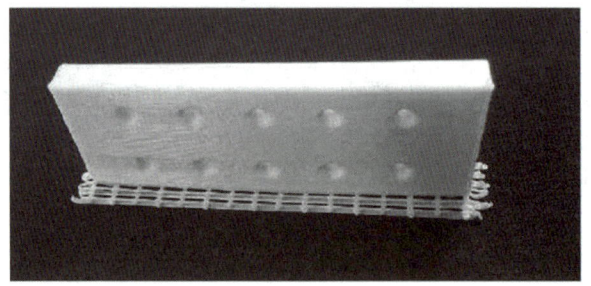

❋ 수평 구멍 정밀도 측정을 위한 모델링

2 장비 개선

1. 스풀 홀더(Spool holder)

대부분의 프린터에는 필라멘트 스풀을 걸어 둘 수 있는 간단한 거치대가 있다. 그러나 스풀이 잘 돌아가지 않으면 필라멘트 공급에 문제가 생길 수 있다. 안정적인 재료 공급을 위해 스풀 홀더를 따로 둘 수 있다.

❋ 스풀 홀더

2. 필라멘트 필터

필라멘트 필터는 단순한 구조로 되어 있으며 직접 만들기도 수월하다. 속이 빈 원통에 스펀지를 채워 넣고 스펀지 사이로 필라멘트가 통과하게끔 되어 있다. 필라멘트 필터는 필라멘트에 묻어 있는 먼지 및 이물질을 깔끔하게 걸러낸다.

❋ 필라멘트 청소 필터

3. 챔버

챔버는 3D 프린터의 구동 소음을 차단하며 출력 공간의 온도를 유지해 출력물의 수축을 방지한다. 또한 출력 도중 발생하는 분진을 차단하는 효과도 있다. 3D 프린터는 가급적이면 챔버가 포함된 제품을 구매하는 것이 좋으며, 챔버가 없는 제품은 챔버를 직접 제작하기도 한다.

❋ 3D 프린터 챔버

4. LED 조명

프린터 헤드에 LED를 부착하면 출력물의 상태를 수월하게 확인할 수 있다.

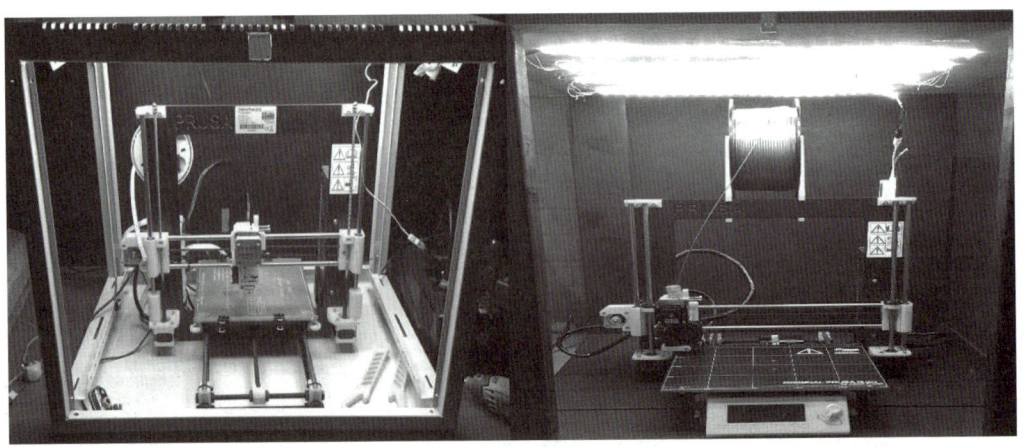

❋ LED 조명

출제 예상문제

1. FDM 델타 방식 프린터에서 높이가 258mm일 때 원점 좌표로 옳은 것은?
① (258, 0, 0)
② (0, 258, 0)
③ (0, 0, 258)
④ (0, 0, 0)

해설 델타 방식 프린터에서 출력부의 Home 위치가 x=0, y=0, z=지정된 높이이므로 z=258이다.

2. 3D 프린터 제품 출력 시 제품 고정 상태와 서포터에 관한 설명으로 옳지 않은 것은?
① 허공에 떠 있는 부분은 서포터 생성을 설정해 준다.
② 출력물이 베드에 닿는 면적이 작은 경우 라프트(Raft)와 서포터를 별도로 설정한다.
③ 3D 프린팅의 공정에 따라 제품이 성형되는 바닥면의 위치와 서포터의 형태는 같다.
④ 각 3D 프린팅 공정에 따라 출력물이 성형되는 방향과 서포터는 프린터의 종류에 따라 다르다.

해설 3D 프린터 제조 과정에서 바닥의 위치 설정에 따른 서포터의 설정이 달라지며, 파라미터 설정에 따라서도 서포터의 넓이가 달라질 수 있고, 3D 프린팅 방식에 따라서도 달라질 수 있다.

3. 3D 프린터 출력물에 용융된 재료가 흘러나와 얇은 선이 생겼을 경우 이러한 출력 오류를 해결하는 방법으로 옳지 않은 것은?
① 온도 설정을 변경한다.
② 리트렉션(Retraction) 거리를 조절한다.
③ 리트렉션(Retraction) 속도를 조절한다.
④ 압출 헤드가 긴 거리를 이송하도록 조정한다.

해설 Travel 구간에 대한 문제로 Retraction 기능을 이용해야 한다. 압출 헤드가 긴 거리를 이동하면 소재의 흐름 현상이 심해지므로 이동거리를 줄여준다.

4. 3D 프린터 출력 오류 중 처음부터 재료가 압출되지 않는 경우의 원인으로 거리가 먼 것은?
① 압출기 내부에 재료가 채워져 있지 않을 때
② 회전하는 기어 톱니가 필라멘트를 밀어내지 못할 경우
③ 가열된 플라스틱 재료가 노즐 내부와 너무 오래 접촉하여 굳어 있는 경우
④ 재료를 절약하기 위해 출력물 내부에 빈 공간을 너무 많이 설정할 경우

해설 출력물 내부의 설정과는 관계가 없다.

5. 3D 프린터에서 출력물 회수 시 전용공구를 이용하여 출력물을 회수하고 표면을 세척제로 세척 후 출력물을 경화기로 경화시키는 방식은?
① FDM
② SLA
③ SLS
④ LOM

해설 SLA 방식은 광경화성 액체 수지를 경화시키는 방식으로 출력 후 세척이 필수적이다.

Part 7 제품 출력

6. 3D 프린터로 제품을 출력할 때 재료가 베드(Bed)에 잘 부착되지 않은 이유로 볼 수 없는 것은?
① 온도 설정이 맞지 않은 경우
② 플랫폼 표면에 문제가 있는 경우
③ 첫 번째 층의 출력 속도가 너무 빠른 경우
④ 출력물 아랫부분의 부착 면적이 넓은 경우

해설 출력물의 바닥 접합부 면적이 넓은 경우는 잘 부착되지 않는 이유로 보기 어렵다.

7. FDM 방식 3D 프린터 출력 시 첫 번째 레이어의 바닥 안착이 중요하다. 바닥에 출력물이 잘 고정되게 하기 위한 방법으로 적절하지 않은 것은?
① Skirt 라인을 1줄로 설정하여 오브젝트를 출력한다.
② 열 수축현상이 많은 재료로 출력을 하거나 출력물의 바닥이 평평하지 않을 때 Raft를 설정하여 출력한다.
③ 출력물이 플랫폼과 잘 붙도록 출력물의 바닥 주변에 Brim을 설정한다.
④ 소재에 따라 Bed를 적절한 온도로 가열하여 출력물의 바닥이 수축되지 않도록 한다.

해설 Skirt 옵션은 토출부의 압력을 동일하게 유지시켜 주기 위한 목적과, 토출량을 일정하게 유지시키기 위한 목적으로 사용된다.

8. 3D 프린터의 정밀도를 확인 후 장비를 교정하려 한다. 출력물 내부 측을 2mm로 지정하여 10개의 출력물을 뽑아서 내부 폭의 측정값을 토대로 구한 평균값(A)과 오차 평균값(B)으로 옳은 것은?

출력회차	1	2	3	4	5
측정값	1.58	1.72	1.63	1.66	1.62
출력회차	6	7	8	9	10
측정값	1.65	1.72	1.78	1.80	1.65

① A:1.665, B:-0.335
② A:1.672, B:-0.328
③ A:1.678, B:-0.322
④ A:1.681, B:-0.319

해설 제조 공차를 확인하는 문제로 측정값의 평균을 구하면 된다.

9. 3D 프린터 출력 시 성형되지 않은 재료가 지지대(Support) 역할을 하는 프린팅 방식은?
① 재료분사(Material Jetting)
② 재료압출(Material Extrusion)
③ 분말적층용융(Power Bed Fusion)
④ 광중합(Vat Photo Polymerization)

해설 분말적층용융 방식은 분말 소재 자체가 지지대(Support) 역할을 한다.

10. 플랫폼에 출력물이 잘 고정되게 하는 방법이 아닌 것은?
① 열 수축 현상이 적은 재료로 출력한다.
② 출력물의 바닥이 평평하지 않을 때 Raft를 설정하여 출력한다.
③ 출력물이 플랫폼과 잘 붙도록 출력물 바닥 주 면에 Brim을 설정해준다.
④ 출력물의 바닥이 수축되지 않도록 베드를 적절한 온도로 가열한다.

해설 열 수축 현상이 많은 재료로 출력한다.

11. 3D 프린터 공정별 출력물의 성형 방향으로 알맞지 않은 것은?
① 수조 광경화: 플랫폼의 이송 방향에 따라 위쪽 또는 아래쪽에 성형된다.
② 재료 분사: 플랫폼 위에 성형된다.
③ 재료 압출: 플랫폼이 아래로 이송되면서 그 위에 제품이 아래에서 위로 성형된다.
④ 분말적층용융: 플랫폼 위에 분말이 놓이게 되고, 출력물은 위에서 아래쪽으로 성형된다.

해설 분말적층용융(Powder bed fusion) 분말 융접은 평평하게 놓인 분말 위에 열에너지를 선택적으로 가해서 분말을 녹여 소결하는 방식이다. 플랫폼 위에 분말이 놓이게 되고, 여기에 위에서 아래쪽으로 열에너지가 가해지며, 출력물은 아래에서 위쪽으로 성형된다.

12. 3D 프린터의 재료 분사(Material jetting) 방식에 대한 설명이 아닌 것은?
① 광경화성 수지나 왁스 등의 액체 재료를 미세한 방울(Droplet)로 만들고 이를 선택적으로 도포한다.
② 지지대는 출력물과 같은 재료로 만들어진다.
③ 출력물 재료와 지지대 재료는 모두 위에서 아래로 도포된다.
④ 플랫폼은 아래로 이송되면서 층을 성형한다. 따라서 출력물은 플랫폼 위에 만들어진다.

해설 지지대는 출력물과 다른 재료로 만들어지며 손쉬운 제거를 위해 물에 녹거나 가열하면 녹는 재료로 만들어진다.

13. 3D 프린터의 재료 압출(Material extrusion) 방식에 대한 설명이 아닌 것은?
① 플랫폼은 위로 이송되면서 그 위에 제품이 위에서 아래로 성형된다.
② 출력물 및 지지대 재료는 모두 위에서 아래로 압출된다.
③ 출력물 및 지지대 재료가 노즐이나 오리피스 등을 통해서 압출되어 적층하고 3차원 형상의 출력물이 만들어진다.
④ 재료 압출 방식에서는 지지대와 출력물이 같은 재료인 경우와 서로 다른 재료인 경우의 두 가지 방식이 있다.

해설 플랫폼은 아래로 이송되면서 그 위에 제품이 아래에서 위로 성형된다.

14. 3D 프린터에서 사용되는 좌표계의 종류가 아닌 것은?
① 기계 좌표계   ② 로컬 좌표계
③ 공작물 좌표계 ④ 상대 좌표계

해설 3D 프린터에서 사용되는 좌표계는 기계 좌표계(Machine coordinate system), 공작물 좌표계(Work coordinate system) 그리고 로컬 좌표계(Local coordinate system)가 있다.

15. X50 지점으로 빠르게 이송하라는 G코드 명령어에 해당하는 것은?
① G4 P50   ② G1 X50
③ G0 X50   ④ G0 Y50

해설 G0 X50 → X=50mm인 지점으로 빠르게 이송

16. G코드 명령어 중 급속 이송에 해당하는 명령어는?
① G04   ② G00
③ G01   ④ G28

Part 7 제품 출력

해설 G00: 급속 이송(지정한 지점으로 빠르게 이송)
G01: 직선 보간(현재 위치에서 지정한 위치까지 헤드나 플랫폼을 직선 이송)
G04: 멈춤, Dwell(3D 프린터의 모든 동작을 Pnnn에 의해 지정된 시간 동안 정지)
G28: 원점 이송(3D 프린터의 각 축을 원점으로 이송)

17. M코드 명령어 중 모든 스테핑 모터에 전원을 공급하는 명령어는?
① M17
② M18
③ M104
④ M106

해설 M17: 스테핑 모터에 전원 공급
M18: 스테핑 모터에 전원 차단
M104: 헤드의 온도 지정
M106: 냉각 팬의 전원 켜고, 작동
M107: 냉각 팬의 전원 끄고, 정지

18. M코드 명령어 중 모든 움직임을 멈추고 시스템을 종료시키는 명령어는?
① M140
② M17
③ M18
④ M01

해설 M01: 휴면(3D 프린터의 버퍼에 남아 있는 모든 움직임을 마치고 시스템을 종료)
M140: 베드 온도 설정

19. M코드 명령어 중 M104에 대한 설명으로 알맞은 것은?
① 냉각 팬의 전원을 끈다.
② 지정된 값으로 냉각 팬의 회전 속도를 설정한다.
③ 제품이 출력되는 플랫폼의 온도를 설정한다.
④ 지정된 온도로 압출기의 온도를 설정한다.

해설 M104: 압출기 온도 설정
지정된 온도로 압출기의 온도를 설정한다.
예) M104 S190 → 3D 프린터 압출기의 온도를 190℃로 설정한다.

20. 제품이 출력되는 공간인 챔버의 온도를 설정하는 M코드는?
① M117   ② M140
③ M141   ④ M300

해설 M141: 챔버 온도 설정(제품이 출력되는 공간인 챔버의 온도를 지정된 값으로 설정)
M117: 메시지 표시(LCD 화면에 표시)
M140: 플랫폼 온도 설정(플랫폼의 온도를 지정한 값으로 설정)
M300: 소리 재생(출력 종료 등의 알림)

21. 3D 프린터의 출력 오류 중 출력 도중 재료가 압출되지 않는 경우의 원인이 아닌 것은?
① 필라멘트 재료가 얇아졌을 경우
② 압출 노즐이 막혔을 경우
③ 압출기 노즐과 플랫폼 사이의 거리가 너무 가까운 경우
④ 필라멘트 재료가 없을 경우

해설 출력 도중 재료가 압출되지 않는 경우의 원인
① 스풀에 더 이상 필라멘트가 없을 경우
② 필라멘트 재료가 얇아졌을 경우
③ 압출 노즐이 막혔을 경우
④ 압출 헤드의 모터가 과열되었을 경우

22. FDM 방식에서 첫 번째 층이 너무 빠르게 성형될 경우 발생하는 현상은?
① 재료가 플랫폼에 부착되지 않는다.
② 재료의 압출량이 적어진다.
③ 바닥이 말려 올라간다.
④ 일부 층이 만들어지지 않는다.

　해설　플랫폼 위에 토출되는 재료는 첫 번째 층을 만들게 되며, 이때 첫 번째 층이 플랫폼에 견고하게 부착되어야 한다. 만약 첫 번째 층을 성형하는 재료가 너무 빠르게 토출되면 플라스틱 재료들이 플랫폼 위에 부착이 되지 않는다.

23. FDM 방식으로 출력할 때 출력물에 얇은 선들이 만들어지는 원인은?
① 단면에 공간을 많이 주는 경우
② 재료의 압출 양이 충분하지 않을 경우
③ 압출 노즐이 재료 압출을 하지 않은 상태에서 다른 위치로 이동할 때 내부에 있는 녹은 상태의 플라스틱 재료가 조금씩 흘러나오는 경우
④ 압출 노즐의 온도가 너무 낮을 경우

　해설　출력물에 머리카락과 같은 얇은 선들이 남아 있는 경우가 있다. 이는 압출 노즐이 재료의 압출을 하지 않은 상태에서 다른 위치로 이동할 때 내부에 있는 녹은 상태의 플라스틱 재료가 조금씩 흘러나와서 발생한다. 이런 경우 온도 설정을 변경한다.

24. FDM 방식의 3D 프린터로 출력 시 윗부분에 구멍이 생기는 원인이 아닌 것은?
① 윗면의 두께가 너무 얇은 경우
② 출력 속도가 너무 빠를 경우
③ 단면에 공간을 많이 주는 경우
④ 재료의 압출 양이 충분하지 않은 경우

　해설　윗부분에 구멍이 생기는 원인
- 단면에 공간을 많이 주는 경우
  재료를 절약하기 위해서 단면에 공간을 너무 많이 주게 되면 출력물 윗면의 성형이 제대로 되지 않아 구멍이 생긴다.
- 윗면의 두께가 너무 얇은 경우
  단면을 격자 모양으로 적절히 채워 주더라도 윗면의 두께가 너무 얇게 만들어져도 구멍이 발생한다.
- 재료의 압출 양이 충분하지 않을 경우
  압출 노즐을 통해서 재료가 압출될 때 그 양이 충분하지 않으면 적절한 성형이 이루어지지 않아 구멍이 만들어진다.

25. 3D 프린터 과열의 원인이 아닌 것은?
① 노즐이 막혔을 때
② 냉각 부족
③ 출력 온도가 너무 높을 때
④ 출력 속도가 너무 빠를 때

　해설　과열의 원인으로는 냉각 부족, 출력 온도가 높을 경우, 출력 속도가 너무 빠를 경우 등이 있다.

정답　1. ③　2. ③　3. ④　4. ④　5. ②　6. ④　7. ①　8. ④　9. ③　10. ①　11. ④　12. ②　13. ①　14. ③　15. ③
16. ②　17. ①　18. ④　19. ④　20. ③　21. ③　22. ①　23. ③　24. ②　25. ①

PART 8
3D 프린터 안전관리

01 안전수칙 확인

02 예방점검 실시

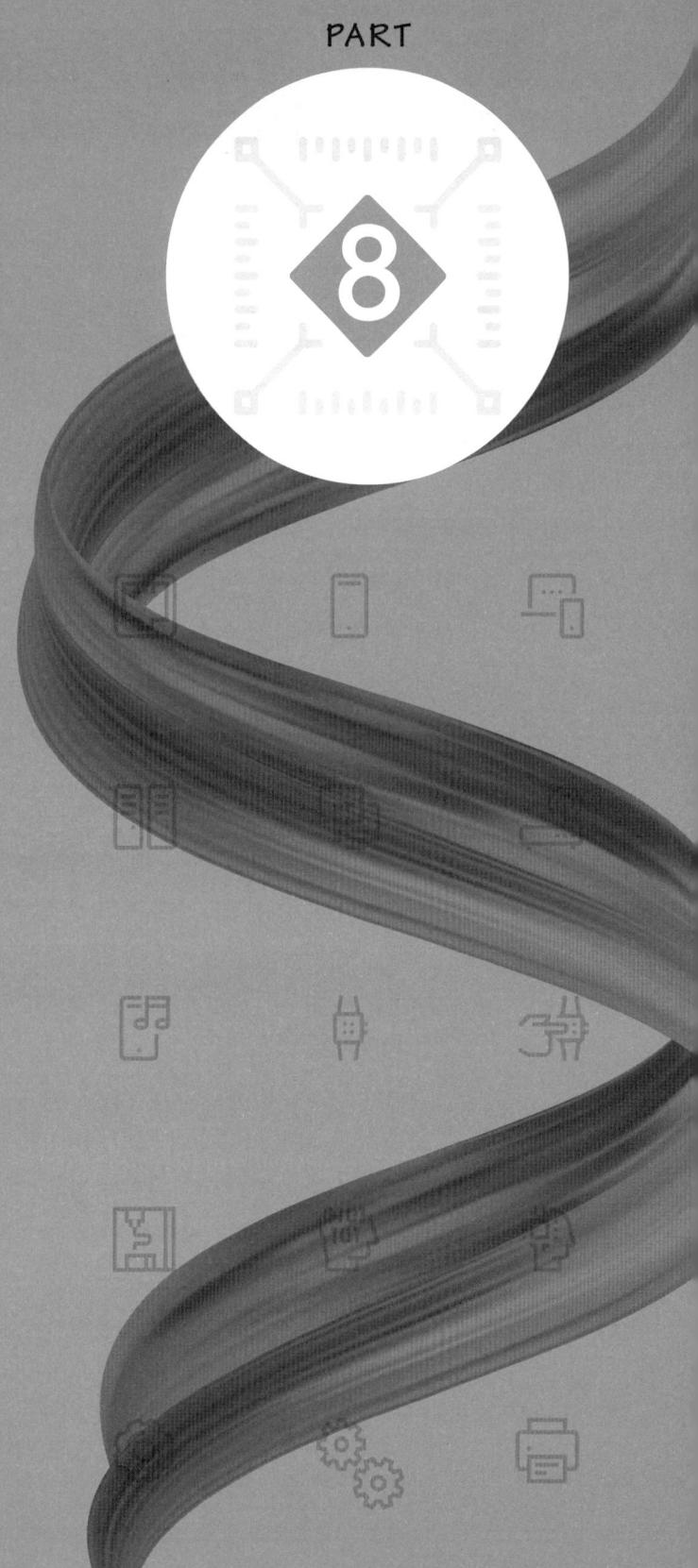

Chapter 01 안전수칙 확인

1 작업 안전수칙 준수

1. 안전관리의 정의

(1) 안전관리

비능률적인 요소인 재해가 발생하지 않는 상태를 유지하기 위한 활동. 즉 재해로부터 인간의 생명과 재산을 보호하기 위한 계획적이고 체계적인 제반 활동을 안전관리라 한다.

① 인간 존중의 실현: 인간의 생명을 무엇보다 귀중하게 여김, 인간 존중의 인도적 신념을 실현함.
② 경영의 합리화: 안전관리는 산업재해를 예방함으로써 산업재해로 야기되는 생산 손실을 사전에 막아줌으로써 경영 합리화를 도모함.
③ 사회적 신뢰성 확보: 재해가 많이 발생하는 기업체는 기업이 만든 상품의 이미지까지도 실추되므로 산업재해 예방을 통해 사회적 신뢰성을 유지하고 확보하여야 한다.

(2) 안전의 기본요소

① 육체를 건강하게 마음을 명랑하게 한다.
② 서로 믿고 협력한다.
③ 지시나 수칙은 정확히 지키도록 한다.
④ 복장 및 몸가짐을 단정히 한다.
⑤ 정리정돈을 제일로 알고 실천한다.
⑥ 기계나 기구는 잘 보관하고 사용한다.
⑦ 작업은 올바른 순서대로 한다.

⑧ 신호와 연락은 확실하게 한다.
⑨ 모르는 일은 항상 물어보고 한다.
⑩ 무리나 태만은 사고의 원인으로 알고 금한다.

(3) 안전에 대한 기본원칙
① 모든 사고나 직업병은 사전에 예방될 수 있다.
② 관리·감독자는 모든 사고를 예방하는 직접적인 책임이 있다.
③ 안전은 종업원이 지켜야 할 중요한 조건이다.
④ 안전한 작업장이 되기 위하여 교육은 매우 중요한 요소이다.
⑤ 안전에 대한 점검은 반드시 수행되어야 한다.
⑥ 모든 결함은 즉시 교정되어야 한다.
⑦ 안전하지 않은 작업과 사고 우려가 있는 위험요소에 대한 조사는 매우 중요하다.
⑧ 업무 후의 안전은 업무 중의 안전과 마찬가지로 매우 중요하다.
⑨ 사고와 질병을 예방하는 것은 업무에도 도움이 된다.
⑩ 안전에 있어서는 사람이 가장 중요하다.

2 안전보호구 취급

1. 안전보호장구의 개요

보호구는 유해·위험상황에 따라 발생할 수 있는 재해를 예방하고, 그 영향이나 부상의 정도를 경감시키기 위한 용구이다.

(1) 보호장구의 특징
① 인간의 생산 활동에는 항상 기계장치가 동반된다고 할 수 있으며, 기계장치를 안전하게 하는 것만으로 안전이 충분히 유지된다고 할 수 없다.
② 인간의 외적 조건을 완전하게 안전화 할 수 없는 경우에는 기계에 안전장치를 하거나 작업 환경을 쾌적하게 하여야 할 것이다.
③ 보호 장구의 사용목적은 유해물질로부터 인체의 전부나 일부를 보호하기 위해 착용하는 보조기구이다.

④ 작업자는 반드시 안전수칙들을 준수해야 하며, 보호장구를 착용해야 할 의무가 있다.

(2) 보호장구의 종류

① 안전모
② 안전대
③ 안전화
④ 보안경
⑤ 안전장갑
⑥ 보안면
⑦ 방진마스크
⑧ 방독마스크
⑨ 귀마개 또는 귀덮개
⑩ 송기마스크
⑪ 방열복

안전모　　안전화　　안전장갑　　방진마스크　　방독마스크　　송기마스크

전통식 호흡보구　보호복　안전대　보안경　용접용 보안면　방음보호구

❋ 안전 보호구 종류

(3) 보호구 구비조건

① 착용의 간편성
② 작업의 적합성
③ 충분한 방호성능
④ 품질의 양호

3 응급처치 수행

1. 응급상황 행동요령

① 목격자는 무엇이 잘못되었는지, 응급상황인지를 인식한다.
② 누군가를 도와주기 위해서는 응급상황에 대한 대처 능력, 응급상황이 무엇인지를 아는 것 등이 필요하다.
③ 일반 차량으로 부상자를 병원에 이송하는 경우가 있는데, 이러한 행동은 부상자에게 위험을 초래할 수 있으므로 구급차를 부른다.
④ 부상자 혹은 환자가 위급한 상황인지를 파악하고 필요한 조치를 취한다.

2. 근골격계 손상의 유형

(1) 용어의 정의

① 골절: 골격의 연속성이 비정상적으로 소실된 상태
② 탈구: 관절을 이루고 있는 구조의 일부가 손상되어 양측 골단면의 접촉 상태에 균형이 소실된 상태
③ 골절·탈구: 관절의 인접 부위에 골절이 있으면서 탈구가 동반된 손상
④ 염좌: 골격계를 지지하는 인대의 일부가 늘어나거나 파열되어 관절이 부분적 혹은 일시적인 전위를 일으킨 관절 손상

(2) 창상에 따른 골절의 분류와 이에 따른 합병증

① 폐쇄성 골절: 골절 부위의 피부와 연부 조직에 열상이나 창상이 없는 경우
② 개방성 골절: 골절 부위를 덮고 있는 피부와 연부 조직이 손상되어 골절 부위가 외부에 노출된 경우

(3) 개방성 골절의 흔한 합병증

폐쇄성 골절보다 출혈량이 많으며, 외부 환경의 오염물이 골절 부위로 침투되어 골절부위의 감염률이 높다.

(4) 골절의 증상과 징후

① 변형, 압통

② 운동 제한

③ 부종 및 반상 출혈

④ 노출된 골편

⑤ 골 마찰음

⑥ 가성 운동: 관절이 아닌 부위에서 골격의 움직임이 관찰되면 골절이 되었음을 의미

(5) 탈구

관절을 지지하는 여러 조직이 심하게 손상되어 관절면이 완전하게 전이된 것

① 관절 운동이 제한

② 심한 통증을 느낌

③ 수지관절, 견관절, 주관절, 고관절, 족관절 등에서 발생

(6) 염좌

① 관절이 정상적인 운동 범위를 벗어나서 심하게 비틀리거나 잡아당겨질 때 발생

② 주로 슬관절이나 족관절에 자주 발생

③ 압통, 부종과 반상 출혈, 운동 소실 등

(7) 근골격계의 손상 시 검진

① 1단계: 환자의 전반적인 상태를 평가

② 2단계: 손상 부위의 검진

③ 3단계: 손상 부위의 원위부에 대한 신경기능과 순환기능의 평가

(8) 손상 부위의 검진순서

① 시진: 눈으로 손상된 부위를 확인하고, 그 모양이나 정도를 알아보는 것

② 촉진: 손으로 손상이 의심되는 부위를 만져서 구조적인 변형이나 국소적인 압통을 확인하기 위한 진찰방법

(9) 운동검사

① 시진과 촉진에 이상이 없을 때 검사

② 목 부위나 허리 부분의 통증이 있는 외상
③ 환자는 자세의 변화를 극도로 조심
④ 경미하게 움직이더라도 영구적인 척수손상을 초래할 수 있기 때문
⑤ 손상 부위의 말단부에서 신경기능과 순환기능에 대한 검사를 실시
⑥ 순환기능 검사는 맥박을 촉진하는 것과 모세혈관 재충혈을 시행

4 장비의 위해 요소

1. 3D 프린터의 위해 요소

3D 프린팅 산업은 기산업, 항공우주 산업, 자동차 산업 등 여러 분야에 활용되고 있으며, 사용자 또한 증가하고 있다. 산업안전보건연구원에 따르면 3D 프린터 작동 시 초미세입자, 유기화합물 등이 발생하며, 초미세입자는 호흡기계에 침착되어 천식 등의 질환이 발병할 수 있으며, 초미세입자는 비산되어 폐뿐만 아니라 피부, 신경 및 뇌까지 침착되어 건강상의 문제를 일으킬 가능성이 있다고 보고된다.

산업안전보건원구원은 저가형 FDM 방식의 3D 프린터의 경우, 예열 작업과 노즐의 문제가 발생하는 상황에서 높은 입자 수 농도와 표면적 농도를 보이므로 국소배기 장치를 설치하거나, 덮개가 달린 3D 프린터를 구입하거나, 작업 부스를 설치하는 등 근로자의 노출을 최소로 할 필요성이 있다고 판단되며, 최소한 호흡보호구를 제공하여 착용할 것을 권장하고 있다.

(1) 3D 프린터 안전 주의사항

① 전원 코드를 콘센트에 직접 연결하여야 하며 확장 코드를 사용하지 않는다.
② 감전이나 화상의 위험이 있으므로 내부가 노출되지 않도록 커버나 나사를 분리하지 않는다.
③ 프린팅 시 노즐과 히팅 베드 부분은 고온을 유지해야 하므로 화상에 주의한다.
④ 습기가 많은 곳은 제품의 변형과 오동작의 원인이 될 수 있다.
⑤ 전기 단자에 금속제품이 닿지 않도록 주의한다.
⑥ 장기간 사용하지 않을 때는 화재 사고의 위험이 있으므로 전원을 꺼둔다.
⑦ 금속성 물체가 기기 내부로 떨어지지 않도록 주의한다.

⑧ 기기 내부 청소 등 내부를 조작할 때에는 안전사고에 주의한다.
⑨ 베드나 모터, 노즐이 동작 중에는 기기 안에 신체나 물건을 넣지 않도록 한다.

2. 안전관리의 정의

(1) 안전관리

비능률적인 요소인 재해가 발생하지 않는 상태를 유지하기 위한 활동. 즉 재해로부터 인간의 생명과 재산을 보호하기 위한 계획적이고 체계적인 제반 활동을 안전관리라 한다.

① 인간 존중의 실현: 인간의 생명을 무엇보다 귀중하게 여김. 인간 존중의 인도적 신념을 실현함
② 경영의 합리화: 안전관리는 산업재해를 예방함으로써 산업재해로 야기되는 생산 손실을 사전에 막아줌으로써 경영 합리화를 도모함
③ 사회적 신뢰성 확보: 재해가 많이 발생하는 기업체는 기업이 만든 상품의 이미지가 지도 실추되므로 산업재해 예방을 통해 사회적 신뢰성을 유지하고 확보하여야 한다.

(2) 안전의 기본 요소

① 육체를 건강하게 마음을 명랑하게 하라.
② 서로 믿고 협력하라.
③ 지시나 수칙은 정확히 지키도록 하라.
④ 복장 및 몸가짐을 단정히 하라.
⑤ 정리정돈을 제일로 알고 실천하라.
⑥ 기계나 기구는 잘 보관하고 사용하라.
⑦ 작업은 올바른 순서대로 하라.
⑧ 신호와 연락은 확실하게 하라.
⑨ 모르는 일은 항상 물어보고 하라.
⑩ 무리나 태만은 사고의 원인으로 알고 금하라.

(3) 안전에 대한 기본 원칙

① 모든 사고나 직업병은 사전에 예방될 수 있다.
② 관리·감독자는 모든 사고를 예방하는 직접적인 책임이 있다.
③ 안전은 종업원이 지켜야 할 중요한 조건이다.

④ 안전한 작업장이 되기 위하여 교육은 매우 중요한 요소이다.
⑤ 안전에 대한 점검은 반드시 수행되어야 한다.
⑥ 모든 결함은 즉시 교정되어야 한다.
⑦ 안전하지 않은 작업과 사고 우려가 있는 위험 요소에 대한 조사는 매우 중요하다.
⑧ 업무 후의 안전은 업무 중의 안전과 마찬가지로 매우 중요하다.
⑨ 사고와 질병을 예방하는 것은 업무에도 도움이 된다.
⑩ 안전에 있어서는 사람이 가장 중요하다.

5 소재의 위해 요소

1. 3D 프린팅 사용 소재의 위해 요소

안전보건공단 산업안전보건연구원에 의하면 3D 프린팅에 관한 유해 요인은 휘발성 유기화합물(Volatil organic compound), 분진(Particulate mater), 소음, 발암성 물질, 후처리 공정에서 사용되는 화학물질 등이 알려져 있다. 폴리젯 프린터의 내부 측정 결과 유기화합물은 Aceton, N-Butane, 2-Butanone, 1,4-Dioxane, Ethanol, Isopropyl alcohol (2-Propanol), Toluene 이었으며, 미국 산업안전보건연구원(National Institute of Occupational Safety & Health)의 권고기준(REL: Recommended Exposure Limit)보다 낮은 수준이었고, 평균소음은 78dBA였다(Ryan & Hubbard, 2016). 압출적층조형(FDM) 프린터를 대상으로 한 연구에서 ABS와 PLA 필라멘트는 초미세먼지를 배출하였고, 필라멘트의 재질과 색상이 초미세먼지 배출에 영향을 주었다. 프린터의 덮개를 덮고 측정한 결과 입자상 물질의 배출은 덮지 않았을 때보다 2배가량 적었다.

2. 3D 프린팅 작업 시 유해·위험성과 관리방법

(1) 단계별 발생 가능한 유해·위험성

① 작동 전 단계(Pre-processing)
3D 프린팅에 사용되는 재료는 피부, 안구 및 호흡기에 염증을 유발할 수 있다. 예를 들어 니켈(Nickel)은 알러지성 피부염, 비염, 천식을 유발할 수 있으며, 초미세 금속 분진은 순간적으로 가연성을 가질 수 있다.

② 사용 단계(Printing)

프린팅 사용 단계에서는 사용하는 소재 및 방법에 따라 위해 요소가 달라진다.

㉠ 재료 압출(Material extrusion): ABS 및 PLA수지가 사용되며, 프린팅에 사용되는 재료 및 온도에 따라 나노물질 및 기체를 공기 중으로 방출한다. 나노물질에 노출 시 폐 등에 염증성 반응을 유발할 수 있다.

㉡ 분말적층용융(Powder bed fusion): 이 방식은 사용자와 작업 공간이 분리된 곳에서 작동되지만, 출력물 작업 완료 후 완성된 조형물을 세정하는 단계에서 재료로 사용된 물체의 분진 등에 노출될 수 있다.

㉢ 액층 광중합(Vat photopolymerization): 레진으로 만들어진 조형물과 접촉 시 알레르기성 피부염을 유발할 수 있고, 완성물을 세정할 때 사용하는 용제 및 완전히 경화되지 않은 조형물에 대한 노출이 작업자 건강에 잠재적 유해, 위험으로 작용할 수 있다.

③ 후가공(Post processing)

조형물 제작 이후 후처리 과정에서 발생할 수 있는 유해·위험은 다음과 같다.

㉠ 세정 및 지지대 제거: 완성된 조형물을 세정할 때 사용하는 화학물질은 피부, 안구 및 호흡기에 염증을 유발할 수 있고, 용제 등은 중추신경계에 영향을 줄 수 있다.

㉡ 연삭작업(Sanding): 연삭작업 시 발생하는 분진은 염증을 일으킬 수 있으므로 플라스틱으로 만들어진 조형물은 연삭작업 이전에 완전히 경화된 상태여야 한다.

㉢ 표면처리: 조형물의 표면을 처리하는 작업 수행 시 화학물질에 노출될 수 있다. 알레르기를 유발할 수 있는 에폭시, 시아노아크릴레이트 및 아크릴혼합물질을 사용하는 경우 특별한 주의가 필요하다. 이소시안염을 포함하고 있는 도료(Paints)는 피부 및 호흡기에 염증 또는 천식 및 알레르기성 반응을 유발할 수 있다.

(2) 3D 프린팅 유해·위험요소 관리방법

① 화학물질을 구매할 때 유해물질 함량 및 관련 물질안정보를 참조하고 무해하거나 유해성이 약한 물질을 사용한다.

② 작업공관과 분리된 공간에서 사용하는 프린터는 밀폐공간에 국소배기장치를 설치하여 오염물질이 확산되는 것을 방지한다.

③ 작업, 공정의 조직화를 통해 프린터 사용에 따른 유해, 위험에 노출될 수 있는 작업자의 수 또는 시간을 줄인다.

④ 위험한 화학물질 등은 안전하게 보관하여 분말 재료 등이 공기 중에 방출되지 않도록 한다.
⑤ 근로자들이 안전하고 올바른 작업을 수행하도록 교육, 훈련을 제공한다.
⑥ 수행하는 작업의 위험성을 평가하여 호흡, 피부 및 안구를 보호해야 하는 경우 적합한 보호구를 공정별로 사용할 수 있게 한다.
⑦ 에폭시 혼합물, 아크릴레이트 및 우레탄 등 경화되지 않은 플라스틱 화학물질은 피부와 직접 닿지 않도록 하고, 해당 물질이 묻은 표면 또는 의복 등도 사용하지 않도록 한다.
⑧ 에폭시 레진을 가공하는 작업자는 내약품성(Chemical resistance) 장갑 및 보호복을 반드시 착용한다.

Chapter 02 예방점검 실시

1 작업환경 관리

1. 계단 안전 관리를 점검한다.

① 물건이 적재되어 있을 경우 물건이 넘어질 수 있다는 생각을 하고 통행을 한다.
② 바닥에 기름이나 모래, 물이 없음을 확인한다.
③ 핸드레일 작업 시 부착 상태(견고성) 확인 후 작업을 실시한다.
④ 논슬립(Non-slip)이 탈락되거나 불량한 곳이 없어야 한다.
⑤ 어두운 곳에서 작업을 실시하지 않아야 한다.(적정 조도 이상 유지)

2. 출입구·통로를 점검한다.

① 방화문의 손잡이는 정상 작동을 하는지 확인해야 한다(어린이 손 끼임 방지).
② 방화문에 도어 스토퍼(일명: 말발굽)를 설치하지 않아야 한다(법적 사항).
③ 출입구의 넓이는 충분하여 통행에 불편이 없어야 한다.
④ 출입구 가까이나 통로에 물건 비치를 하지 않아야 한다(소방법 제30조의 2).
⑤ 주요 출입문에 '미세요', '당기세요'를 표기하여 부딪치지 않도록 한다.
⑥ 투명한 유리에는 눈높이 위치에 충돌 방지 띠 표지를 설치해야 한다.
⑦ 도로는 평탄하고 요철이 없어야 한다.
⑧ 회전문은 반드시 방향 표시를 설치해야 한다.
⑨ 회전문에 끼임이 발생하지 않도록 한다.

3. 바닥 위, 창가, 벽면을 점검한다.

① 바닥 위(특히 기계실, 전기실)의 정리, 정돈, 청소, 청결을 유지한다.
② 사람이 다니는 곳에 의자나 쓰레기통을 방치해 두면 보행자가 넘어질 수 있다.
③ 불안전한 상태로 놓여 있는 물건을 방치하면 안 된다.
④ 창가에 밖으로 떨어질 수 있는 물건을 방치해서는 안 된다.
⑤ 창가나 벽 쪽(특히 배연창 주변)에 불안전한 물건 적재를 금지한다.
⑥ 벽에 선반 등을 설치하여 물건 적재를 금지한다.
⑦ 게시물이나 홍보용 벽걸이 등은 견고하게 설치되어 있는지 여부를 확인한다.
⑧ 배연창 사용을 통제하고 부득이한 경우를 제외하고는 배연창 주변에 가지 말도록 해야 한다(밀었을 경우 그냥 열려 밑으로 추락할 위험이 많음).

4. 작업 시 작업장을 체크한다.

① 통로는 폭이 80cm 이상 완전하게 확보한다.
② 작업 장소에서는 반드시 안전사고 발생 원인을 사전 제거한다.
③ 작업장 주위에 불필요한 물건을 방치하지 않아야 한다.
④ 요철, 부분적인 경사 등 불안전한 상태 여부를 확인한다.
⑤ 작업장 바닥은 기름이나 물 등이 흐르지 않도록 한다.
⑥ 유해, 위험한 물질은 지정장소의 전용 용기에 담는다.
⑦ 전원 스위치, 소화기, 방화설비, 비상구 등의 앞에 물건 적재를 금지한다.
⑧ 화기 사용 작업 시에는 소화기, 소화용수 등은 항시 준비해 둔다.
⑨ 용접 작업은 반드시 용접허가증을 발급받은 후에 실시한다.
⑩ 용접 작업자는 반드시 보안경 및 용접장갑을 착용 후 작업을 실시한다.
⑪ 가스 시설 및 위험물 주변에서 금연한다.

5. 작업 복장을 점검한다.

① 너무 길거나 크게 입지 않는다.
② 찢어지거나 터진 옷을 입지 않는다.
③ 장갑을 끼지 않고 펌프 등 회전체 관련 작업을 하지 않는다.
④ 신발은 미끄럽지 않으며 발끝이 보호되어 있는 신발을 착용한다.

⑤ 넥타이를 착용했을 경우 옷 속으로 넣어 늘어지지 않도록 한다(가급적 노타이 차림으로 작업 실시).

6. 작업 보호구를 점검한다.

① 먼지나 유해 가스가 상존해 있는 장소에서 작업은 반드시 방독면 및 보호구를 착용한다.
② 방독면이나 방진마스크는 항상 예비용을 비치한다.
③ 전기 작업 시 안전모, 안전장갑, 안전화를 필히 착용한다.
④ 분기별 1회 이상 정기적인 세척을 실시한다.

7. 수공구 체크를 점검한다.

① 작업에 용도별 및 크기별로 구분하여 보관한다(보관함에 공기구별 명칭 부착).
② 높은 곳에서 낙하할 우려가 있는 불안전한 상태로 놓인 것은 없는가 확인한다.
③ 가스실이나 위험물 장소에서는 가능한 공기구를 보관하지 않는다.
④ 기본 공구는 항상 수공구 가방 Set에 보관 후 작업을 실시한다.
⑤ 사다리 작업 시 2인 1조로 작업을 실시한다.
⑥ 끝이 예리한 정, 끌, 헤라 등은 반드시 덮개를 씌우고, 가능한 하단부에 보관한다.
⑦ 수공구는 사용 전에 반드시 소제(청소)를 실시하고 점검 후 사용하여야 한다.
⑧ 그라인더나 드릴 사용 시 파편이 튈 염려가 많으므로 보호안경 및 보호장갑 등을 사용하여 작업을 실시한다.

8. 위험물 체크를 점검한다.

① 가스봄베(Gasbombe)는 세워서 보관한다.
② 가스봄베는 종류별로 구분하여 담당자 이외의 근무자도 쉽게 알아보도록 한다.(필요 시 가스명 표기)
③ 밸브에 캡을 부착한다.
④ 봄베 보관 장소는 40℃ 이하로 유지하여야 하며, 직사광선을 차단하고 보관한다.
⑤ 보관 장소가 실외일 경우에는 반드시 풍우 방지 케이싱을 설치한다.
⑥ 통풍과 환기가 잘 되는가를 확인 후 작업을 실시한다.

⑦ 가연성 가스, 산소 등의 용기 저장소에는 화기를 소지하고 출입하면 안 된다.
⑧ 가스실에서 작업 시는 반드시 잔류 가스를 제거한 후 작업을 실시한다.
⑨ 기름걸레와 같이 자연 발화성 물질은 함께 보관하면 안 된다.
⑩ 아세틸렌(C_2H_2) 용기는 다 쓴 용기라도 세워서 보관하고, 전도(쓰러짐) 등의 위험은 없는지를 확인한다.
⑪ 용기 운반 시에는 운반 기구를 사용하여 운반하여야 한다.
⑫ 유기용제 등은 내용물을 명시해 두고 보관한다.
⑬ 빈 용기는 '비어 있음' 등의 표시를 해 놓는다.
⑭ 인화성 물질을 보관하는 장소에는 방폭 구조의 전기기구를 사용한다.
⑮ 유류 탱크에는 저장수량의 용량 및 종별을 반드시 표기해야 한다.
⑯ 위험물 주변에는 소화기 및 방화사를 비치한다.
⑰ 외부인이 만지거나 건드릴 수 없도록 방호구역을 설정하여 관리해야 한다.

9. 시설물을 점검한다.

① 담당자 이외에 임의로 시설물을 만지거나 운전하지 않는다.
② 각종 모터 및 펌프 점검 시 반드시 전원을 차단한다.
③ 전원 차단 후 타인이 조작할 수 없도록 '작업 중' 또는 '점검 중' 표시를 부착한다.
④ 모터 및 펌프는 회전 방향(위치: 안전 커버)을 표시한다.
⑤ 각종 펌프류 점검 시 장갑이나 안전화를 착용 후 점검을 실시한다.
⑥ 각종 V-벨트 교체 시 사전 안전교육을 실시 후 작업을 실시한다.
⑦ 팬류 점검 시 반드시 안전 커버의 설치 유무 및 견고성을 확인한다.
⑧ 발전기 무부하 운전 및 전기 시설물 점검 시 항상 자동·수동을 확인 후 점검을 실시한다.
⑨ 항상 자신의 위치를 다른 근무자가 알 수 있도록 성명, 장소, 시간을 기록한다.
⑩ 문제점 발견 시 긴급한 사항이 아닐 경우에는 반드시 2인 1조로 작업을 실시한다.
⑪ 각종 팬류 점검 및 작업 시 기기가 정지해 있더라도 반드시 Main 전원을 차단한다(자동 제어에 의해 기동될 수 있음).
⑫ 가동 중인 기기는 수시로 점검을 실시한다.
⑬ 해당 시설물에 기기별 보수 이력서를 작성 후 관리한다(보수 주기의 적정성 및 기기의 상태를 확인하는 데 필요함).

2 관련설비 점검

1. 3D 프린터 유지보수

3D 프린터는 몇 달간은 정비 없이 쓰더라도 지장이 없겠지만 피로가 누적되어 큰 문제가 생길 수 있다. 따라서 적절한 시점마다 정비가 필요하다.

(1) 3D 프린터 점검사항

① 프레임과 구동 장치를 고정하는 볼트와 너트가 풀린 것이 없는지 확인한다.
② 각 축의 정렬 상태를 점검한다. 각 축의 연마봉, 스크류가 평행을 이루는지 확인하고 구동 장치가 부드럽게 움직이는지 확인한다.
③ 벨트의 장력이 충분한지 확인한다.
④ 3D 프린터의 구동 축에 오일 또는 윤활유가 마르면 소음이 발생할 수 있다. 한 달에 한 번 정도 오일, 윤활유를 점검한다.
⑤ 전원 장치, 냉각 팬, 제어 보드 등의 먼지를 제거한다.

2. 기기 에러 해결 방법

에러	해결법
노즐부나 베드의 히터 또는 온도 센서 이상	기기를 재부팅하거나 제조사에 A/S를 요청한다.
레벨링 센서 동작 관련 에러	노즐 부근에 출력물 찌꺼기나 이물질이 없는지, 베드 위에 출력물이나 베드 동작을 방해하는 것이 없는지 확인 후 기기를 재부팅한다.
노즐부 방열판 냉각 팬 및 출력물 냉각 팬 에러	팬 동작을 방해하는 이물질이 있는지 확인한다.
X, Y, Z축 모터 이동이 안 되어 홈 위치로 이동 불가	노즐에 이물질이 붙어 있는지, 베드 위에 출력물 등 이물질이 없는지 확인 후 기기를 재부팅한다.
필라멘트 이송 불가 에러	카트리지 제거 및 잔여 필라멘트를 잘라낸 후 다시 로드한다.
카트리지의 필라멘트 소진	카트리지 및 잔여 필라멘트 제거 후 신규 카트리지를 로드한다.
필라멘트 잔량이 있지만 필라멘트가 끊겼을 경우	카트리지 및 잔여 필라멘트 제거 후 신규 카트리지를 로드한다.
카트리지가 인식 에러	카트리지를 제거 후 다시 장착한다.

▶ 출제 예상문제

1. SLA 방식 3D 프린터 운용 시 주의해야 할 사항으로 옳지 않은 것은?
 ① UV 레이저를 조사하는 방식이므로 보안경을 착용하여 운용한다.
 ② 레진은 보관이 까다롭고 악취가 심하기 때문에 환기가 잘되는 곳에서 운용한다.
 ③ 레진은 어두운 장소에서 경화반응을 일으키므로 햇빛이 잘 드는 곳에서 보관, 운용한다.
 ④ 출력물 표면에 남은 레진은 유해성분이 있기에 방독 마스크와 니트릴 보호장갑을 착용해야 한다.

 해설 광경화성 수지는 UV에 반응한다. 따라서 햇빛이 잘 드는 곳에 보관하면 경화된다.

2. 다음과 같은 구조를 가지는 방진 마스크의 종류는?

 여과제→연결관→흡기변→마스크→배기변

 ① 격리식 ② 직결식
 ③ 혼합식 ④ 병렬식

 해설 격리식 마스크의 구조이다.

3. ABS 소재의 필라멘트를 사용하여 장시간 작업할 경우 주의해야 할 사항은?
 ① 융점이 기타 재질에 비해 매우 높으므로 냉방기를 가동하여 작업한다.
 ② 옥수수 전분 기반 생분해성 재질이므로 특별히 주의해야 할 사항은 없다.
 ③ 작업 시 냄새가 심하므로 작업장의 환기를 적절히 실시한다.
 ④ 물에 용해되는 재질이므로 수분이 닿지 않도록 주의해야 한다.

 해설 ABS 소재 및 기타 열가소성 소재의 경우 냄새, 환경호르몬 등 유해 물질이 배출될 수 있으므로 환기에 유의한다.

4. FDM 방식 3D 프린터 가동 중 필라멘트 공급장치가 작동을 멈췄을 때 정비에 필요한 도구로 거리가 먼 것은?
 ① 망치 ② 롱노즈
 ③ 육각 렌치 ④ +, - 드라이버

 해설 필라멘트 공급장치(Feeder)를 정비하기 위한 도구에 대한 문제이다. 망치로 충격을 주면 장비가 망가질 수 있다.

5. 오픈소스기반 FDM 방식의 보급형 3D 프린터가 초등학교까지 보급되는 상황에서 학생들의 호기심을 자극하고 있다. 이러한 상황에서 안전을 고려한 3D 프린터의 운영으로 가장 거리가 먼 것은?
 ① 필터를 장착한 장비를 권장하고 필터의 교체주기를 확인하여 관리한다.
 ② 장비의 내부 동작을 볼 수 있고, 직접 만져볼 수 있는 오픈형 장비의 운영을 고려한다.
 ③ 베드는 노히팅 방식을 권장하고 스크레퍼를 사용하지 않는 플렉시블 베드를 지원하는 장비의 운영을 고려한다.
 ④ 소재는 ABS보다 비교적 인체에 유해성이 적은 PLA를 사용한다.

 해설 직접 만져볼 수 있는 오픈형 장비는 화상 및 감전의 우려가 있다.

6. 3D 프린터 안전 주의 사항에 관한 내용으로 잘못된 것은?
① 감전이나 화상의 위험이 있으므로 내부가 노출되지 않도록 커버나 나사를 분리하지 않는다.
② 프린팅 시 노즐과 히팅 베드 부분은 고온을 유지하니 화상에 주의한다.
③ 전원을 항상 켜둔다.
④ 베드나 모터, 노즐이 동작 중에는 기기 안에 신체나 물건을 넣지 않도록 한다.

해설 장기간 사용하지 않을 때는 화재 사고의 위험이 있으므로 전원을 꺼둔다.

7. 3D 프린팅 유해, 위험요소 관리 방법으로 옳지 않은 것은?
① 에폭시 레진을 가공하는 작업자는 작업에 방해되는 장갑 및 보호복을 착용하지 않는다.
② 화학물질을 구매할 때 유해물질 함량 및 관련 물질안전정보를 참조하고 무해하거나 유해성이 약한 물질을 사용한다.
③ 작업공간과 분리된 공간에서 사용하는 프린터는 밀폐공간에 국소 배기장치를 설치하여 오염물질이 확산되는 것을 방지한다.
④ 위험한 화학물질 등은 안전하게 보관하여 분말 재료 등이 공기 중에 방출되지 않도록 한다.

해설 에폭시 레진을 가공하는 작업자는 내약품성(Chemical resistance) 장갑 및 보호복을 반드시 착용한다.

8. FDM 방식의 보급형 3D 프린터의 안전한 운영으로 거리가 먼 것은?
① ABS 소재보다는 PLA 소재를 사용한다.
② 밀폐된 공간에서 작업한다.
③ 노즐과 히팅 베드 부분은 고온을 유지하니 화상에 주의한다.
④ 작업할 때는 장갑 및 보호복 등 보호장구를 착용한다.

해설 열가소성 소재의 경우 냄새, 환경호르몬 등 유해 물질이 배출될 수 있으므로 환기가 불가능한 밀폐된 공간에서는 작업하지 않는다.

9. 3D 프린터의 작업 환경에 관한 내용으로 거리가 먼 것은?
① 국소 배기장치를 설치한다.
② 덮개가 없는 3D 프린터를 사용한다.
③ 작업 부스를 설치한다.
④ 호흡보호구, 장갑, 보호복을 착용한다.

해설 덮개가 있는 3D 프린터를 사용하고 근로자의 노출을 최소화한다.

10. 3D 프린터 운용 시 주의사항으로 옳지 않은 것은?
① SLS 방식은 분말을 이용한 방식이므로 방진 마스크를 착용한다.
② SLS 방식은 후처리 과정에서 분진에 노출될 수 있으므로 주의한다.
③ FDM 방식은 ABS 소재를 사용할 경우 작업 시 냄새가 심하므로 환기를 실시한다.
④ SLA 방식의 레진은 햇빛이 잘 드는 곳에서 보관한다.

해설 광경화성 수지는 UV에 반응한다. 따라서 햇빛이 잘 드는 곳에 보관하면 경화되므로 그늘에 보관한다.

11. 3D 프린터의 점검사항으로 잘못된 것은?
① 저가형 FDM 방식의 3D 프린터는 구조가 단순하므로 점검할 필요가 없다.
② 전원 장치, 냉각 팬, 제어 보드 등의 먼지를 제거한다.
③ 노즐에 이물질이 붙어있는지, 베드 위에 출력물 등 이물질이 없는지 확인한다.
④ 프레임과 구동 장치를 고정하는 볼트와 너트가 풀린 것이 없는지 확인한다.

해설 3D 프린터는 피로가 누적되어 큰 문제가 생길 수 있다. 따라서 적절한 시점마다 정비가 필요하다.

12. 3D 프린터의 레벨링 센서 동작 관련하여 에러가 발생하였을 경우 해결법은?
① 카트리지 제거 및 잔여 필라멘트를 잘라낸 후 다시 로드한다.
② 팬 동작을 방해하는 이물질이 있는지 확인한다.
③ 벨트의 장력이 충분한지 확인한다.
④ 노즐에 이물질이 없는지, 베드 위에 동작을 방해하는 것이 없는지 확인 후 기기를 재부팅 한다.

해설 레벨링 센서 에러가 생길 경우 노즐 부근에 출력물 찌꺼기나 이물질이 없는지, 베드 위에 출력물이나 베드 동작을 방해하는 것이 없는지 확인 후 기기를 재부팅한다.

13. SLA 방식 3D 프린터 운용 시 주의사항으로 옳은 것은?
① SLA 방식의 3D 프린터는 보안경이 필요 없다.
② 레진은 햇빛이 잘 드는 곳에 보관한다.
③ 출력물 세척 시 표면에 남은 레진은 유해성분이 있기 때문에 방독마스크, 보호 장갑을 착용한다.
④ 레진은 밀폐된 공간에 보관한다.

해설 SLA 방식은 UV 레이저를 조사하는 방식이므로 보안경을 착용하여야 하며, 레진은 UV에 반응하므로 햇빛이 없는 곳에 보관하고 악취가 심하기 때문에 환기가 잘되는 곳에서 운용한다.

14. 출력물 후처리 과정에서 주의사항으로 잘못된 것은?
① 완성된 조형물을 세정할 때 사용하는 화학물질은 인체에 유해하므로 보호 장구를 착용한다.
② 플라스틱으로 만들어진 조형물을 연삭 작업할 경우 완전히 경화가 되지 않은 상태에서 작업한다.
③ 연삭 작업을 할 때는 분진이 발생하므로 방진 마스크를 착용한다.
④ 플랫폼에서 출력물을 분리할 때 전용 공구가 날카로우므로 안전사고에 주의한다.

해설 연삭 작업 시 발생하는 분진은 염증을 일으킬 수 있으므로 플라스틱으로 만들어진 조형물은 연삭 작업 이전에 완전히 경화된 상태여야 한다.

15. 출력물 회수 과정에서 주의사항으로 잘못된 것은?
① 출력물 회수는 3D 프린터가 동작이 멈춘 것을 확인한 후 작업한다.
② 플랫폼이 3D 프린터에 장착된 상태로 힘을 주어 출력물을 제거한다.
③ 전용 공구로 플랫폼 표면을 긁지 않도록 주의한다.
④ 3D 프린터에서 출력물을 제거할 때 이물질이 튀거나 상처를 입을 수 있으므로 장갑 및 마스크, 보안경을 착용한다.

313

> **해설** 플랫폼이 3D 프린터에 장착된 상태로 힘을 주어 출력물을 제거하면 3D 프린터의 구동부가 손상될 수 있다. 그러므로 플랫폼을 3D 프린터에서 분리한 후 출력물을 플랫폼에서 분리해야 한다.

16. 안전한 3D 프린터 운용을 위한 행동으로 알맞은 것은?

① 환기를 위하여 프린터의 덮개는 항상 열어 둔다.
② 노즐 온도가 출력하기 적절한지 확인하기 위해 손으로 만져본다.
③ 프린터 내부에 이물질은 프린터가 작동 중일 때 제거한다.
④ 3D 프린터는 환기가 잘되는 공간에서 사용한다.

> **해설** 3D 프린터에 덮개(커버)가 있는 경우 작동 시 덮개를 닫아 두어야 하며, 노즐은 고온이기 때문에 손으로 만지면 화상의 위험이 있다. 또한 프린터 내부의 이물질 등은 프린터가 작동 정지되어 있을 때 제거해야 한다.

17. SLS 방식의 3D 프린터를 사용할 때 주의해야 할 사항으로 잘못된 것은?

① 분말 가루가 호흡기로 들어가는 것을 방지하기 위해 마스크 등의 보호구를 착용한다.
② 출력물에 남아있는 분말 가루는 손으로 털어낸다.
③ 출력물에 묻어있는 분말 가루를 제거할 때는 별도의 세척 공간에서 작업한다.
④ 출력 작업이 끝나면 출력물을 꺼내지 않고 3D 프린터 내부에 둔 상태로 건조해야 한다.

> **해설** 출력물에 남아있는 분말 가루는 별도의 공간에서 진공 흡입기나 솔을 이용해서 털어준다.

18. 출력이 끝나고 회수 및 후가공 작업에 대한 내용으로 잘못된 것은?

① SLA 방식에서 출력물을 회수할 때에는 광경화성 수지가 피부에 닿지 않도록 주의한다.
② 지지대(서포트) 제거는 공구보다는 손으로 직접 제거한다.
③ 플랫폼에서 출력물을 제거할 때는 플랫폼을 3D 프린터에서 분리한다.
④ 출력물을 회수 및 후가공 작업을 할 때는 항상 마스크, 장갑 등 보호구를 착용한다.

> **해설** 비수용성 서포터(지지대)는 손으로 뗄 수도 있지만 니퍼, 헤라, 커터 칼, 조각도, 아트 나이프 등 공구를 사용하여 떼어내며, 수용성 서포터 제거보다 시간이 오래 걸리며 지지대를 제거한 표면이 거칠거나 손상이 갈 수 있으므로 주의가 필요하다.

정답 1. ③ 2. ① 3. ③ 4. ① 5. ② 6. ③ 7. ① 8. ② 9. ② 10. ④ 11. ① 12. ④ 13. ③ 14. ② 15. ②
16. ④ 17. ② 18. ②

부록
기출문제

2018년 1회
3D프린터운용기능사

부록 기출문제

1. 3D 프린터의 개념 및 특징에 관한 내용으로 옳지 않은 것은?
① 컴퓨터로 제어되기 때문에 만들 수 있는 형태가 다양하다.
② 제작 속도가 매우 빠르며, 절삭 가공하므로 표면이 매끄럽다.
③ 재료를 연속적으로 한층, 한층 쌓으면서 3차원 물체를 만들어내는 제조 기술이다.
④ 기존 잉크젯 프린터에서 쓰이는 것과 유사한 적층 방식으로 입체물을 제작하는 방식도 있다.

> **해설** 3D 프린터는 3D 모델링 데이터를 이용하여 물체의 소재를 적층하는 방식으로 절삭 가공하지 않는다.

2. 다음 설명에 해당되는 데이터 포맷은?

> • 최초의 3D 호환 표준 포맷
> • 형상 데이터를 나타내는 엔터티(entity)로 이루어져 있다.
> • 점, 선, 원, 자유곡선, 자유곡면 등 3차원 모델의 거의 모든 정보를 포함한다.

① XYZ ② IGES
③ STEP ④ STL

> **해설** IGES(Initial Graphics Exchange Specification)
> 디지털 표현과 CAD/CAM 시스템 간의 정보 교환을 위한 ANSI 표준 형식이다.
> ① 최초의 3D 호환 표준 포맷이다.
> ② ASCII Text 형식을 취하고 있다.
> ③ 형상 데이터를 나타내는 엔터티(entity)로 이루어져 있다.
> ④ 점, 선, 원, 자유곡선, 자유곡면 등 3차원 모델의 모든 정보를 포함한다.
> ⑤ 스플라인, 커브나 넙스 곡면을 사용할 수 있기 때문에 폴리곤 모델 데이터 외에도 넙스 모델 데이터의 호환에 사용된다.

3. 여러 부분을 나누어 스캔할 때 스캔 데이터를 정합하기 위해 사용되는 도구는?
① 정합용 마커 ② 정합용 스캐너
③ 정합용 광원 ④ 정합용 레이저

> **해설** 개별 스캐닝 작업에서 얻어진 점 데이터들을 합치기 위해 정합용 마커 및 고정구 등을 사용한다.

4. 측정 대상물에 대한 표면 처리 등의 준비, 스캐닝 가능 여부에 대한 대체 스캐너 선정 등의 작업을 수행하는 단계는?
① 역설계 ② 스캐닝 보정
③ 스캐닝 준비 ④ 스캔 데이터 정합

해설 스캐닝 단계는 측정 대상물에 대한 표면 처리 등의 준비, 스캐닝 가능여부에 대한 대체 스캐너 선정 등의 작업을 수행하는 준비 단계, 3차원 좌표를 다양한 측정 방식으로 추출하여 점군(Point cloud)을 생성하는 단계, 최종적으로 3차원 모델로 재구성하는 단계까지 포함한다.

5. 다음 설명에 해당되는 3D 스캐너 타입은?

> 물체 표면에 지속적으로 주파수가 다른 빛을 쏘고 수신광부에서 이 빛을 받을 때 주파수의 차이를 검출해 거리 값을 구해내는 방식

① 핸드헬드 스캐너　　　　　② 변조광 방식의 3D 스캐너
③ 백색광 방식의 3D 스캐너　④ 광 삼각법 3D 레이저 스캐너

해설 광 삼각법 3D 레이저 스캐너는 발광부에서 점 또는 선 타입의 레이저를 물체에 투사하고, 수광부에서 반사된 빛을 입력받아 거리를 측정하는 방식이다.

6. 모델을 생성하는 데 있어서 단면 곡선과 가이드 곡선이라는 2개의 스케치가 필요한 모델링은?

① 돌출(extrude) 모델링　　② 필렛(fillet) 모델링
③ 쉘(shell) 모델링　　　　 ④ 스윕(sweep) 모델링

해설 단면(Profile)과 가이드(Path)가 필요한 명령은 스윕(Sweep)이다.

7. 3D 프린터 출력용 모델링 데이터를 수정해야 하는 이유로 거리가 먼 것은?
① 모델링 데이터 상에 출력할 3D 프린터의 해상도보다 작은 크기의 형상이 있다.
② 모델링 데이터의 전체 사이즈가 3D 프린터의 최대 출력 사이즈보다 작다.
③ 제품의 조립성을 위하여 각 부품을 분할 출력하기 위해 모델링 데이터를 분할한다.
④ 3D 프린터 과정에서 서포터를 최소한으로 생성시키기 위해 모델링 데이터를 분할 및 수정한다.

해설 모델링의 전체 사이즈가 3D 프린터의 최대 출력 사이즈보다 클 경우 수정해야 한다.

8. 그림의 구속조건 중 도형의 평행(Parallel) 조건을 부여하는 것은?

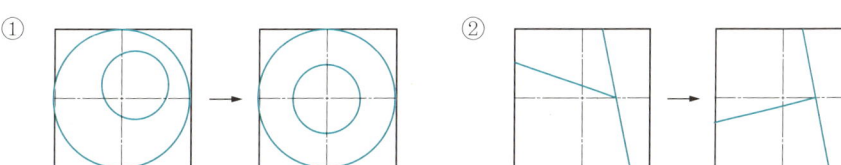

317

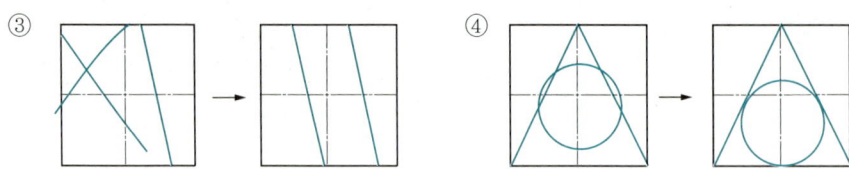

해설 평행(Parallel): 두 개 이상 선택된 스케치 선을 평행하게 구속한다.

9. 2D 도면 작성 시 가는 실선이 적용되는 것이 아닌 것은?
① 치수선
② 외형선
③ 해칭선
④ 치수 보조선

해설 외형선은 굵은 실선이 사용되고 치수선, 해칭선, 치수 보조선은 가는 실선이 사용된다.

10. 다음 그림 기호에 해당하는 투상도법은?

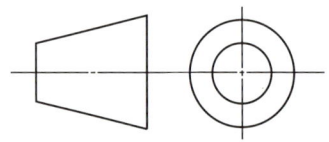

① 제1각법
② 제2각법
③ 제3각법
④ 제4각법

해설 1각법에 대한 기호이다.

1각법은 눈 → 물체 → 투상면 순으로 진행된다.

① 물체를 1각 안에 놓고 투상하므로 투사선이 물체를 통과하여 투사면에 이르게 되어 보는 위치의 반대편에 상이 나타나게 되며, 3각법과 위치가 반대가 된다.

② 1각법은 토목이나 선박제도 등에 쓰인다.

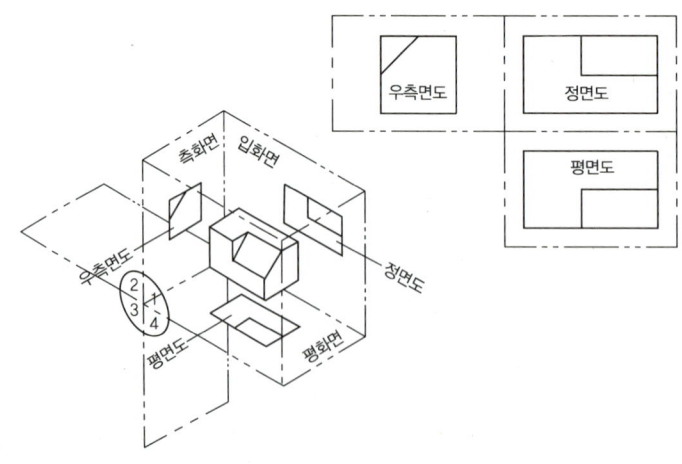

318 3D프린터운용기능사 필기

11. 기존에 생성된 솔리드 모델에서 프로파일 모양으로 홈을 파거나 뚫을 때 사용하는 기능으로서 돌출 명령어의 진행과정과 옵션은 동일하나 돌출 형상으로 제거하는 명령어를 뜻하는 것은?

① 합치기(합집합) ② 교차하기(교집합)
③ 빼기(차집합) ④ 생성하기(신규 생성)

> **해설** 솔리드의 일부를 제거하는 기능은 빼기(차집합 Subtractive, Cut 등)이다.

12. 3D 프린터의 출력 공차를 고려한 파트 수정에 대한 설명으로 옳은 것은?

① 조립되는 부분은 출력 공차를 고려하여 부품 형상을 모델링하거나 필요할 경우에는 수정해야 한다.
② 조립부품을 수정할 때에는 반드시 두 개의 부품을 모두 수정해야 한다.
③ 출력 공차를 고려할 시 출력 노즐의 크기는 고려할 필요가 없다.
④ 공차를 고려할 사항으로는 소재 수축률, 기계 공차, 도료 색상 등이 있다.

> **해설** 조립되는 부분은 공차에 의해 간섭이 생길 수 있으므로 설계단계에서 공차를 주어야 한다.

13. 물체의 보이지 않는 안쪽 모양을 명확하게 나타낼 때 사용되며 일반적으로 45°의 가는 실선을 단면부 면적에 일정한 간격의 경사선으로 나타내어 절단되었다는 것을 표시해 주는 것은?

① 해칭 ② 스머징
③ 커팅 ④ 트리밍

> **해설** 단면도에 대한 작도를 묻는 문제로 해칭을 사용한다.

14. 엔지니어링 모델링에서 사용되는 상향식(Bottom-up) 방식에 대한 설명으로 옳지 않은 것은?

① 파트를 모델링 해놓은 상태에서 조립품을 구성하는 것이다.
② 기존에 생성된 단품을 불러오거나 배치할 수 있다.
③ 자동차나 로봇 모형(프라모델) 분야에서 사용되며 기존 데이터를 참고하여 작업하는 방식이다.
④ 제품의 조립 관계를 고려하여 배치 및 조립을 한다.

> **해설** 보기 ③번은 기존 데이터를 참고하는 방식, 즉 치수를 정하고 설계하므로 하향식(Top-Down) 방식이다.

15. 스케치 요소 중 두 개의 원에 적용할 수 없는 구속조건은?
① 동심 ② 동일
③ 평행 ④ 탄젠트

> 해설 평행 구속 조건은 선택된 선과 선 또는 선과 원의 축이 서로 평행하게 구속한다.

16. 다음 도면의 치수 중 A 위치에 기입될 치수의 표현으로 가장 정확한 것은?
(단, 도면 전체에 치수편차 ±0.1을 적용한다.)

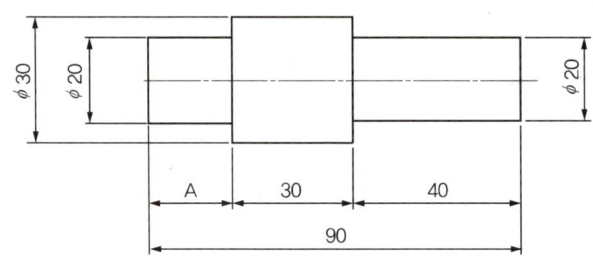

① □20 ② (20)
③ 20   ④ SR20

> 해설 중복되는 치수는 적지 않는 게 원칙이지만, 부득이하게 사용해야 할 경우 괄호( )를 사용한다.

17. FDM 방식 3D 프린팅 작업을 위해 3D 형상 데이터를 분할하는 경우 고려해야 할 항목으로 가장 거리가 먼 것은?
① 3D 프린터 출력 범위   ② 서포터 생성 유무
③ 출력물의 품질   ④ 익스트루더의 크기

> 해설 출력을 위해 모델링을 분할하는 경우는 출력 범위, 부품 크기, 서포터 생성, 출력 방향 등이 있다.

18. 다음 중 3D 프린팅 작업을 위해 3D 모델링에서 고려해야 할 항목으로 가장 거리가 먼 것은?
① 1회 적층 높이
② 서포터 유무
③ 출력 프린터 제작 크기
④ 출력 소재 및 수축률

> 해설 적층 높이(Later height)는 출력 설정 단계(SW 설정)에서 고려해야 한다.

19. 3D 모델링 방식의 종류 중 넙스(NURBS) 방식에 대한 설명으로 옳은 것은?
① 삼각형을 기본 단위로 하여 모델링을 할 수 있는 방식이다.
② 폴리곤 방식에 비해 많은 계산이 필요하다.
③ 폴리곤 방식보다는 비교적 모델링 형상이 명확하지 않다.
④ 도형의 외곽선을 와이어프레임 만으로 나타낸 형상이다.

> **해설** 넙스 모델링은 아주 부드러운 표현이 가능하나, 많은 렌더링 시간이 필요하다.

20. 치수 보조기호를 나타내는 의미와 치수 보조기호가 잘못된 것은?
① 지름: ⌀10
② 참고 치수: (30)
③ 구의 지름: S⌀40
④ 판의 두께: □4

> **해설**

구분	기호	구분	기호
지름	⌀	구의 지름	S⌀
반지름	R	구의 반지름	SR
피치	P	정사각형	□
45° 모따기	C	두께	t
호의 길이	⌒	비례척도가 아닌 치수	치수
이론적으로 정확한 치수	치수	참고 치수	(치수)

21. 내마모성이 우수하고, 고무와 플라스틱의 특징을 가지고 있어 휴대폰 케이스의 말랑한 소재나 장난감, 타이어 등으로 프린팅해서 바로 사용이 가능한 소재는?
① TPU
② ABS
③ PVA
④ PLA

> **해설** TPU 소재는 내마모성이 우수한 고무와 플라스틱의 특징을 갖추고 있어 탄성, 투과성이 우수하며 마모에 강하다.

22. FDM 방식 3D 프린터를 출력하기 위해 확인해야 할 점검사항으로 볼 수 없는 것은?
① 장비 매뉴얼을 숙지한다.
② 테스트용 형상을 출력하여 프린터 성능을 점검한다.
③ 프린터의 베드(Bed) 레벨링 상태를 확인 및 조정한다.
④ 진동·충격을 방지하기 위해 프린터가 연질매트 위에 설치되었는지 확인한다.

> **해설** 3D 프린터는 진동·충격에 취약하다. 그러므로 연질매트 위에 올려놓으면 진동이 더 심해지므로 설치 위치로서 적당하지 않다.

 부록 기출문제

23. 라프트(Raft) 값 설정과 관련이 없는 것은?
① Base line width는 라프트의 맨 아래층 라인의 폭을 설정하는 옵션이다.
② Line spacing은 라프트의 맨 아래층 라인의 간격을 설정하는 옵션이다.
③ Surface layer는 라프트의 맨 위층의 적층 횟수를 설정하는 옵션이다.
④ Infill speed는 내부 채움 시 속도를 별도로 지정하는 옵션이다.

> 해설 Raft란 출력물이 베드에 잘 붙게 하기 위해 모델 하단부에 기초를 생성하는 기능이다. 따라서 내부 채움과 관련된 Infill speed와는 관련이 없다.

24. FDM 델타 방식 프린터에서 높이가 258mm일 때 원점 좌표로 옳은 것은?
① (258, 0, 0)   ② (0, 258, 0)
③ (0, 0, 258)   ④ (0, 0, 0)

> 해설 델타 방식은 출력부의 Home 위치가 x=0, y=0, z=지정된 높이이므로 z=258이다.

25. 3D 프린팅에 적합하지 않은 3D 데이터 포맷은?
① STL   ② OBJ
③ MPEG   ④ AMF

> 해설 MPEG 파일은 동영상 코덱이다.

26. 출력 보조물인 지지대(Support)에 대한 효과로 볼 수 없는 것은?
① 출력 오차를 줄일 수 있다.
② 지지대를 많이 사용할 시 후가공 시간이 단축된다.
③ 지지대는 출력물의 수축에 의한 뒤틀림이나 변형을 방지할 수 있다.
④ 진동이나 충격이 가해졌을 때 출력물의 이동이나 붕괴를 방지할 수 있다.

> 해설 지지대(Support)가 많아지면 후가공 시간이 늘어난다.

27. 다음 설명에 해당되는 코드는?

> • 기계를 제어 및 조정해주는 코드
> • 보조 기능의 코드
> • 프로그램을 제어하거나 기계의 보조 장치들을 ON/OFF해주는 역할

① G코드   ② M코드
③ C코드   ④ QR코드

> 해설 M코드는 기계를 제어 및 조정해주는 보조 기능의 코드이며, 프로그램을 제어하거나 기계의 보조 장치들을 ON/OFF해주는 역할이다.

28. FDM 방식 3D 프린터 출력 전 생성된 G코드에 직접적으로 포함되지 않는 정보는?
① 헤드 이송 속도
② 헤드 동작 시간
③ 헤드 온도
④ 헤드 좌표

해설 3D 프린팅 시 동작 시간이 표기되기도 하지만 G코드에 직접적으로 표기되지는 않고, 슬라이싱 SW가 연산한 값의 출력 파일 주석 등에 포함된다.

29. 슬라이서 소프트웨어 설정 중 내부 채우기의 정도를 뜻하는 것으로 0~100%까지 채우기가 가능하며, 채우기 정도가 높아질수록 출력 시간이 오래 걸리는 단점이 있는 것은?
① Infill
② Raft
③ Support
④ Resolution

해설 출력물의 내부 채우기 값은 Infill 값으로 정해진다.

30. FDM 방식 3D 프린터를 사용하여 한 변의 길이가 50mm인 정육면체 형상을 출력하기 위해 한 층의 높이 값을 0.25mm로 설정하여 슬라이싱하였다. 이때 생성된 전체 layer의 층수는?
① 40개
② 80개
③ 120개
④ 200개

해설 0.25mm Later Height는 1mm를 4분할한 것이므로, 50mm 높이는 50×4=200, 즉 Later는 200개가 생성된다.

31. 3D 프린팅은 3D 모델의 형상을 분석하여 모델의 이상유무와 형상을 고려하여 배치한다. 다음 그림과 같은 형태로 출력할 때 출력 시간이 가장 긴 것은?
(단, 아랫면이 베드에 부착되는 면이다.)

①
②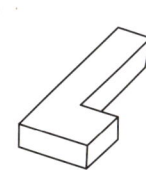
③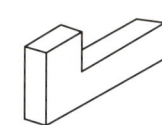
④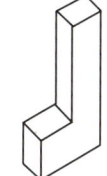

해설 보기 ①번의 배치는 서포터를 생성하는 시간이 필요하기 때문에 출력 시간이 가장 오래 걸린다.

32. 3D 프린터의 종류와 사용 소재의 연결이 옳지 않은 것은?
① FDM→열가소성 수지(고체) ② SLA→광경화성 수지(액상)
③ SLS→열가소성 수지(분말) ④ DLP→열경화성 수지(분말)

해설 DLP 방식은 광경화성 수지(액상)를 사용한다.

33. FDM 방식 3D 프린팅을 위한 설정값 중 레이어(Layer) 두께에 대한 설명으로 틀린 것은?
① 레이어 두께는 프린팅 품질을 좌우하는 핵심적인 치수이다.
② 일반적으로 레이어 두께를 절반으로 줄이면 프린팅 시간은 2배로 늘어난다.
③ 레이어가 얇을수록 측면의 품질뿐만 아니라 사선부의 표면이나 둥근 부분의 품질도 좋아진다.
④ 맨 처음 적층되는 레이어는 베드에 잘 부착이 되도록 가능한 얇게 설정하는 것이 좋다.

해설 첫 번째 레이어를 너무 얇게 설정하면 소재 부족으로 접지력이 약해질 수 있다.

34. 3D 모델링을 다음 그림과 같이 배치하여 출력할 때 안정적인 출력을 위해 가장 기본적으로 필요한 것은? (단, FDM 방식 3D 프린터에서 출력한다고 가정한다.)

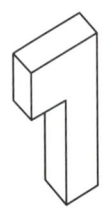

① 서포터   ② 브림
③ 루프   ④ 스커트

해설 제품 출력 시 적층 바닥과 제품이 떨어져 있는 모델의 경우 이를 보조해주는 지지대가 필요한데 이를 형상 보조물, 즉 서포터라고 한다.

35. 다음 중 3D 프린터 출력물의 외형 강도에 가장 크게 영향을 미치는 설정값은?
① Raft   ② Brim
③ Speed   ④ Number of shells

해설 출력물의 Shell이 두꺼우면 강도가 높아진다. 보조적으로 Infill 값을 이용할 수 있다.

36. G코드 중에서 홈(원점)으로 이동하는 명령어는?

① G28 ② G92 ③ M106 ④ M113

> **해설** G28은 출력부를 원점(홈)인식 위치로 이동시킨다.

37. 다음 설명에 해당하는 소재는?

> • 전기 절연성, 치수 안정성이 좋고 내충격성도 뛰어난 편이라 전기부품 제작에 가장 많이 사용되는 재료이다.
> • 연속적인 힘이 가해지는 부품에 부적당하지만 일회성으로 강한 충격을 받는 제품에 주로 쓰인다.

① ABS ② PLA ③ Nylon ④ PC

> **해설** PC(Polycarbonate) 소재
> ① 전기 절연성, 치수 안정성이 좋고 내충격성도 뛰어난 편이라 전기부품 제작에 가장 많이 사용되는 재료이다.
> ② 연속적인 힘이 가해지는 부품에는 부적당하지만 일회성으로 강한 충격을 받는 제품에도 주로 쓰인다.

38. 분말을 용융하는 분말융접(Powder Bed Fusion) 방식의 3D 프린터에서 고형화를 위해 주로 사용되는 것은?

① 레이저 ② 황산 ③ 산소 ④ 글루

> **해설** 분말 융접 기술인 SLS 방식은 레이저를 쏘아 분말을 융접해가면서 제품을 제작하는 방식이다.

39. 노즐에서 재료를 토출하면서 가로 100mm, 세로 200mm 위치로 이동하라는 G코드 명령어에 해당하는 것은?

① G1 X100 Y200 ② G0 X100 Y200
③ G1 A100 B200 ④ G2 X100 Y200

> **해설** G코드에 대한 문제로 G1은 지정된 위치로 이동시키는 명령어이다.

40. 3D 프린터의 출력 방식에 대한 설명으로 옳지 않은 것은?

① DLP 방식은 선택적 레이저 소결 방식으로 소재에 레이저를 주사하여 가공하는 방식이다.
② SLS 방식은 재료 위에 레이저를 스캐닝하여 융접하는 방식이다.
③ FDM 방식은 가열된 노즐에 필라멘트를 투입하여 가압 토출하는 방식이다.

④ SLA 방식은 용기 안에 담긴 재료에 적절한 파장의 빛을 주사하여 선택적으로 경화시키는 방식이다.

> **해설** DLP 방식은 SLA 방식과 소재는 동일하지만 빔 프로젝터를 이용하여 빛을 주사한다.

41. 3D 프린터의 정밀도를 확인 후 장비를 교정하려 한다. 출력물 내부 측을 2mm로 지정하여 10개의 출력물을 뽑아서 내부 폭의 측정값을 토대로 구한 평균값(A)과 오차 평균값(B)으로 옳은 것은?

출력회차	1	2	3	4	5
측정값	1.58	1.72	1.63	1.66	1.62
출력회차	6	7	8	9	10
측정값	1.65	1.72	1.78	1.80	1.65

① A:1.665, B:-0.335
② A:1.672, B:-0.328
③ A:1.678, B:-0.322
④ A:1.681, B:-0.319

> **해설** 제조 공차를 확인하는 문제로 측정값의 평균을 구하면 된다.

42. 3D 프린터 출력을 하기 위한 오브젝트의 수정 및 오류검출에 관한 설명으로 옳지 않은 것은?
① 출력용 STL 파일의 사이즈는 슬라이서 프로그램에서 조정이 가능하다.
② 오브젝트의 위상을 바꾸어 출력하기 위해서는 반드시 모델링 프로그램에서 수정할 필요는 없다.
③ 같은 모양의 오브젝트를 멀티로 출력할 때는 반드시 모델링 프로그램에서 수량을 늘려주어야 한다.
④ 오브젝트의 위치를 바꾸기 위한 반전 및 회전은 슬라이서 프로그램에서 조정 가능하다.

> **해설** 다량으로 제작할 경우 모델링 프로그램이 아니라 슬라이싱 프로그램에서 배치가 가능하다.

43. 3D 프린터 출력 시 STL 파일을 불러와서 슬라이서 프로그램에서 출력 조건을 설정 후 출력을 진행할 때 생성되는 코드는?
① Z코드
② D코드
③ G코드
④ C코드

> **해설** 3D 프린터에서의 출력은 G코드 파일로 변환해서 3D 프린터로 전송해야지만 출력이 되는 장비이다.

44. 3D 프린터용 슬라이서 프로그램이 인식할 수 있는 파일의 종류로 올바르게 나열된 것은?

① STL, OBJ, IGES
② DWG, STL, AMF
③ STL, OBJ, AMF
④ DWG, IGES, STL

해설 3D 프린터가 인식할 수 있는 모델링 포맷에 대한 문제로, STL, AMF, PLY, VRM, OBJ 등 폴리곤 기반의 포맷이 있다.

45. 3D 프린터에서 출력물 회수 시 전용공구를 이용하여 출력물을 회수하고 표면을 세척제로 세척 후 출력물을 경화기로 경화시키는 방식은?

① FDM ② SLA
③ SLS ④ LOM

해설 SLA 방식은 광경화성 액체 수지를 경화시키는 방식으로 출력 후 세척이 필수적이다.

46. 3D 프린터 출력 오류 중 처음부터 재료가 압출되지 않는 경우의 원인으로 거리가 먼 것은?

① 압출기 내부에 재료가 채워져 있지 않을 때
② 회전하는 기어 톱니가 필라멘트를 밀어내지 못할 경우
③ 가열된 플라스틱 재료가 누즐 내부와 너무 오래 접촉하여 굳어 있는 경우
④ 재료를 절약하기 위해 출력물 내부에 빈 공간을 너무 많이 설정할 경우

해설 출력물 내부의 설정과는 관계가 없다.

47. 3D 프린터 출력물에 용융된 재료가 흘러나와 얇은 선이 생겼을 경우 이러한 출력 오류를 해결하는 방법으로 옳지 않은 것은?

① 온도 설정을 변경한다.
② 리트렉션(Retraction) 거리를 조절한다.
③ 리트렉션(Retraction) 속도를 조절한다.
④ 압출 헤드가 긴 거리를 이송하도록 조정한다.

해설 Travel 구간에 대한 문제로 Retraction 기능을 이용해야 한다. 압출 헤드가 긴 거리를 이동하면 소재의 흐름 현상이 심해지므로 이동거리를 줄여준다.

 부록 기출문제

48. 출력용 파일의 오류 종류 중 실제 존재할 수 없는 구조로 3D 프린팅, 부울 작업, 유체 분석 등에 오류가 생길 수 있는 것은?

① 반전 면   ② 오픈 메시
③ 클로즈 메시   ④ 비(非)매니폴드 형상

해설 비(非)매니폴드 형상은 3D 프린팅, 부울 작업, 유체 분석 등에 오류가 생길 수 있는 것으로 실제 존재할 수 없는 구조이다.

49. 문제점 리스트를 작성하고 오류수정을 거쳐 출력용 데이터를 저장하는 과정이다. A, B, C에 들어갈 내용이 모두 옳은 것은?

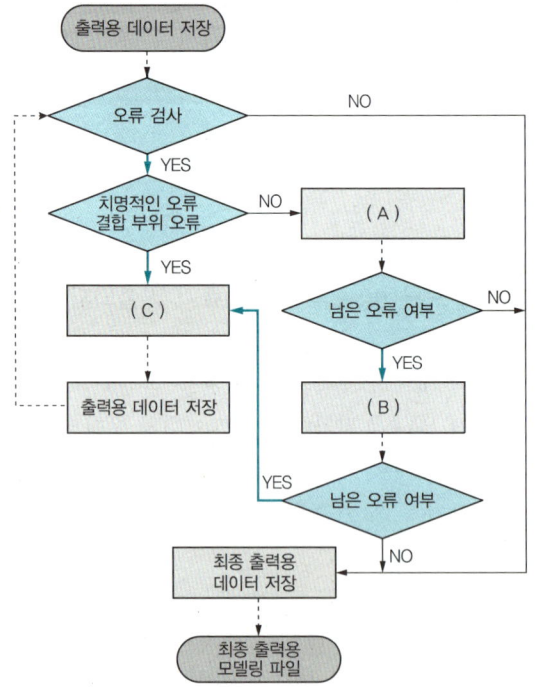

[보기]
ㄱ. 수동 오류수정   ㄴ. 자동 오류수정
ㄷ. 모델링 소프트웨어 수정

① A:ㄱ, B:ㄴ, C:ㄷ   ② A:ㄴ, B:ㄱ, C:ㄷ
③ A:ㄴ, B:ㄷ, C:ㄱ   ④ A:ㄷ, B:ㄴ, C:ㄱ

해설 자동 오류수정을 하고, 해결이 안 되는 경우 수동 오류수정을 한다. 그래도 해결이 안 된다면 모델링으로 부가 출력물을 생성시킨다.

50. FDM 방식 3D 프린터 출력 시 첫 번째 레이어의 바닥 안착이 중요하다. 바닥에 출력물이 잘 고정되게 하기 위한 방법으로 적절하지 않은 것은?
① Skirt 라인을 1줄로 설정하여 오브젝트를 출력한다.
② 열 수축현상이 많은 재료로 출력을 하거나 출력물의 바닥이 평평하지 않을 때 Raft를 설정하여 출력한다.
③ 출력물이 플랫폼과 잘 붙도록 출력물의 바닥 주변에 Brim을 설정한다.
④ 소재에 따라 Bed를 적절한 온도로 가열하여 출력물의 바닥이 수축되지 않도록 한다.

> 해설 Skirt 옵션은 토출부의 압력을 동일하게 유지시켜주기 위한 목적과, 토출량을 일정하게 유지시키기 위한 목적으로 사용된다.

51. 3D 프린터 제품 출력 시 제품 고정 상태와 서포터에 관한 설명으로 옳지 않은 것은?
① 허공에 떠 있는 부분은 서포터 생성을 설정해 준다.
② 출력물이 베드에 닿는 면적이 작은 경우 라프트(Raft)와 서포터를 별도로 설정한다.
③ 3D 프린팅의 공정에 따라 제품이 성형되는 바닥면의 위치와 서포터의 형태는 같다.
④ 각 3D 프린팅 공정에 따라 출력물이 성형되는 방향과 서포터는 프린터의 종류에 따라 다르다.

> 해설 서포터는 3D 프린터 제조 과정에서 바닥의 위치 설정에 따른 서포터의 설정이 달라지며, 파라미터 설정에 따라서도 서포터의 넓이가 달라질 수 있고, 3D 프린팅 방식에 따라서도 달라질 수 있다.

52. FDM 방식 3D 프린터에서 재료를 교체하는 방법으로 옳은 것은?
① 프린터가 작동 중인 상태에서 교체한다.
② 재료가 모두 소진되었을 때만 교체한다.
③ 프린터가 정지한 후 익스트루더가 완전히 식은 상태에서 교체한다.
④ 프린터가 정지한 상태에서 익스트루더의 온도를 소재별 적정 온도로 유지한 후 교체한다.

> 해설 3D 프린터의 소재를 교체하기 위해서는 3D 프린터 소재의 녹는점을 파악해야 한다.

53. 3D 프린터로 제품을 출력할 때 재료가 베드(Bed)에 잘 부착되지 않은 이유로 볼 수 없는 것은?
① 온도 설정이 맞지 않은 경우
② 플랫폼 표면에 문제가 있는 경우
③ 첫 번째 층의 출력속도가 너무 빠른 경우
④ 출력물 아랫부분의 부착 면적이 넓은 경우

> 해설 출력물의 바닥 접합부 면적이 넓은 경우는 잘 부착되지 않는 이유로 보기 어렵다.

54. 3D 프린터 출력 시 성형되지 않은 재료가 지지대(Support) 역할을 하는 프린팅 방식은?
① 재료분사(Material Jetting)
② 재료압출(Material Extrusion)
③ 분말적층용융(Power Bed Fusion)
④ 광중합(Vat Photo Polymerization)

해설 분말적층용융 방식은 분말 소재 자체가 지지대(Support) 역할을 한다.

55. 3D 프린터로 한 변의 길이가 25mm인 정육면체를 출력하였더니 X축 방향 길이가 26.9mm가 되었다. 이때 X축 모터 구동을 위한 G코드 중 M92(steps per unit) 명령상 설정된 스텝 수가 85라면 치수를 보정하기 위해 설정해야 할 스텝 값은?
(단, 소수점은 반올림한다.)
① 79　　　② 91　　　③ 113　　　④ 162

해설 필라멘트
26.9mm ÷ 85스텝 = 0.316mm/스텝
25mm = 0.316mm/스텝 × X2스텝
X2스텝 = 25mm ÷ 0.316mm/스텝 = 79.11 ≒ 79(소수점은 반올림)

56. FDM 방식 3D 프린터 가동 중 필라멘트 공급장치가 작동을 멈췄을 때 정비에 필요한 도구로 거리가 먼 것은?
① 망치　　　　　　② 롱노즈
③ 육각 렌치　　　　④ +, – 드라이버

해설 필라멘트 공급장치(Feeder)를 정비하기 위한 도구에 대한 문제이다. 망치로 충격을 주면 장비가 망가질 수 있다.

57. 오픈소스기반 FDM 방식의 보급형 3D 프린터가 초등학교까지 보급되는 상황에서 학생들의 호기심을 자극하고 있다. 이러한 상황에서 안전을 고려한 3D 프린터의 운영으로 가장 거리가 먼 것은?
① 필터를 장착한 장비를 권장하고 필터의 교체 주기를 확인하여 관리한다.
② 장비의 내부 동작을 볼 수 있고, 직접 만져볼 수 있는 오픈형 장비의 운영을 고려한다.
③ 베드는 노히팅 방식을 권장하고 스크레퍼를 사용하지 않는 플렉시블 베드를 지원하는 장비의 운영을 고려한다.
④ 소재는 ABS보다 비교적 인체에 유해성이 적은 PLA를 사용한다.

해설 직접 만져볼 수 있는 오픈형 장비는 화상 및 감전의 우려가 있다.

58. 다음과 같은 구조를 가지는 방진 마스크의 종류는?

> 여과제 → 연결관 → 흡기변 → 마스크 → 배기변

① 격리식 ② 직결식
③ 혼합식 ④ 병렬식

해설 격리식 마스크의 구조이다.

59. ABS 소재의 필라멘트를 사용하여 장시간 작업할 경우 주의해야 할 사항은?
① 융점이 기타 재질에 비해 매우 높으므로 냉방기를 가동하여 작업한다.
② 옥수수 전분 기반 생분해성 재질이므로 특별히 주의해야할 사항은 없다.
③ 작업 시 냄새가 심하므로 작업장의 환기를 적절히 실시한다.
④ 물에 용해되는 재질이므로 수분이 닿지 않도록 주의해야 한다.

해설 ABS 소재 및 기타 열가소성 소재의 경우 냄새, 환경호르몬 등 유해 물질이 배출될 수 있으므로 환기에 유의한다.

60. SLA 방식 3D 프린터 운용 시 주의해야 할 사항으로 옳지 않은 것은?
① UV 레이저를 조사하는 방식이므로 보안경을 착용하여 운용한다.
② 레진은 보관이 까다롭고 악취가 심하기 때문에 환기가 잘되는 곳에서 운용한다.
③ 레진은 어두운 장소에서 경화반응을 일으키므로 햇빛이 잘 드는 곳에서 보관, 운용한다.
④ 출력물 표면에 남은 레진은 유해성분이 있기에 방독 마스크와 니트릴 보호 장갑을 착용해야 한다.

해설 광경화성 수지는 UV에 반응한다. 따라서 햇빛이 잘 드는 곳에 보관하면 경화된다.

정답
1. ② 2. ② 3. ① 4. ③ 5. ② 6. ④ 7. ② 8. ③ 9. ② 10. ① 11. ③ 12. ① 13. ① 14. ③ 15. ①
16. ② 17. ④ 18. ① 19. ② 20. ④ 21. ① 22. ④ 23. ④ 24. ③ 25. ③ 26. ③ 27. ② 28. ② 29. ① 30. ④
31. ① 32. ④ 33. ① 34. ① 35. ④ 36. ① 37. ④ 38. ① 39. ① 40. ① 41. ① 42. ③ 43. ③ 44. ③ 45. ②
46. ④ 47. ④ 48. ④ 49. ② 50. ① 51. ③ 52. ④ 53. ④ 54. ③ 55. ① 56. ① 57. ② 58. ① 59. ③ 60. ③

 참고문헌

참고문헌

- 안상준, 3D 프린터 101: 기초부터 활용까지, 3D 프린터의 모든 것, 한빛미디어㈜, 2018
- 조성일·이상학, Fusion360 & Printing 거침없이 배우기, ㈜에스비씨케이, 2016
- 정의, 2018 Win-Q 기계설계산업기사 필기 단기완성, 시대고시기획, 2018
- 정연택·이상준·조영배·손일권, 2015 기계가공기능장 필기, 건기원, 2015

NCS 학습 모듈
19. 전기·전자 〉 03. 전자기기 개발 〉 11. 3D 프린터 개발 〉 02. 3D 프린터용 제품 제작

NCS 학습 모듈 능력 단위
LM1903110203_15v1 제품 스캐닝 [수준 2]
LM1903110205_15v1 엔지니어링 모델링 [수준 3]
LM1903110206_15v1 출력용 데이터 확정 [수준 2]
LM1903110207_15v1 3D 프린터 SW 설정 [수준 2]
LM1903110208_15v1 3D 프린터 HW 설정 [수준 2]
LM1903110209_15v1 제품 출력 [수준 2]

3D프린터운용기능사 필기

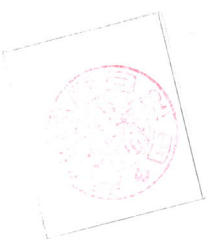

정가 | 24,000원

지은이 | (주)디 엠 비
펴낸이 | 차 승 녀
펴낸곳 | 도서출판 건기원

2019년 5월 24일 제1판 제1인쇄
2019년 5월 30일 제1판 제1발행

주소 | 경기도 파주시 연다산길 244(연다산동 186-16)
전화 | (02)2662-1874~5
팩스 | (02)2665-8281
등록 | 제11-162호, 1998. 11. 24

- 건기원은 여러분을 책의 주인공으로 만들어 드리며 출판 윤리 강령을 준수합니다.
- 본서에 게재된 내용 일체의 무단복제 · 복사를 금하며 잘못된 책은 교환해 드립니다.

ISBN 979-11-5767-416-9 13560